东亚区域生产网络与全球经济失衡

East Asia Regional Production Network and
Global Economic Imbalance

刘德伟 著

经济管理出版社
ECONOMY & MANAGEMENT PUBLISHING HOUSE

图书在版编目（CIP）数据

东亚区域生产网络与全球经济失衡/刘德伟著 . —北京：经济管理出版社，2015. 12
ISBN 978 – 7 – 5096 – 4051 – 7

Ⅰ. ①东…　Ⅱ. ①刘…　Ⅲ. ①东亚经济—关系—世界经济—经济失衡—研究
Ⅳ. ①F131②F11

中国版本图书馆 CIP 数据核字（2015）第 268077 号

组稿编辑：宋　娜
责任编辑：侯春霞
责任印制：黄章平
责任校对：超　凡

出版发行：经济管理出版社
　　　　　（北京市海淀区北蜂窝 8 号中雅大厦 A 座 11 层　100038）
网　　址：www. E – mp. com. cn
电　　话：(010) 51915602
印　　刷：三河市延风印装有限公司
经　　销：新华书店
开　　本：720mm × 1000mm/16
印　　张：20. 25
字　　数：332 千字
版　　次：2015 年 12 月第 1 版　2015 年 12 月第 1 次印刷
书　　号：ISBN 978 – 7 – 5096 – 4051 – 7
定　　价：108. 00 元

第四批《中国社会科学博士后文库》编委会及编辑部成员名单

序　言

2015 年是我国实施博士后制度 30 周年，也是我国哲学社会科学领域实施博士后制度的第 23 个年头。

30 年来，在党中央国务院的正确领导下，我国博士后事业在探索中不断开拓前进，取得了非常显著的工作成绩。博士后制度的实施，培养出了一大批精力充沛、思维活跃、问题意识敏锐、学术功底扎实的高层次人才。目前，博士后群体已成为国家创新型人才中的一支骨干力量，为经济社会发展和科学技术进步作出了独特贡献。在哲学社会科学领域实施博士后制度，已成为培养各学科领域高端后备人才的重要途径，对于加强哲学社会科学人才队伍建设、繁荣发展哲学社会科学事业发挥了重要作用。20 多年来，一批又一批博士后成为我国哲学社会科学研究和教学单位的骨干人才和领军人物。

中国社会科学院作为党中央直接领导的国家哲学社会科学研究机构，在社会科学博士后工作方面承担着特殊责任，理应走在全国前列。为充分展示我国哲学社会科学领域博士后工作成果，推动中国博士后事业进一步繁荣发展，中国社会科学院和全国博士后管理委员会在 2012 年推出了《中国社会科学博士后文库》（以下简称《文库》），迄今已出版四批共 151 部博士后优秀著作。为支持《文库》的出版，中国社会科学院已累计投入资金 820 余万元，人力资源和社会保障部与中国博士后科学基金会累计投入 160 万元。实践证明，《文库》已成为集中、系统、全面反映我国哲学社会科学博士后优秀成果的高端学术平台，为调动哲学社会科学博士后的积极性和创造力、扩大哲学社会科学博士后的学术影响力和社会影响力发挥了重要作用。中国社会科学院和全国博士后管理委员会将共同努力，继续编辑出版好《文库》，进一步提高《文库》的学术水准和社会效益，使之成为学术出版界的知名品牌。

哲学社会科学是人类知识体系中不可或缺的重要组成部分，是人们认识世界、改造世界的重要工具，是推动历史发展和社会进步的重要力量。建设中国特色社会主义的伟大事业，离不开以马克思主义为指导的哲学社会科学的繁荣发展。而哲学社会科学的繁荣发展关键在人，在人才，在一批又一批具有深厚知识基础和较强创新能力的高层次人才。广大哲学社会科学博士后要充分认识到自身所肩负的责任和使命，通过自己扎扎实实的创造性工作，努力成为国家创新型人才中名副其实的一支骨干力量。为此，必须做到：

第一，始终坚持正确的政治方向和学术导向。马克思主义是科学的世界观和方法论，是当代中国的主流意识形态，是我们立党立国的根本指导思想，也是我国哲学社会科学的灵魂所在。哲学社会科学博士后要自觉担负起巩固和发展马克思主义指导地位的神圣使命，把马克思主义的立场、观点、方法贯穿到具体的研究工作中，用发展着的马克思主义指导哲学社会科学。要认真学习马克思主义基本原理、中国特色社会主义理论体系和习近平总书记系列重要讲话精神，在思想上、政治上、行动上与党中央保持高度一致。在涉及党的基本理论、基本路线和重大原则、重要方针政策问题上，要立场坚定、观点鲜明、态度坚决，积极传播正面声音，正确引领社会思潮。

第二，始终坚持站在党和人民立场上做学问。为什么人的问题，是马克思主义唯物史观的核心问题，是哲学社会科学研究的根本性、方向性、原则性问题。解决哲学社会科学为什么人的问题，说到底就是要解决哲学社会科学工作者为什么人从事学术研究的问题。哲学社会科学博士后要牢固树立人民至上的价值观、人民是真正英雄的历史观，始终把人民的根本利益放在首位，把拿出让党和人民满意的科研成果放在首位，坚持为人民做学问，做实学问、做好学问、做真学问，为人民拿笔杆子，为人民鼓与呼，为人民谋利益，切实发挥好党和人民事业的思想库作用。这是我国哲学社会科学工作者，包括广大哲学社会科学博士后的神圣职责，也是实现哲学社会科学价值的必然途径。

第三，始终坚持以党和国家关注的重大理论和现实问题为科研主攻方向。哲学社会科学只有在对时代问题、重大理论和现实问题的深入分析和探索中才能不断向前发展。哲学社会科学博士后要根据时代和实践发展要求，运用马克思主义这个望远镜和显微镜，增强辩证思维、创新思维能力，善于发现问题、分析问题，积极推动解决问题。要深入研究党和国家面临的一系列亟待回答和解决的重大理论和现实问题，经济社会发展中的全局性、前瞻性、战略性问题，干部群众普遍关注的热点、焦点、难点问题，以高质量的科学研究成果，更好地为党和国家的决策服务，为全面建成小康社会服务，为实现"两个一百年"奋斗目标和中华民族伟大复兴中国梦服务。

第四，始终坚持弘扬理论联系实际的优良学风。实践是理论研究的不竭源泉，是检验真理和价值的唯一标准。离开了实践，理论研究就成为无源之水、无本之木。哲学社会科学研究只有同经济社会发展的要求、丰富多彩的生活和人民群众的实践紧密结合起来，才能具有强大的生命力，才能实现自身的社会价值。哲学社会科学博士后要大力弘扬理论联系实际的优良学风，立足当代、立足国情，深入基层、深入群众，坚持从人民群众的生产和生活中，从人民群众建设中国特色社会主义的伟大实践中，汲取智慧和营养，把是否符合、是否有利于人民群众根本利益作为衡量和检验哲学社会科学研究工作的第一标准。要经常用人民群众这面镜子照照自己，匡正自己的人生追求和价值选择，校验自己的责任态度，衡量自己的职业精神。

第五，始终坚持推动理论体系和话语体系创新。党的十八届五中全会明确提出不断推进理论创新、制度创新、科技创新、文化创新等各方面创新的艰巨任务。必须充分认识到，推进理论创新、文化创新，哲学社会科学责无旁贷；推进制度创新、科技创新等各方面的创新，同样需要哲学社会科学提供有效的智力支撑。哲学社会科学博士后要努力推动学科体系、学术观点、科研方法创新，为构建中国特色、中国风格、中国气派的哲学社会科学创新体系作出贡献。要积极投身到党和国家创新洪流中去，深入开展探索性创新研究，不断向未知领域进军，勇攀学术高峰。要大力推进学术话语体系创新，力求厚积薄发、深入浅出、语言朴实、文风清新，力戒言之无物、故作高深、食洋不化、食古不化，不断增强我国学术话语体系的说服力、感染力、影响力。

"长风破浪会有时，直挂云帆济沧海。"当前，世界正处于前所未有的激烈变动之中，我国即将进入全面建成小康社会的决胜阶段。这既为哲学社会科学的繁荣发展提供了广阔空间，也为哲学社会科学界提供了大有作为的重要舞台。衷心希望广大哲学社会科学博士后能够自觉把自己的研究工作与党和人民的事业紧密联系在一起，把个人的前途命运与党和国家的前途命运紧密联系在一起，与时代共奋进、与国家共荣辱、与人民共呼吸，努力成为忠诚服务于党和人民事业、值得党和人民信赖的学问家。

是为序。

张江

中国社会科学院副院长
中国社会科学院博士后管理委员会主任
2015 年 12 月 1 日

摘　要

　　全球生产网络和全球价值链已经成为世界经济的一个显著特征。全球生产网络的发展和全球价值链的延伸给世界经济带来了革命性变化，一方面促进了资本、技术、管理技能和企业家的跨境流动，使全球主要经济体之间的经济贸易关系变得越来越紧密；另一方面改变了世界南—南、南—北之间贸易的方式，是过去20多年来全球贸易高速增长的最重要动力之一。20世纪90年代以来，随着经济全球化和国际分工的不断深化，全球经济失衡的问题日益凸显，主要表现为美国庞大的贸易赤字和东亚地区巨额的贸易盈余。从历史上来看，尽管贸易不平衡基本上是一种常态，但贸易不平衡的程度从未曾像今天这样严重，贸易不平衡的范围也从未曾像今天这样涉及如此众多的国家，特别是肇始于美国的国际金融危机不断拓展和蔓延，使得贸易不平衡问题变得愈加严重，给世界各国经济的复苏与发展带来了严峻挑战。如何实现全球经济再平衡已经成为需要世界各国共同面对的突出问题。

　　近年来，国内外专家学者分别从不同角度对全球经济失衡的原因做出了阐释，但各派理论分析如同"盲人摸象"，每一种观点只是反映了一种局部的真实，都存在以偏概全的问题，全球经济失衡的成因仍需进一步研究和探索。本书在现有文献的基础上提出国际生产网络分析框架，为在多边框架下研究贸易不平衡问题提供了理论支撑，并系统分析了东亚国际分工体系的演化及其对贸易不平衡的影响，从而得出全球经济失衡的实质与全球经济再平衡的调整方向。

　　首先，国际生产网络是一种全新的国际生产组织方式，它使世界各国的生产活动不再孤立地进行，而成为全球化生产体系的有机组成部分。20世纪90年代以来，在经济全球化与区域经济一体化并行发展的趋势下，国际生产组织方式发生了深刻的变革：过去，一个最终产品完全在一个国家或地区生产完成；现在，一个最终产品分成若干环节，分散在效率最高和成本最低的国家或地区完成。在这一过程中，不同企业之间密切合作、协作共生，建立起相互依存的生产关系，从而形成同一产品由不同国家的企业共同参与完成的全球生产体系。如果遵循亚当·斯密和钱德勒把市场和企业科层分别称为"看不见的手"和"看得见的手"的隐喻，国际生产网络可以形象地描述为"看不见的手"和"看得见的手"之间的"握手"。

其次，东亚区域生产网络脱胎于"雁行模式"，是对"雁行模式"的超越和发展。第二次世界大战后，"雁行模式"引领东亚地区经济长期群体性起飞；20世纪80年代中期，"雁行模式"日渐式微，最终走向崩溃。"雁行模式"的崩溃并不意味着东亚地区经济发展从此一蹶不振，也不等于东亚地区经济发展模式终结。尽管"雁行模式"的崩溃致使东亚地区经济发展陷入一种转型的困境，但其为东亚区域生产网络的形成和发展创造了有利条件。

再次，东亚区域生产网络主要由三种类型的国际生产网络共同构成。其中，日本式国际生产网络比较封闭，属于领导型生产网络，父系企业在国内从事产品的研发和核心零部件制造，子系企业在海外建立加工组装基地和出口平台；美国式国际生产网络比较开放，属于模块型生产网络，品牌领导商专门集中从事产品的研发设计和营销，把附加值较低的制造环节外包给本国或其他国家的合同制造商；华商式国际生产网络的开放程度介于上述两者之间，属于关系型生产网络，受资金、技术和管理经验等因素限制，处于从属地位，通过合资或代工等方式来提升竞争优势。

最后，随着东亚区域生产网络的形成与发展，国际贸易失衡不再是一个简单的双边问题，而是一个网络状的多边问题。在国际生产网络中，一个最终产品并不是完全在一个国家或地区生产完成，而是被分为研发活动、产品定位和设计、投入要素的供给、制造（或者服务的提供）、分销和支持及售后服务等诸多环节，并分散在效率最高和成本最低的国家或地区完成。东亚各经济体只

承担相关产品的特定环节，零部件等中间品按工序在东亚各经济体之间流转，最终产品销往世界各地。

正是由于东亚区域生产网络快速发展，东亚地区的制造能力快速扩张，使得东亚地区经济体对欧美发达经济体市场的依赖程度不断提高，尤其是对美国市场的依赖一直较为严重，造成贸易失衡。其中，中国已经成为东亚区域生产网络的枢纽，一方面从东亚地区进口大量零部件等中间品，存在大量的贸易逆差；另一方面向美国出口最终产品，存在巨额的贸易顺差。就东亚与美国之间的贸易失衡而言，从"属地"来看，东亚对美国的贸易顺差主要来自生产链末端的出口国——中国；从"属权"来看，东亚对美国的贸易顺差来自参与东亚区域生产网络的所有国家或地区。

当前，世界经济已经进入后国际金融危机时期的深度调整阶段，携手推动全球经济再平衡已经成为世界各国的共识，转变发展方式和调整经济结构将成为世界经济新常态。当然，全球经济再平衡并非机械的再平衡，而是应该放在促进世界经济健康、稳定、可持续增长的大背景下来进行，并通过加强合作的方式综合解决，否则，失去经济发展的再平衡是毫无意义的。在世界经济新常态背景下，以全球经济再平衡为导向的经济结构调整不仅要求美国，而且要求东亚各经济体改变以往的经济发展方式，促进亚太经合组织各经济体内部及彼此之间高效、顺畅的全球价值链连接，推动全球价值链发展和合作进程，促进亚太地区可持续、包容和平衡的经济增长。

关键词：东亚区域生产网络；全球经济失衡；国际生产网络；全球价值链

Abstract

Global production networks and global value chains have become a significant feature of the world economy. The development of an global production networks and the extension of global value chains bring a revolutionary change to the world economy. On the one hand, they promote the cross − border flow of capital, technology, managerial skills and entrepreneurship, so that the economic and trade relations between the world's major economies become more and more closely; on the other hand, they change the world trade way between South − South, South − north, which are the most important driving force of global trade growth over the past 20 years. Since the 1990s, with the deepening of economic globalization and international division of labor, the imbalance of global economy has been continuing to exacerbate, which mainly demonstrates the huge trade deficit of America and huge trade surpluses in East Asia. From a historical point of view, although the trade imbalance is essentially a norm, the degree of trade imbalance has never been so seriously like this, the scope of the trade imbalance has never involved so many countries. Particularly the expanding and spreading of the international financial crisis beginning in US, make the trade imbalance problem becomes even more serious, and pose a serious challenge to the world economic recovery and development. How to achieve global re − balancing has become the outstanding issues of the world to work together to face, and to hand in hand deal with.

In recent years, experts and scholars from home and abroad make the explanation to the cause of global economic imbalances from different angles, but the analysis of every point is as "the blind touches elephant", which is merely reflects a partial truth, and exists the problem of holding a part as the whole. The causes of global economic imbalances still need further study and exploration. The book puts forward an analysis framework of international production network on the basis of the existing literature, provides a theoretical support to study the trade imbalance for a multilateral framework, systemically analyses the evolution of the international division of labor in East Asia and the impact on trade imbalances, and arrives at the essence of global economic imbalances and the adjustment direction of global economic re – balancing.

First, the international production network is a new organization of international production, which makes the world's production activities no longer be in isolation, but as an integral part of the global production system. Since the 1990s, in trend of economic globalization and regional economic integration, there makes profound changes in the organization of international production. In the past, a final product is produced entirely in one country or region; now, a final product is produced into several areas, and is completed by the most efficient and lowest – cost countries. In this process, the relationship of close cooperation and cooperative symbiosis between different enterprises are established, so as to form the global production system of the same product being completed by enterprises of different countries. If you follow the metaphor that market and corporate hierarchies are called "invisible hand" and the "visible hand" raised by Adam Smith and Chandler, the international production network can be visualized described as the "handshake" between the "invisible hand" and the "visible hand".

Secondly, East Asia regional production network was born out of "flying geese model", which is the transcendence and development of "flying geese model". After World War II, "flying geese pattern" lead East Asia economic group take – off long – term. In the mid – 1980s, "flying geese model" is diminishing, and is ultimately to collapse. The collapse of "Flying geese model" does not mean the fading of economic development in East Asia, and does not mean the end of the economic development model in East Asia. Although the collapse of "flying geese model" resulted in transformation dilemma of economic development in East Asia, but it has created favorable conditions for the formation and development of East Asia regional production network.

Secondly, East Asia regional production network mainly constituted by three type production network. Japanese – style international production network is quite seals up, and belongs to the leader production network. The paternal enterprise engaged in researching and developing product in domestic and manufacturing the core spare part, the subsidiary enterprise set up the processing and assembly bases and export platform overseas. American – style international production network is more open, and belongs to the modular production network. Brand leader is specially engaged in research, development, design and marketing of product, and outsource manufacturing sector of the low value – added to contract manufacturers of their own or other countries. The openness of Chinese – style international production network is between the above two, and belongs to the relational production network. Due to the restriction of capital, technology, management experience and other factors, it is in a subordinate position, and improves competitive advantage by means of joint ventures or OEM.

Finally, with the formation and development of East Asia regional production network, international trade imbalance is no longer a simple bilateral issue, but a multilateral issue as network. In international production network, a final product is not completed in one country or region, but is divided into many aspects such as R & D activities, product positioning and design, supply of input factors, manufacturing (or service), the distribution and support and service, and is completed by the most efficient and lowest – cost countries. East Asia economies only produce certain aspects of related products, parts and other intermediate products are circulated between the East Asia economies according to the step, and the final products are sold around the world.

The rapid development of East Asia regional production network and rapid expansion of the manufacturing capacity in East Asia make the high dependent of the economies of East Asia on the developed market economies of Europe and US, especially depend on the US market, which causes trade imbalances. Among them, China has become the hub of East Asia regional production network. on the one hand, China has imported a large number of components from the East Asia region, there are a lot deficit; on the other hand, China has exported the final product to the US, there is a huge trade surplus. On trade imbalances between East Asia and the United States being concerned, from the "territorial" perspective, East Asia's trade surplus with the United States is mainly from the exporting country of the end production chain — China; from "being a right", the trade surplus against the United States in East Asia is from all countries involved in the East Asia regional production networks.

Currently, the world economy has entered a period of the depth adjustment after international financial crisis, and work together to promote the global economy re – balancing has become the consensus of the world, and changing the development mode and economic restructuring has become a new norm of the world economy. Of course, the global economic re – balancing is not mechanically re – balancing, but should be placed on the background of promoting health, stable and sustainable growth of the world economy, and through by the way of strengthening cooperation, otherwise, It is meaningless without the economic development re – balancing. On the background of the new normal of the world economy, the economic restructuring oriented to the global economy re – balancing requires not only for the United States, but also for East Asia economies to change the past mode of economic development, to promote efficient and smooth global value chain connections of APEC economies within and between each other, to promote the development and cooperation process of global value chain, and to promote sustainable, inclusive and balanced economic growth of the Asia – Pacific region.

Key Words: East Asia Regional Production Networks; Global Economic Imbalance; International Production Networks; Global Value Chains

目　录

Contents

第一章　导　论

第一节　问题的提出

全球生产网络和全球价值链已经成为世界经济的一个显著特征。全球生产网络的发展和全球价值链的延伸给世界经济带来了革命性变化，一方面促进了资本、技术、管理技能和企业家的跨境流动，使全球主要经济体之间经济贸易关系变得越来越紧密；另一方面改变了南—南、南—北之间贸易的方式，是过去 20 年全球贸易高速增长的最重要的动力。20 世纪 90年代以来，得益于全球生产网络的发展和全球价值链的延伸，国际贸易快速发展，其增长速度一直高于全球 GDP 的增长速度，成为推动世界经济增长的重要引擎之一。据统计，全球 GDP 总量从 1990 年的 21.88 万亿美元上升到 2008 年的 60.59 万亿美元，增长了 1.77 倍，而全球商品贸易出口总额从 1990 年的 3.48 万亿美元上升到 2008 年的 16.13 万亿美元，增长了 3.64倍，世界大多数国家的贸易依存度均有不同程度的增强。

随着经济全球化的不断深化和国际贸易的快速发展，全球经济失衡问题逐渐显现，主要表现为美国庞大的贸易赤字和东亚地区巨额的贸易盈余。以 2007 年为例，美国对外贸易逆差达 -8546 亿美元之巨，亚洲地区对外贸易顺差达 3286 亿美元之多，其中，中国对外贸易顺差高达 2639 亿美元。看到这些数据，我们很容易把全球经济失衡的主要责任记在美国与中国名下，毕竟中国对美国的贸易顺差达到 1636 亿美元。① 然而，如果考虑到同期中

---

① 笔者根据联合国贸易和发展会议数据库（UNCTAD Database）相关数据计算得出。

国对东亚其他经济体还存在 -1038 亿美元的贸易逆差，我们就会发现，全球经济失衡问题并非简单的中国与美国双边经济失衡。

从历史上来看，尽管贸易不平衡基本上是一种常态，但贸易不平衡的程度从未曾像今天这样严重，贸易不平衡的范围也从未曾像今天这样涉及如此众多的国家，特别是肇始于美国的国际金融危机不断拓展和蔓延，使得贸易不平衡问题变得愈加严重，给世界各国经济的复苏与发展带来了严峻挑战。如何实现全球经济再平衡已经成为需要世界各国共同面对的突出问题。

近年来，全球经济失衡已经是一个老生常谈的话题，大量学者分别从不同的角度对其进行了解释，可谓"横看成岭侧成峰，远近高低各不同"。艾琴格林（Eichengreen）把各派的理论分析形象地比作"盲人摸象"，认为每一种观点只是反映了一种局部的真实，但都存在以偏概全的问题，全球经济失衡可能是多种因素共同作用的结果。[①] 总体而言，学术界对贸易不平衡的认识囿于传统的贸易理论，研究视角主要集中于双边贸易层面，研究成果呈现出"百家争鸣、百花齐放"的局面，至今尚未达成广泛共识。究竟该如何认识贸易不平衡问题呢？或许一则小故事将会给我们带来些许启发："有一次，一个学生在研究戴高乐（De Gualle）布置的一道经典军事习题时，碰巧在图书馆找到了当年戴高乐做学生时提出的答案。于是他把它抄下来，署上自己的名字后交给了戴高乐。结果他却只得了 7/20 分，还受到了周末不得离开学校的惩戒。该学生不服，指出答案是从前戴高乐自己给出的，并且在当时还得了最高分。'我知道，'戴高乐严厉地回答道，'可它已经过时了'。"这说明，并不是所有的问题都可以在历史中找到答案，毕竟人类社会总是在不断进步，今天绝不是昨天的重演。因此，在认识贸易不平衡问题时，我们不能拘泥于原有分析框架，而应该不断地尝试新的研究方法，在"试错—修正—再试错—再修正……"的过程中去逼近问题的实质。

实际上，20 世纪 90 年代以来，东亚地区分工格局朝着更加专业化的方向发展，"雁行模式"日渐式微，东亚区域生产网络异军突起。随着东亚区域生产网络的形成与发展，贸易不平衡的状况无论从产品结构上来看还是从国别结构上来看，都发生了显著的变化，并对整个世界经济格局产生了

---

① Eichengreen, B., "Global Imbalance: The Blind Men and the Elephant", *Issues in Economic Policy*, No. 1, 2006, pp. 1 - 24.

越来越重要的影响。因此，把相关经济体放在统一的国际生产网络分析框架内，或许会打破"不识庐山真面目，只缘身在此山中"的束缚，实现"山重水复疑无路，柳暗花明又一村"的境况。

2008年以来，肇始于美国的国际金融危机迅速蔓延，对世界各国经济发展造成了巨大冲击，欧美等西方发达国家的市场需求严重萎缩，贸易保护主义不断抬头，给世界经济复苏与发展，特别是给严重依赖外部市场的东亚地区经济发展造成巨大压力。

当前，世界经济已经进入后国际金融危机时期的深度调整阶段，携手推动全球经济再平衡已经成为世界各国的共识，转变发展方式和调整经济结构将成为世界经济新常态。在世界经济新常态背景下，以全球经济再平衡为导向的经济结构调整不仅要求美国，而且要求东亚各经济体改变以往的经济发展方式，这将对东亚地区经济特别是中国经济的中长期发展构成严峻的挑战。因此，系统分析全球经济失衡的实质，探索全球经济再平衡的可行性调整方向，无论对全球经济结构调整和复苏，还是对东亚地区经济特别是中国经济发展方式转变都具有重要的理论意义和现实意义。

第二节 文献综述

一、现有文献对全球经济失衡原因的解释

2005年2月23日，国际货币基金组织（IMF）总裁拉托（Rato）在题为《纠正全球经济失衡——避免相互指责》的演讲中正式使用了全球经济失衡（Global Imbalance）的概念，将其定义为一国拥有大量贸易赤字，与该国贸易赤字相对应的贸易盈余集中在其他一些国家。[①] 全球经济失衡问题引起学术界高度关注，国内外学者从不同的角度解释了全球经济失衡的成因，主要观点包括以下几个方面：

---

① Rodrigo de Rato y Figaredo, "Correcting Global Imbalance—Avoiding the Blame Game", *Foreign Policy Association*, Financial Services Dinner, February, 2005.

（一）全球经济失衡是各国比较优势动态调整的结果

周小川指出，近几年全球化、跨国外包、供应链重组处于加速阶段，比较优势格局重组出现时间差，即劳动成本密集型生产和服务通常率先外包至中国、印度等地，而发达国家的劳动力成本相对较高，创造新就业机会和新的出口优势往往滞后一段时间，在此期间贸易不平衡日益扩大，FDI（特别是跨国公司的直接投资）在跨国外包和改变贸易平衡中起很大作用。[①] 谢康和李赞认为，美国商品贸易逆差的根本原因在于其自身贸易结构和经济发展结构，或者说美国商品贸易逆差的主要原因之一在于其服务贸易的巨大顺差，这是美国在国际经济中拥有比较优势的反映，符合发达国家贸易结构的一般规律。[②] 胡晖和张自如认为，全球经济失衡是由于中心国在金融市场上的比较优势以及外围国在产品市场上的比较优势导致储蓄—投资缺口，同时在美国过度消费和外围国储蓄过剩的情况下互为补充，形成了共生模式和双赢格局。[③] 姚洋进一步指出，盎格鲁—撒克逊国家的比较优势在于金融，传统的制造业大国（如德国和日本）已经积累了大量的物质资本和人力资本，它们的优势集中在高端消费品和高附加值的中间投入品上，而中国等新兴制造业国家的比较优势在于廉价并具有较高素质的劳动力，因此，全球经济失衡是全球劳动分工的一个副产品。[④] 综上所述，世界各国的比较优势不断变化，促使国际分工格局不断进行动态调整，但美国的比较优势主要集中在金融服务领域，在新商品和服务出口方面的反应具有明显滞后性，从而引发全球经济失衡。

（二）投资—储蓄缺口是全球经济失衡的直接原因

按照宏观经济学恒等式（净出口＝储蓄－投资），当一国或地区的储蓄小于投资时，就会产生贸易逆差；当一国或地区的储蓄大于投资时，就会产生贸易顺差。全球经济失衡是由储蓄和投资缺口决定的，即在一个开放经济中，经常项目盈余所反映的全部内容只不过是净储蓄倾向，后者不受

---

① 周小川：《中国的贸易平衡和汇率有关问题》，载中国社会科学院经济学部编：《全球经济失衡与中国经济发展论文集》，经济管理出版社 2006 年版，第 3－5 页。

② 谢康、李赞：《货物贸易与服务贸易互补性的实证分析——兼论中美贸易不平衡的实质》，《国际贸易问题》2000 年第 9 期，第 47－52 页。

③ 胡晖、张自如：《全球经济失衡理论研究评述》，《经济学动态》2006 年第 11 期，第 67－71 页。

④ 姚洋：《全球经济失衡是全球劳动分工的一个副产品》，《中国改革》2009 年第 12 期，第 45－46 页。

名义汇率变动可预见的影响。① 因此，分析贸易不平衡问题的最好方法是分析国民储蓄和投资的缺口。② 麦金农（McKinnon）运用投资—储蓄缺口分析法分别研究了美国经常账户赤字和东亚地区经常账户盈余的原因，指出美国的储蓄率太低和东亚地区的储蓄率太高分别是造成美国、东亚地区贸易不平衡的原因。③ 李向阳进一步指出，2000 年之前美国经常账户恶化主要源于私人投资率太高，泡沫经济崩溃以后，投资率下降，经常账户恶化更多反映了储蓄率的降低，美国的低储蓄率对全球经济失衡负有难以推卸的责任。④ 罗比尼和赛瑟（Roubini & Setser）认为，美国过度消费导致其国内出现严重的储蓄不足，必须大量吸收国外储蓄以维持美国经济的持续增长，从而形成美国巨大的经常项目赤字，最终导致美国与其他国家间的贸易失衡。⑤ 哈继铭认为，美国储蓄率持续下降，消费过多，致使经常项目长期恶化，全球经济失衡主要归因于美国的发展方式。⑥ 库珀（Cooper）认为，从全球化和人口变动两方面可以解释美国及其他国家储蓄投资变化趋势，美国储蓄相对于其 GDP 非常低，但是相对产出很高，即美国储蓄的利用效率很高，言外之意是认可了美国的储蓄不足。⑦ 伯南克（Bernanke）对美国国内储蓄和投资失衡导致美国经常项目逆差的观点提出质疑，认为"全球储蓄过度"（包括发展中国家储蓄的增长）是导致美国经常项目逆差上升以及全球长期实际利率水平偏低的原因⑧。巴拉克里什南、巴约尔和图林（Bal-

---

① McKinnon, R. and G. Schnabl, "The East Asia Dollar Standard, Fear of Floating, and Original Sin", *Review of Development Economics*, Vol. 8, 2004, pp. 331 – 360.

② McKinnon, R. and K. Ohno, *Dollar and Yen: Resolving Economic Conflict between the United States and Japan*, Cambridge, Ma: MIT Press, 1997, p. 140.

③ McKinnon, R., *Exchange Rates under the East Asia Dollar Standard: Living with Conflicted Virtue*, MIT Press, 2005.

④ 李向阳：《全球经济失衡及其对中国经济的影响》，《国际经济评论》2006 年第 3 – 4 期，第 19 – 21 页。

⑤ Roubini, N. and S. Brad, "The US as a Net Debtor: The Sustainability of the US External Imbalances", 2004, http://pages.stern.nyu.edu/~nroubini/papers/Roubini – Setser – US – External – Imbalances. pdf.

⑥ 哈继铭：《如何减小全球经济失衡的纠正对中国的冲击》，《国际经济评论》2006 年第 3 – 4 期，第 50 – 51 页。

⑦ Cooper, R. N., "Understanding Global Imbalances", Brooking Papers on Economic Activity, 2007.

⑧ Bernanke, B. S., The Global Saving Glut and the U. S. Current Account Deficit., Updates Speech Given on 10 March 2005 at the Sandridge Lecture, Virginia Association of Economists, Richmond, Virginia, 2005.

akrishnan，Bayoumi & Tulin）支持了"全球储蓄过度"假说，认为新兴市场国家的过度储蓄支撑了美国的经常项目赤字。[1] 施建淮研究发现，全球储蓄过剩是全球经济失衡的根源，国际资本市场的原罪是亚洲国家过度储蓄、巨额顺差产生的原因。[2] 部分学者折中了上述两种观点。李扬和余维彬认为，在美元占据国际货币主导地位的情况下，东亚与美国的储蓄差异是导致全球经济失衡的根本原因。[3] 奥伯斯法尔德和罗格夫（Obstfeld & Rogoff）以及费尔德斯坦（Feldstein）认为美国的低储蓄率和亚洲国家的高储蓄率是导致全球经济失衡的主要原因。[4] IMF 的《2005 年亚非地区报告》认为，近年来美国投资率保持稳定，是储蓄率（包括公共部门和私人部门）的下降导致了失衡，而亚洲地区储蓄率保持稳定，投资率下降，因此，全球经济失衡问题的根源不是储蓄过剩，而是投资匮乏。综上所述，全球经济失衡的直接原因是相关经济体存在大量投资—储蓄缺口，即美国储蓄小于投资、东亚地区储蓄大于投资。

（三）东亚地区金融市场不发达导致了全球经济失衡

克莱格尔（Kregel）认为，资本流动对国际贸易及经常账户具有重要的影响，因为资本流动不仅是经常账户赤字的映像，也是资本在全球投资和生产产品方面的体现，因此，对经常账户赤字的分析不应仅集中于外国投资者是否愿意继续为美国赤字进行融资，还应从外国投资者把盈余投资于美国以支持它们出口的角度进行分析。[5] 杜利、福尔克茨—兰多、嘉保（Dooley，Folkerts – Landau & Garber）认为，东亚新兴市场国家金融体系不健全，无法提供足够的金融工具来满足市场需求，于是具有良好金融体系

① Balakrishnan，R.，T. Bayoumi and V. Tulin，"Summary of Globalization，Gluts，Innovation，or Irrationality：What Explains the Easy Financing of the U. S. Current Account Deficit"，IMF Working Paper 07/160，2007.

② 施建淮：《全球经济失衡的调整及其对中国经济的影响》，《国际经济评论》2006 年第 3 – 4 期，第 23 – 31 页。

③ 李扬、余维彬：《全球经济失衡及中国面临的挑战》，《国际金融研究》2006 年第 2 期，第 12 – 18 页。

④ Obstfeld，M. and K. Rogoff，"The Unsustainable U. S. Current Account Position Revealed"，NBER Working Paper No. 10869，2005；Feldstein，M.，"Resolving The Global Imbalance：The Dollar and The U. S. Saving Rate"，NBER Working Paper No. 13952，2008.

⑤ Kregel，J. A.，"Understanding Imbalances in a Globalised International Economic System"，In J. J. Teunissen and A. Akkerman eds.，*Global Imbalances and the US Debt Problem：Should Developing Countries Support the US Dollar?* The Hague：Fondad，2006，pp. 149 – 173.

的美国便成为了它们的理想投资场所，从而支持了美国的经常项目赤字。[①]
鞠建东和魏尚进（Jiangdong Ju & Shangjin Wei）把世界资本流动分为产业资
本和金融资本两种类型。前者主要是通过寻找低工资地区来获得较高实际
资本回报的 FDI；后者主要是通过寻找更良好的金融市场来获得金融资产回
报的金融资本。相对而言，金融体系更加完善的国家将能够吸收到更多金
融资本，获得更大利益。[②] 卡巴雷罗、法利和古林查斯（Caballero, Farhi &
Gourinchas）则认为，全球经济失衡源于新兴市场国家金融市场的低迷与欧
洲、日本经济增长的衰弱，使得美国持续的经常项目赤字能够获得支撑。[③]
萨默斯（Summers）认为，资本从新兴市场国家流向工业化国家、新兴市场
国家积累了大量储备和储备资产的收益率三个方面因素构成的"资本流动
困境"是全球经济失衡的重要表现。[④] 卡巴雷罗、法利和古林查斯（Caball-
lero, Farhi & Gourinchas）认为，金融资产的短缺是全球经济失衡问题的核
心，新兴经济体中不发达的金融市场、多样的宏观和微观经济缺陷加剧了
全球经济失衡。[⑤] 综上所述，全球经济失衡的重要原因是东亚地区金融体系
不健全，无法提供足够的金融工具来满足市场需求，而美国的金融体系比
较发达，从而使金融资本向美国流动，支持了美国贸易逆差。

（四）国际货币体系非对称性是全球经济失衡的根本原因

杜利、福尔克茨—兰多、嘉保（Dooley, Folkerts - Landau & Garber）回
顾了布雷顿森林体系的演变历程，认为国际货币体系的变化不过是原来体
系的自我调整和完善，外围经济体由原来的欧洲和日本演变为以中国为代
表的亚洲新兴市场国家。其中，亚洲国家的固定汇率制度使美国巩固了在
布雷顿森林体系的中心地位，而外围国家均是建立在汇率低估、资本控制、

① Dooley, M. P., D. Folkerts - Landau and P. Garber, "An Essay on the Revived Bretton Woods Sys-tem", NBER Working Paper No. 9971, 2003; Dooley, M. P., D. Folkerts - Landau and P. Garber, "The Revived Bretton Woods System: The Effects of Periphery Intervention and Reserve Management on Interest Rates & Exchange Rates in Center Countries", NBER Working Paper No. 10332, 2004.

② Jiandong Ju and Shangjin Wei, "A Solution to Two Paradoxes of International Capital Flows", IMF Work-ing Paper No. 06/178, 2006.

③ Caballero, R. J., E. Farhi and P. - O. Gourinchas, "An Equilibrium Model of 'Global Imbalances' and Low Interest Rates", NBER Working Papers 11996, 2006.

④ Summers, Lawrence H., "Reflections on Global Account Imbalances and Emerging Markets Reserve Ac-cumulation", L. K. Jha Memorial Lecture, Reserve Bank of India. Mumbai, India. March 24, 2006.

⑤ Caballero, R. J., E. Farhi and P. - O. Gourinchas, "An Equilibrium Model of 'Global Imbalances' and Low Interest Rates", *The American Economic Review*, Vol. 98, 2008, pp. 358 - 393.

积累储备资产基础上的出口导向型经济，在这样的格局下，美国可以继续保持经常账户赤字，因为亚洲和拉美的新兴市场国家愿意积累美元，国际收支不需要调整，美元也不需要下跌，并且新兴市场国家将抵制本国货币相对美元升值。[①] 李扬和余维彬认为，如今被作为新问题提出的所谓全球经济失衡问题，事实上可视为"特里芬难题"的又一种表述。[②] 祝丹涛认为，当前的全球经济失衡从一定程度上来说是历史的重演，历史重演的背后有相同的逻辑——"特里芬难题"和 n-1 问题的"不对称解"。[③] 樊纲（Fan Gang）认为，全球经济失衡的根本原因在于不对称的国际货币体系，当前主要问题不是人民币需要升值，而是美元需要贬值，前者是新近出现的，后者是一直都存在的，因此不能认为是中国导致了全球经济失衡。[④] 李扬从美元作为世界货币的角度进行了分析，认为全球经济增长需要货币，需要储备手段，现在世界货币主要是美元，储备手段也主要是美元定值的资产，如果不依靠其他条件的话，只能靠贸易逆差，所以美国的逆差也为世界经济运行所必需。[⑤] 综上所述，全球经济失衡的根本原因是国际货币体系的不对称性，即美元既是美国的货币，又是国际贸易的主要计价货币，而东亚地区没有统一的货币，东亚区域内贸易结算依赖美元，东亚地区必须通过贸易顺差获得区域内贸易结算所需的美元。

（五）东亚地区汇率制度是全球经济失衡的深层次原因

戈德斯坦（Goldstein）、弗兰克尔（Frankel）分别从汇率视角研究了全球经济失衡问题，认为包括中国在内的一些东亚经济体通过低估本币汇率以刺激出口，导致东亚地区出口快速增长带来经常项目账户的巨额盈余，美国进口快速增长带来经常项目账户的巨额赤字，因此，东亚地区低估本

---

① Dooley, M. P., D. Folkerts - Landau and P. Garber, "An Essay on the Revived Bretton Woods System", NBER Working Paper 9971, 2003.

② 李扬、余维彬：《全球经济失衡及中国面临的挑战》，《国际金融研究》2006 年第 2 期，第 12 - 18 页。

③ 祝丹涛：《金融体系效率的国别差异和全球经济失衡》，《金融研究》2008 年第 8 期，第 29 - 38 页。

④ Fan Gang, "Currency Asymmetry, Global Imbalance, and Rethinking again of International Currency System", TIGER Working Paper No. 94, 2006.

⑤ 李扬：《全球经济失衡对中国的挑战》，《国际经济评论》2006 年第 1 期，第 25 - 26 页。

币汇率是全球性国际收支失衡的主要原因。[①] 伯南克（Bernanke）认为，东亚新兴市场国家通过阻止本币升值来获得出口型经济的增长，并在全球金融市场限制大幅度放松的条件下，仍然建立起过分强大的外汇储备。这部分储备用于购买美国的资产，压低了美国的利率，促使美国消费膨胀，贸易赤字进一步扩大，最终导致了全球经济失衡。麦金农（McKinnon）研究发现，从宏观上看，美元作为货币锚可以稳定各经济体的通货膨胀率与汇率水平；从微观上看，汇率稳定可以弥补各经济体金融市场不完善的缺陷，在一定程度上降低贸易风险。从区域内看，与美元相联系的汇率有利于东亚各经济体之间形成日益紧密的经济联系；从区域外看，在欧美市场上的竞争又将它们置于一个集体钉住美元的"纳什均衡"当中。[②] 综上所述，全球经济失衡的深层次原因是东亚地区把美元作为货币锚，汇率缺乏弹性，在通过阻止本币升值获得出口型经济增长的同时，积累了大量贸易盈余。

（六）东亚地区缺乏终极消费市场导致全球经济失衡

赵夫增指出，亚洲依赖美国市场来弥补需求，美国依赖亚洲的廉价出口和官方储备来抑制通胀和实现低成本融资，二者形成共生模式，经常账户失衡是枢纽，其根本原因在于世界经济结构性变化，即经济全球化和金融膨胀。[③] 周小兵认为，东亚发展程度较高的经济体在其经济起飞阶段严重依赖外部市场，这与当时其周边地区发展水平相对较低、缺乏有效的终极消费市场有关。但这些发展较早的经济体越过经济起飞阶段后，仍然没有充分发挥其在进入高收入社会发展经济阶段后的终极消费市场作用，反而在对区外出口增长减速时扩大对区内出口，同时又没有更大程度地扩大从区内进口，从而使其对区内贸易出现越来越大的贸易顺差。与之相应的是区域内后起的发展中经济体对区内贸易出现越来越大的逆差，被迫同样向

---

① Goldstein, M., "China's Exchange Rate Regime", Testimony before the Subcommittee on Domestic and International Monetary Policy, Trade, and Technology, Committee on Financial Services US House of Representatives, Washington, Oct. 1, 2003, http://www.iie.com; Frankel, J., "On the Renminbi: The Choice between Adjustment under a Fixed Exchange Rate and Adjustment under a Flexible Rate", NBER Working Paper No. 11274, 2005.

② McKinnon, R., "The International Dollar Standard and the Sustainability of the U. S. Current Account Deficit", Brookings Papers on Economic Activity, Issue. 1, 2001, pp. 217 – 226.

③ 赵夫增:《经常账户失衡格局下的世界经济共生模式》,《世界经济研究》2006 年第 3 期, 第 13 – 20 页。

区外寻求终极市场。① 综上所述，全球经济失衡的主要原因是东亚地区缺乏终极消费市场，在地区经济发展的过程中，东亚经济体的生产能力不断扩张，但区域内消费市场相对狭小，只能被迫依赖区域外市场，导致东亚地区存在大量贸易顺差。

二、现有文献对全球经济失衡表现的阐述

20世纪80年代以后，东亚在产业内分工继续深化的同时，出现了产品内分工的生产合作，形成了以外包（Outsourcing）、转包（Sub - Contracting）、生产分享（Production Sharing）为基础的新兴国际分工体系，导致贸易不平衡的结构发生了深刻的变化。

（一）东亚地区对区域外贸易不平衡发生了国别结构变化

随着国际分工不断深化和国际贸易快速发展，东亚地区部分经济体在对区域外贸易顺差日益减小的同时，一部分经济体对区域外贸易顺差不断扩大，两者出现了此消彼长的局面。1993年，美中贸易委员会主席安德森（Anderson）在谈论美国对华贸易政策时指出，必须从地区角度而非孤立地看待美国对中国大陆贸易逆差，因为中国港台地区已经将许多出口加工业转移到了中国大陆，而美国与中国总体的贸易状况并未发生改变。② 鲁宾（Rubin）认为，美国对华贸易逆差一直以很快的速度增加，但同一时期美国对亚洲贸易逆差总额大致没有变化，贸易逆差构成之所以向中国倾斜，大体上是亚洲其他国家和地区将其生产活动转移到中国的缘故。③ 泰森（Tyson）也明确指出，美国对华贸易逆差近年来增长迅速，但这种趋势已大体上被中国香港、新加坡以及中国台湾等地贸易逆差的减少所抵消。④ 芬斯阙（Feenstra）、海闻、胡永泰和姚顺利分析了20世纪90年代美国对中国逆差产生的原因，其中一个重要因素是美国进口产品的生产从其他国家转移

---

① 周小兵：《从贸易收支看东亚贸易结构的发展》，载张蕴岭、孙士海编：《亚太地区发展报告（2005）：发展趋势预测与热点问题分析》，中国社会科学文献出版社2006年版，第40-49页。

② 安德森：《对华政策：促进美国竞争和双边关系——中美贸易委员会主席安德森致克林顿的信》（英文版为1997年），载贾怀勤编：《中美贸易平衡问题综论》，对外经济贸易大学出版社2004年版，第36-39页。

③ Rubin, R., "Statement at the U. S. - China Business Council", Washington D. C. , June 5, 1997.

④ Tyson, L., "Trade Deficits Won't Ruin US", *The New York Times*, November 24, 1997.

到了中国，从而使得 80 年代的一些新兴工业国家和地区，如中国香港、新加坡、韩国和中国台湾对美国的顺差，在 90 年代大部分都转移给了中国，即中国对美国市场的渗透是以亚洲其他国家和地区在美国进口品市场的地位降低为代价的。[①]

（二）东亚区域内贸易不平衡与对区域外贸易不平衡并存

柴海涛和廖育廉认为，中国对美国贸易顺差与东亚国家和地区的贸易转型有一定的关系，目前东亚新兴经济体已逐渐将本地的劳动密集型产业转移到了中国，这一方面导致了中国对东盟各国、韩国、日本和中国台湾地区的巨额贸易逆差，另一方面也使上述经济体对美国的贸易顺差锐减。[②]考恩（Cowen）研究发现，中国出口产品的很多原料来自其他经济体，中国只不过是最终产品出口地，因此承担了"最后的压力"。所以，美国对中国贸易赤字增加主要是因为亚洲制造和组装产业链向中国转移。[③]尹翔硕和王领分析了 1990～2002 年造成中美贸易不平衡的东亚因素，并指出，由于中国对美国的贸易顺差很大程度上是从东亚其他国家或地区转移过来的，因此，随着东亚其他国家或地区加紧把生产转移到中国并增加向中国的出口，它们必然也会加快从美国进口更高级的产品（包括资本品和消费品）。[④]尤梅玲指出，加工贸易是中美贸易方式中的一个显著特点，它们大都是中国从亚洲其他国家和地区进口来料加工和来件加工组装后再出口到美国，因此这些出口额也包含着大量他国对美国的出口。90% 的美国自华进口只是替代了来自东亚和东南亚的进口，且大部分是低科技含量的电子机械、玩具、服装和鞋类产品。[⑤]蒲华林和张捷通过考察 1992～2005 年美国、中国、东亚其他国家或地区之间贸易差额的变化情况发现，东亚诸国对中国的产品内贸易与中美贸易顺差之间存在长期协整关系。其中，中国与日本的产品内贸易对中美贸易顺差的贡献最为突出，与韩国的产品内贸易次之，与东

---

① Feenstra、海闻、胡永泰、姚顺利：《美中贸易逆差：规模和决定因素》，北京大学经济研究中心讨论稿，No. C1998009，1998 年。

② 柴海涛、廖育廉：《在合作和互补中走向共同繁荣——当前中美双边经贸关系述评》，《国际贸易》2006 年第 3 期，第 4 - 7 页。

③ Cowen, T., "China Is Big Trouble for the U. S. Balance of Trade, Right? Well, Not So Fast", *The New York Times*, September 7, 2006.

④ 尹翔硕、王领：《中美贸易不平衡中的东亚因素》，《亚太经济》2004 年第 1 期，第 33 - 37 页。

⑤ 尤梅玲：《中美贸易不平衡原因分析》，《世界经济研究》2006 年第 4 期，第 4 - 10 页。

盟的产品内贸易再次之。[①]

（三）跨国公司的发展战略是影响贸易不平衡结构变化的重要因素

吉泰坤（Ji Taikun）认为，虽然中国出口业绩飙升，但过去10年的出口增长中足足有65%可追溯到那些在中国建立子公司或者合资企业的跨国公司，一半的出口涉及来料加工或者中间品加工。[②] 郭建宏在研究中国加工贸易时发现，如果将加工贸易的顺差扣除掉，中国对美国的顺差将会减少大约90%。中国加工贸易的根源在于以加工为重点的制造业，经过20多年的发展，已经形成了日本研发—"四小龙"生产关键部件—中国大陆加工组装—美国市场销售的产业价值链分工体系。[③] 杨家文（Yang Jiawen）指出，资本流动是影响贸易差额的重要因素，中国对美国出口产品大多是由FDI企业加工生产的，中国大陆的对外贸易伙伴——中国香港、中国台湾和韩国等国家或地区已将纺织品与服装等劳动密集型生产设备转移到中国大陆，通过在中国大陆加工向美国出口，这些产品占了美国从中国进口的很大份额，因而美中贸易逆差的增加，部分是美国对中国香港、中国台湾和韩国贸易逆差转移的结果。[④] 格林斯潘（Greenspan）指出，美国在20世纪90年代从以中国为中心的亚洲经济体的进口大幅上升，但从2000年开始基本保持稳定，这是由于最后的加工程序和出口程序都集中到了中国，对华逆差替代了对其他经济体的逆差，如果按出口的"增值部分"来计量，美国对华贸易逆差将小得多，而对其他亚洲国家的逆差会大得多。[⑤]

（四）中国处于东亚国际分工体系的低端环节

由于中国处于东亚国际分工体系的低端环节，最终产品在中国组装完成，东亚对区域外贸易顺差以中国对区域外贸易顺差的形式表现出来。阿尔多纳斯（Aldonas）在分析中美贸易不平衡的原因时指出，这种表面上的贸易不平衡是由于中国已经成为出口商品的一个总装中心，而其中大多数

① 蒲华林、张捷：《产品内分工与中美结构性贸易顺差》，《世界经济研究》2007年第2期，第29-35页。

② Ji Taikun, "The US - China Exchange Rate Dispute in a Global Context", University of Alberta Working Paper, 2004.

③ 郭建宏：《中国加工贸易问题研究：发展、挑战和结构升级》，经济管理出版社2006年版。

④ Yang Jiawen, "Sino - U. S. Trade Relations", in Jing Luo eds., *Encyclopedia of Contemporary Chinese Civilization*, 1949 - *Present*, New York: Greenwood Press, 2005, pp. 658 - 661.

⑤ Greenspan, A., "Testimony before the Committee on Finance, U. S. Senate", *Washington D. C.*, June 23, 2005.

商品过去都是从亚洲其他国家进口的。① 拉迪（Lardy）强调："中美之间的贸易不平衡是一个结构性的贸易赤字问题。它基本上不能反映出人民币汇率问题和中国的贸易保护政策问题……真正合理的解释是，中国在亚洲生产加工网络里面发挥的作用越来越大，这个加工业的发展对于中国出口的贡献率是非常高的……当中国越来越发挥加工厂的作用，即其实中国越来越成为组装最后一道工序的时候，美国对中国的贸易不平衡会越来越加剧。另外，随着美国跟中国贸易不平衡的加剧，美国与所有东亚其他国家和地区的贸易逆差都在下降。这其实是一种转移效应。"② 张燕生、刘旭和秦占奎认为，美国对华贸易逆差不断增加的原因是原东亚各国和地区对美贸易顺差转移到了中国。中国的加工贸易大部分是日本、韩国、中国香港、中国台湾等东亚国家和地区为降低生产成本和提高竞争力，转移劳动密集型产业和高新技术产业中属于劳动密集型的组装工序而发展起来的，上述东亚国家和地区在中国大陆设立了大量的外资企业，其产品在我国加工、组装后依赖原有的销售渠道，主要经中国香港等地转口到美国、欧洲等传统市场。由于各国对进口商品的原产地认定以"实质性改变"为原则，加工产品的出口国就从上述国家和地区转移到了中国。③

综上所述，相关学者分别从不同角度阐述了全球经济失衡的成因和表现。尽管这些理论观点表面上各不相同，但它们之间实质上并非完全相互排斥。各派的理论分析可能只是对一个复杂经济现象从不同侧面进行了阐释。艾琴格林（Eichengreen）把各派的理论分析形象地比作"盲人摸象"，认为每一种观点只是反映了一种局部的真实，但都存在以偏概全的问题，全球经济失衡可能是多种因素共同作用的结果。④ 这说明，目前学术界对全球经济失衡的认识还处于初级阶段。总体而言，现有的文献主要呈现出以下几个方面的特点：首先，研究贸易不平衡的总体情况及其成因的文献较多，研究贸易不平衡的产品结构因素（即哪些产品是造成贸易不平衡的主

① 美国驻华使馆文化新闻处：《结构性问题导致美中贸易不平衡》，《中国经济时报》2003年10月27日。
② 孙荣飞：《拉迪：解开中美贸易不平衡密码》，《第一财经日报》2006年7月7日。
③ 张燕生、刘旭、秦占奎：《中美贸易顺差结构分析及其对策研究》，载张燕生、刘旭、平新乔编：《中美贸易顺差结构分析与对策》，中国财政经济出版社2006年版，第1-38页。
④ Eichengreen, B., "Global Imbalance: The Blind Men and the Elephant", *Issues in Economic Policy*, No. 1, 2006, pp. 1-24.

要因素）的文献较少。其次，在双边框架下研究贸易失衡的文献较多，在多边框架下研究贸易不平衡成因的文献较少，从而无法确定相关国家或地区分别在全球经济失衡中发挥的作用。最后，从宏观经济视角研究贸易不平衡的文献较多，从微观经济视角特别是企业组织视角研究贸易不平衡的文献较少。从一定程度上来说，这给本书的撰写留下了些许空间。

第三节　研究思路、结构安排和创新点

国际贸易问题说到底是国际生产分工问题。国际生产分工关系是国际贸易的基础，国际贸易是国际分工关系的外在表现形式，国际生产分工关系的变化将会导致国际贸易模式的变化。本书在现有文献的基础上提出国际生产网络分析框架，为在多边框架下研究贸易不平衡问题提供了理论支撑，并系统分析了东亚国际分工体系的演化及其对贸易不平衡的影响，从而得出全球经济失衡的实质与全球经济再平衡的调整方向。

本书共分为八章，具体结构安排如下：

第一章是"导论"，阐述本书的研究主题、相关文献综述、研究思路、结构安排和创新之处；第二章是"国际生产网络：一个分析框架"，回答"什么是国际生产网络"、"国际生产网络的理论基础是什么"、"国际生产网络是如何运行的"三个问题，为全书分析提供理论基础；第三章是"东亚区域生产网络的形成轨迹"，回顾东亚国际分工模式的变迁；第四章是"东亚区域生产网络形成的动因"，分析东亚区域生产网络形成的外部环境和内部有利条件；第五章是"东亚区域生产网络的运行模式"，从微观的企业组织角度对东亚区域生产网络进行分类，并对各类生产网络的运行模式进行定性分析；第六章是"东亚区域生产网络的贸易格局"，从宏观的贸易角度研究东亚区域生产网络的基本结构，并对相关经济体在东亚区域生产网络中发挥的作用进行定量分析；第七章是"东亚—美国贸易不平衡的结构分析"，分析东亚与美国贸易不平衡的国别结构和产品结构变化，并结合第七章的内容查明贸易不平衡的原因；第八章是"全球经济失衡的实质与再平衡调整方向"，在全球经济再平衡的背景下探讨东亚区域生产网络的调整方向，或者说如何调整东亚区域生产网络来促进全球经济再平衡。

本书的创新点主要来自以下几个方面：

第一，在多边框架下研究贸易不平衡问题。目前，中美贸易不平衡是世界各国关注的焦点，也是学术界研究的热点。然而，中国对美国存在大量贸易顺差的同时，对东亚其他国家存在大量贸易逆差。东亚—美国贸易不平衡不是简单的双边问题，而是一个多边问题。因此，有必要把东亚各经济体与美国放在一个系统内，分析各经济体在贸易不平衡中发挥的作用，而不应该局限于双边层面的研究。

第二，从企业组织角度研究贸易不平衡问题。企业是市场经济的细胞，也是国际贸易的践行者。特别是发达国家跨国公司经营方式和发展战略的调整，不仅会对本国的经济结构产生重要影响，甚至会对世界经济走势或国际贸易格局产生重要影响。因此，研究大型企业的组织演化和空间布局有助于理解国际分工体系和国际贸易模式的变迁，并为国际贸易不平衡寻找微观基础。

第三，从产品结构来研究贸易不平衡问题。按照联合国公布的《国际贸易标准分类》（Standard International Trade Classification，SITC），国际贸易商品可以分为 10 类：0——食物和活动物；1——饮料和烟草；2——非食用原料（不包括燃料）；3——矿物燃料、润滑剂及有关原料；4——动植物油、脂和蜡；5——未列明的化学品和有关产品；6——主要按原料分类的制成品；7——机械及运输设备；8——杂项制品；9——未另分类的其他商品和交易。不同类型的产品对技术、劳动力、资金、资源等方面的要求不同，其生产组织方式和贸易不平衡中的表现存在较大差异。实际上，形成国际生产网络的产品主要集中于 SITC – 7、SITC – 8。因此，有必要将贸易不平衡问题的研究细化到产品结构，特别是考察 SITC – 7、SITC – 8 在贸易不平衡中所发挥的作用。

第二章　国际生产网络：
一个分析框架

　　20 世纪 90 年代以来，在经济全球化与区域经济一体化并行发展的趋势下，国际生产组织方式发生了深刻的变革。过去，一个最终产品完全在一个国家或地区完成；现在，一个最终产品分成若干环节，并分散在最有效率和成本最低的国家或地区完成。在这一过程中，不同企业之间密切合作、协作共生，建立起相互依存的生产关系，从而形成同一产品由不同国家的企业共同参与完成的全球化生产体系。作为一种全新的国际生产组织方式，国际生产网络使世界各国的生产活动不再孤立进行，而是成为全球化生产体系的有机组成部分。

　　一份有关芭比娃娃生产方式的调查报告记录了多个国家和地区的企业参与其生产过程的情况，生动地描绘了全球化生产体系的基本场景：美国负责芭比娃娃的设计和销售，并提供芭比娃娃的模型和装饰；中国台湾采用进口石油提炼出一种塑料材料，作为生产芭比娃娃身体的原料；日本生产芭比娃娃的尼龙头发；中国大陆提供棉布用于制作芭比娃娃的服装；最后在印度尼西亚、马来西亚、中国大陆组装成最终产品。在美国海关，一个芭比娃娃的进口价仅为 2 美元，其中，35 美分是中国的劳动力工资，65 美分是材料成本，1 美元是运输成本、管理费用以及中国香港的利润。在美国市场，一个芭比娃娃的零售价为 9.99 美元，扣除进口成本，剩下的 8 美元作为"智力附加值"被美国获取，在最终价值中所占的比重高达 80%，而中国仅仅获得了微薄的劳动力收入。近年来，苹果 iPad 的故事再度兴起。一台市场售价 299 美元的 iPad 平板电脑，负责研发和营销的美国公司获得 160 美元，提供关键零部件的日本公司获得 130 美元，剩下可怜的 9 美元才是留给负责组装和包装的中国企业。

　　全球化生产体系的形成与发展，一方面打破了国家边界，促使国际分工进一步深化；另一方面打破了企业边界，加速了企业之间价值链的整合。

为了解释这一现象，相关学者提出了多种概念①和分析框架，其中，比较典型的是国际生产网络的概念及其分析框架。从一定程度上来说，这些分析框架均尚未建立起成熟的理论体系，尚待进一步深入研究和探讨。本章将结合现有的文献资料，从三个方面梳理国际生产网络分析框架。其中，第一节将探讨国际生产网络的内涵，即什么是国际生产网络（What）；第二节探讨国际生产网络的理论脉络，即为什么会形成国际生产网络（Why）；第三节探讨国际生产网络的运行模式，即各行为主体之间如何组织协调（How）。

第一节　国际生产网络的内涵

每个专业概念的提出都有其特定的时代背景。随着人类社会的发展，相关概念将得到不断丰富和完善，并在人类社会的不同时期、不同发展阶段表现出不同的内容和含义。从构词法来看，"国际生产网络"由三个核心词语共同构成，依次为"国际"、"生产"、"网络"。实际上，国际生产网络的概念正是围绕上述三个核心词的概念演变而提出的，先后经历了"生产的概念不断拓展"、"网络的概念从社会学领域引入经济学领域"、"生产网络的概念走向国际化"三个阶段。

一、生产的概念

生产的概念起源于 18 世纪中叶之前的拉丁语 producere（意指产生），

---

① 姚枝仲（2007）对这些概念进行了系统总结和归纳：克鲁格曼（Krugman, 1995）称之为"价值链分割"（Slicing the Value Chain）；阿恩特（Arndt, 1997）称之为"产品内分工"（Intra - Product Specialization）；利默（Leamer）称之为"生产的非本地化"（Delocalization）；赫梅尔斯等（Hummels, Ishii & Yi, 2001）称之为"垂直专业化"（Vertical Specialization）；琼斯和基尔茨科斯基（Jones & Kierzkowski, 1990）称之为"分散生产"（Fragmentation）；芬斯阙和汉森（Feenstra & Hanson, 2001）称之为"全球生产共享"（Global Production Sharing）；厄恩斯特和基姆（Ernst & Kim, 2002）称之为"全球生产网络"（Global Production Network）；安藤和木村（Ando & Kimura, 2004）称之为"国际生产与配售网络"（International Production and Distribution Networks）。参见姚枝仲：《国际生产网络：理论与问题》，载李向阳编：《国际经济前沿问题（上）》，社会科学文献出版社 2007 年版，第 1 - 38 页。

是指生产新的有形物，通常限于土地的果实。丹尼尔·笛福（Daniel Defoe）指出，"我们谈到生产时，作为自然的效应，是指产品或结果；作为劳动的效应，指的是制造"。① 随着法国重农学派的兴起，生产的概念才有了准确的专门含义，生产、生产率等概念被十分谨慎地应用于农业，而制造业仅作为一种转换活动，被认为具有非生产性。"但是，魁奈（Quesnay）的基本创新在于揭示了生产背后的理论：农业之所以被说成是生产性的，不是由于（或不一定由于）某些物质特性，而是由于它是唯一能够产生净收益（地租）的活动。随后，承认非农业活动为生产性的道路业已铺平，只要将地租作为唯一可能的净收益的特殊假定撤销（即利润被接受为净收益的一种合法形式）即可。几年之后，亚当·斯密（Adam Smith）迈出了这一步。"② 从历史角度看，古典政治经济学的形成与制造业工厂制度的发展相一致。关于一个完整的生产过程的早期描述是威廉·配第（William Petty）在谈到钟表贸易时提出的；③ 另一个明显的引证是亚当·斯密在《国富论》第一章中描述的著名的制针工厂，劳动分工被认为是生产组织新形式的主要优点。20 世纪 20 ~ 30 年代，作为微观经济学的重要组成部分，厂商理论得到了快速发展。厂商理论把企业看作一个追求利润最大化的黑匣子，一头是各种生产要素投入，另一头是各种产品的产出。这里的生产主要是指物质资料的生产，即生产是将生产要素转化为特定有形产品的过程，从而把生产的概念和制造的概念等同。

随着经济社会的发展和科学技术的进步，消费者对产品的功能、质量、交货期、售后服务提出了更高的要求。供应链管理理论从扩大的生产概念出发，将企业的生产活动进行前伸和后延，在消费者、供应商与制造商之间形成一种衔接，把生产看作从研发设计、原料采购、产品制造到市场营销等一系列环环相扣的链条。此时，生产的含义已不再局限于传统的制造过程，而被看作一个广义的增值过程。④ 一般来说，一种产品的生产流程可

---

① Defoe, D. , *A plan of the English Commerce*, Reprinted, Oxford：Blackwell, 1928.

② 约翰·伊特韦尔、默里·米尔盖特、彼得·纽曼编：《帕尔格雷夫经济学大辞典》（第三卷），经济科学出版社 1996 年版，第 1059 页。

③ Petty, W. , "Another Essay on Political Arithmetics Concerning the Growth of the City of London", in C. H. Hull eds. , *The Economic Writings of Sir William Petty*, New York：A. M. Kelly, 1963, pp. 471 −472.

④ 李国学、张宇燕：《资产专用性投资、全球生产网络与我国产业结构升级》，《世界经济研究》2010 年第 5 期，第 3 −6 页。

以划分为三大环节：一是技术环节，包括研究与开发、创意设计、生产及加工技术的提高和技术培训等；二是制造环节，包括后勤采购、母板生产、系统生产、终端加工、测试、质量控制、包装和库存管理等；三是营销环节，包括销售后勤、批发及零售、广告、品牌管理及售后服务等。

本书所研究的生产是一个广义的概念，其含义是包括研发活动、产品定位和设计、投入要素的供给、制造（或者服务的提供）、分销和支持及售后服务等环节的价值增值过程。

二、网络的概念

网络的概念起源于 20 世纪 20～30 年代由英国著名人类学家 R. 布朗提出的社会网络（Social Network）理论，即社会是由一群行动者、这群行动者间的关系以及这些关系所构成的网络结构所组成，而信息的流传正是受社会关系与社会网络结构所影响的。① 20 世纪 50 年代，纳戴尔（S. E. Nadel）、巴尼斯（J. A. Barnes）等社会学家为了研究不同社会群体之间的跨界关系，开始系统地发展网络概念，并把网络定义为社会群体之间、社会成员之间及群体与其成员之间复杂的网状联系。劳曼等（Laumann et al.）认为，社会网络是指一些给定社会关系联系起来的个人或组织的节点，这种社会关系的纽带主要是血缘、地缘和业缘。② 20 世纪 80～90 年代，网络的概念在学术界的影响迅速扩大，并运用于各种相关的社会科学研究中，从而使网络成为一个新的社会科学研究领域。1995 年，哈兰德（C. M. Harland）在《网络与全球化》（Network and Globalization）一书中指出，原来的网络概念通常被描述为纤维线、金属线和其他类似物联结成一种"网"的结构，现在，网络是指以不同的形式表现的行为主体之间的联系。③

20 世纪 80 年代，经济学家开始借鉴社会学的网络分析方法，并将其应用于经济领域的研究，从而逐步形成了企业网络理论。米尔斯和斯诺（Mi-

---

① 薛可、陈晞、王韧：《基于社会网络的品牌危机传播"意见领袖"研究》，《新闻界》2009 年第 4 期，第 30－32 页。
② 邬爱其：《企业网络化成长——国外企业成长研究新领域》，《外国经济与管理》2005 年第 10 期，第 10－17 页。
③ 卢福财、周鹏：《外部网络化与企业组织创新》，《中国工业经济》2004 年第 2 期，第 101－106 页。

les & Snow）从交易成本经济学的角度探讨网络的内涵，把网络看成是介于市场与单个企业之间的一种组织形式，认为在中间范围内交易是常见的事情，在介于纯市场组织和纯层级组织之间，存在大量的不同种类的中间性组织，这些中间性组织的存在是由组织本身从效率的角度或称"生存能力"的角度内生性地决定的。① 威廉姆森（Williamson）在分析交易成本的基础上引进了管理效益，对网络状态的组织形式进行了详细分析，认为当市场管理效益大于公司交易成本、小于市场交易成本，且高于公司管理效益时，网络必定发生。②

托雷利（Thorelli）认为，所谓网络，就是具有长期关系的两个或两个以上的组织间所建立的关系，既非市场机能的交易关系，也不是在同一正式组织结构下的阶层关系，而是介于两者之间；网络存在于许多市场型态中，某一网络可能跨越两个以上的市场，而同一市场中也可能存在多个彼此竞争的网络群。③ 简而言之，网络由节点（Nodes）及连线（Links）所构成。"节点"代表厂商、家计单位、策略事业单位、产业公会等其他型态的组织；"连线"则是指这些节点间的交互作用，包括经济绩效、技术移转、know－how、专业的扩散、信任的创造、正当性的流动。

宫泽健一（Miyazawa Kenichi）从经济效应角度解释了网络的含义，即在现代信息化条件下，不同经营领域中的"单一经营主体"（单一企业）多角化经营和"复数市场主体"（集团企业或企业联盟）信息网络化经营的现象并存，由此提出了存在于企业组织之间的"联结经济性"范畴，即网络是单个企业为了扩展规模（规模经济）和增加服务品种（范围经济），克服单个企业资源能力有限的弱势，而采取的与其他企业的联合与协作，以实现资源共享，能力互补，最终达到"1＋1＞2"的协同效应。④ 图德娃（Todeva）从动态性和协调性等战略视角出发，认为网络既是一种由相互连接的经济体（元素、成员、行为者）构成的具有动态边界的结构性组织，也是企业的一种长期战略导向行为，因为企业可以通过协调网络成员之间的信

① Miles, R. E. and C. C. Snow, "Designing Strategic Human Resources Systems", *Organisational Dynamics*, Vol. 13, 1984, pp. 36 – 52.

② Williamson, O. E., *The Economic Institutions of Capitalism*, New York: The Free Press, 1985.

③ Thorelli, H. B., "Network: Between Markets & Hierarchies", *Strategic Management Journal*, Vol. 7, 1986, pp. 37 – 51.

④ ［日］宫泽健一：《制度和信息的经济学》，有斐阁1990年版，第16页。

息、商品、资源流动以及个体倾向、承诺和信任关系来实现网络内成员之间较高的目标一致性，从而推动具有特定方向性的重复交易。①

综上所述，网络概念的内涵非常丰富，由于研究主体的不同或者研究视角的不同，学者对网络概念的界定存在一定的差异。一般而言，所谓网络，就是由节点和连线组成的一种形态。其中，节点代表网络中具有一定独立功能的个体，连线代表组成网络的个体与个体之间的连接关系。在一个网络中，按照各节点功能的异同，节点之间的关系可以分为两种类型：互补性的节点和竞争性的节点。当一个节点与另一个节点的功能存在差异，且前者功能的发挥需要后者的配合时，这两个节点就是互补关系；当一个节点与另一个节点的功能相同或相近，且前者功能的发挥将削弱后者功能的发挥时，这两个节点就是竞争关系。在一个复杂的网络中，节点数量众多，而节点与节点之间可能既存在互补关系，又存在竞争关系。

本书所研究的网络是指企业内部各部门之间、企业与企业之间通过长期业务往来所建立起来的分工协作关系。网络中，企业内部各部门之间、企业与企业之间在一定程度上存在相互依存、相互竞争的关系，共同构筑成一个有机整体，充分发挥整体合作优势并实现共赢。

三、生产网络的概念

生产网络概念的提出得益于 20 世纪 80 年代波特（Porter）等学者关于价值链理论的研究。1985 年，波特在《竞争优势》一书中把市场竞争因素纳入企业经营管理的分析中，认为公司的价值创造过程主要由基本活动（含生产、营销、运输和售后服务等）和支持性活动（含原材料供应、技术、人力资源和财务等）两部分完成，这些活动在公司价值创造过程中是相互联系的，由此构成公司价值创造的行为链条，这一链条可以称作价值链。波特提出价值链分析框架主要是为了分析垂直一体化企业的竞争优势，在研究单个企业内部价值链联系的基础上，把战略规划的视野延伸至整个产业上游的研发、设计，中游的零组件制造与总装，下游的广告、分销与服务。这一方面揭示了产品各个生产环节的价值创造过程；另一方面揭示

---

① Todeva, "Chinese Business Networks: State, Economy and Culture", *International Sociology*, Vol. 16, 2001, pp. 128 – 134.

了技术环节、制造环节和营销环节是一个有机整体，共同构筑了整个生产过程，即经济生产中制造活动和服务活动之间具有不可分离性。

随着越来越多的企业把业务外包作为生产经营活动的重要组织方式，企业原有的封闭结构被打破，产品的生产不再由单个企业独立完成，而是由多个企业协作完成。寇伽特（Kogut）认为，价值链基本上就是技术与原料和劳动融合在一起形成各种投入环节的过程，然后通过组装把这些环节结合起来形成最终商品，最后经过市场交易、消费等活动完成价值循环。在这一价值不断增值的链条上，单个企业或者仅仅参与了某一环节，或者企业将整个价值增值过程都纳入了企业等级制的体系中。① 在价值链理论的基础上，迪肯（Dicken）提出了生产链的概念，主要研究客体是商品流的形成及确定产品链中的参与主体和活动，着重于强调在某种商品或服务生产过程中能增加价值的系列功能不同，但相互作用的生产活动的集合。每一活动过程需依靠不同的技术投入、交通、通信加以串联，通过企业组织的协调、合作与控制，镶嵌在特定的金融与政策体系中，最终形成一个完整的生产网络系统。相对于价值链理论，生产链理论更强调生产活动中企业之间的互动关系。② 图马（Tuma）认为，构建生产网络可以综合"集中核心竞争力"、"配置生产"和"最大化顾客导向"等多种现代管理理念，实现组织的高度灵活性或柔性化。③ 卡尼（Carney）综合了社会学和交易成本经济学对生产网络的不同观点，从社会学的信任和交易成本经济学的资产专用性的角度分析了生产网络的竞争力，并与垂直一体化的科层管理组织结构的竞争力进行了比较，其基本结论是，网络化和科层型组织结构各自并不具有内在的优势，两者可以共存，支持不同的战略。④

综上所述，本书认为，所谓生产网络，就是企业内部各部门之间、企业与企业之间在长期业务往来过程中建立起来的生产（包括技术环节、制造环节和销售环节）协作关系。在生产网络中，各企业共同参与一种或一

① Kogut，B.，"Designing Global Strategies：Comparative and Competitive Value – Added Chains"，*Sloan Management Review*，Vol. 26，1985，pp. 15 – 28.

② Dicken，P.，*Global Shift：Industrial Change in a Turbulent World*，London：Harper and Row，1986.

③ Tuma，A.，"Configuration and Coordination of Virtual Production Networks"，*International Journal of Production Economics*，Vol. 56 – 57，1998，pp. 641 – 648.

④ Carney，M.，"The Competitiveness of Networked Production：The Role of Trust and Asset Specificity"，*The Journal of Management Studies*，Vol. 35，1998，pp. 457 – 479.

种以上最终产品的生产；按照工序的先后，一些企业的产出品是另一些企业的投入品；各企业之间相互依存，从而充分发挥整体合作的优势。

四、国际生产网络的概念

生产网络的概念本身属于组织范畴，并不涉及空间布局，而国际生产网络为其增加的地理维度，可以看作生产网络概念的国际化。国际生产网络（International Production Network，IPN）[①] 是在全球化浪潮下逐渐形成的一种新的、变革的组织结构，用来表征日益广泛和系统化的全球生产体系，这一体系包含了价值链的不同阶段，而且参与的实体之间并不一定彼此拥有所有权。[②] 国际生产网络是一种重要的组织创新，它的出现使得跨国公司能够更好地处理自身专业化以及与东道国企业相互合作之间的冲突。[③]

国际生产网络概念的提出得益于相关学者对全球商品链的研究。20 世纪 90 年代初期，格里菲（Gereffi）提出了全球商品链（Global Commodity Chain，GCC）的概念，用于分析组成并支撑全球经济体系的企业之间复杂的网络关系。[④] 所谓全球商品链，就是在经济全球化的背景下，把分布在世界各地从事同一商品的不同生产环节的企业组织起来，围绕该商品的生产而形成的一种跨越国界的生产体系，其中包括产品的设计、制造和营销所涉及的全部活动。[⑤]

[①] 从现有的文献来看，厄恩斯特和古里亚利（Ernst & Guerrieri，1997）首次提出国际生产网络（International Production Network，IPN）的概念；也有学者把国际生产网络称作全球生产网络（Global Production Network，GPN），如厄恩斯特（Ernst，1999）、迪肯和汉德森（Dicken & Henderson，1999）；也有学者把国际生产网络称作跨境生产网络（Cross – border Production Network，CPN），如鲍瑞斯、厄恩斯特和哈格德（Borrus，Ernst & Haggard，2000）。相对而言，学者使用"全球生产网络"概念的较多。本书认为，"国际生产网络"与"国际贸易"一样，是一个抽象的概念，没有具体区位所指，因此，本书在理论探讨时统一采用"国际生产网络"的概念。

[②] Borrus, M., D. Ernst and S. Haggard, "Introduction: Cross – Border Production Networks and the Industrial Integration of the Asia – Pacific Region", in Borrus, M., D. Ernst and S. Haggard, eds., *International Production Networks in Asia: Rivalry or Riches?* London: Routledge, 2000, pp. 1 – 30.

[③] Ernst, D. and L. Kim, "Global Production Networks, Knowledge Diffusion, and Local Capability Formation", *Research Policy*, Vol. 31, 2002, pp. 1417 – 1429.

[④] Gereffi, G., "Capitalism, Development and Global Commodity Chains", In L. Sklair, eds., *Capitalism and Development*, New York: Routledge, 1994, pp. 211 – 231.

[⑤] Gereffi, G., "International Trade and Industrial Upgrading in the Apparel Commodity Chain", *Journal of International Economics*, Vol. 48, 1999, pp. 37 – 70.

1997 年，厄恩斯特和古里亚利（Ernst & Guerrieri）在分析东亚贸易模式时，正式提出了国际生产网络的概念，旨在把握更广泛的国际生产体系，即把整个价值链分割成不同的环节并分散于世界各个国家或地区，各个环节可能由一个企业完成，也可能由多个企业共同完成。[①] 在此基础上，厄恩斯特（Ernst）、迪肯和汉德森（Dicken & Henderson）进一步阐述了国际生产网络的概念，并把国际生产网络定义为生产和提供最终产品或服务的一系列企业关系，这种关系将分布于世界各地的价值链环节和增值活动连接起来，从而形成了全球价值链，它构成了生产体系全球化的重要微观基础。[②] 在传统的跨国公司金字塔结构中，权力集中在跨国公司总部，而且有一个垂直的命令链，相对而言，现代的国际生产网络看起来更像一个由相互联系的独立企业构成的蜘蛛网，这其中既包含跨国公司原有的独资公司、合资公司，也包含外部的独立供应商、经销商和其他合作伙伴。在国际生产网络中，存在公司内部、公司之间两种交易协调机制，它兼容了传统二元治理模式（公司内部治理和市场治理）的种种优点，从而使生产组织、交易更有效率，综合成本更低。[③]

鲍瑞斯、厄恩斯特和哈格德（Borrus，Ernst & Haggard）把国际生产网络称作"跨境生产网络"（Cross‐border Production Network，CPN），其含义为企业内部和企业之间的一种关系，通过这种关系，企业组织开展其整个系列的商业活动：从研发活动、产品定位和设计，到投入要素的供给、制造（或者服务的提供）、分销和支持及售后服务。[④] 柴瑜认为，国际生产体

① Ernst, D. and P. Guerrieri, "International Production Networks and Changing Trade Patterns In East Asia: The Case of The Electronics Industry", DRUID Working Papers 97‐7, DRUID, Copenhagen Business School, Department of Industrial Economics and Strategy/Aalborg University, Department of Business Studies, 1997.

② Ernst, D., "How Globalization Reshapes the Geography of Innovation Systems: Reflections on Global Production Networks in Information Industries", Unpublished Paper (first draft), Copenhagen Business School, Denmark, 1999; Dicken P. and J. Henderson, "Making the Connections: Global Production Networks in Britain, East Asia and Eastern Europe", A Research Proposal to the Economic and Social Research Council (July), 1999.

③ 苏桂富、刘德学、陶晓慧：《全球生产网络下我国加工贸易转型升级与结构优化机制》，《特区经济》2005 年第 5 期，第 38‐29 页。

④ Borrus, M., D. Ernst and S. Haggard, "Introduction: Cross‐Border Production Networks and the Industrial Integration of the Asia‐Pacific Region", in Borrus, M., D. Ernst and S. Haggard, eds., *International Production Networks in Asia: Rivalry or Riches?* New York: Routledge, 2000, pp. 1‐30.

系是指几个国家参与一个特定产品的不同生产阶段的制造过程，从而形成以跨国公司为中心的国际化生产网络。跨国公司在网络中起核心作用，它们将产品的生产过程分解，并根据不同环节对生产要素和技术的不同要求，以及不同区位成本、资源、物流和市场的差别，在全球范围内进行最有效率的区位配置，以获取最大利益。与早期的跨国公司组织结构和战略不同，在地区和全球两个层面上，国际生产体系的一体化程度更高，而且强调的是整个生产体系的效率。这样，由于国际生产体系的存在，国家之间的相互依赖加强了；同时，在国际市场上，竞争的性质更多地改变为跨国公司主导的生产体系之间的竞争，而不再是单个企业或厂商之间的竞争。① 宋泓指出，国际生产网络是指共同参与某特定产品或服务制造过程的不同国家的企业所形成的国际分工协作网络。②

综上所述，本书认为，国际生产网络的含义分为微观和宏观两个层次。从微观层次来看，国际生产网络强调企业内部各部门之间、企业与企业之间的生产协作，即国际生产网络是在跨国公司主导下建立起来的企业内部各部门之间、企业与企业之间的跨国生产协作（包括技术环节、制造环节和销售环节）关系，其主要表现出以下五个方面的特征：第一，国际生产网络的成员包括跨国公司及其分支机构、附属机构和合资企业、供应商和分包商、分销渠道和增值经销商、研发联盟机构和其他形式的合作伙伴；第二，跨国公司处于核心领导地位，跨国公司的发展战略决定了国际生产网络的发展方向；第三，跨国公司将不同的生产阶段分布在最有效率和成本最低的区位，利用不同区位上成本、资源、物流和市场的差别获取利益；第四，跨国生产活动有时由一个跨国公司在不同的国家投资设厂完成，有时由不具有特殊关联关系的不同厂商共同参与完成；第五，这些企业共同参与一种或一种以上最终产品的生产，从而充分发挥整体合作的优势。从宏观层次来看，国际生产网络强调国家与国家之间的国际分工与贸易，即国际生产网络是在国际分工不断深化的过程中，多个国家以要素禀赋等方面的差异为基础，以 FDI 和贸易为纽带建立起来的产品内分工关系，其主要表现出以下三个方面的特征：第一，两个或两个以上的国家参与同一种最终产品的

① 柴瑜：《国际投资与国际生产的最新发展》，《求是》2003 年第 23 期，第 59-61 页。
② 宋泓：《国际产业分工格局对我国经济的影响及对策》，《中国经贸导刊》2005 年第 23 期，第 14-15 页。

生产；第二，在生产过程中，中间投入品按工序在国家之间流转，中间品贸易成为这种分工模式的一大特点；第三，各国之间的国际分工关系，有时通过外商直接投资的形式来实现，有时通过国际外包的形式来实现。

第二节　国际生产网络的理论脉络

传统的经济学一直游离于企业等组织之外，把企业视为黑箱；而传统的管理学则基本局限在组织以内，组织以外的企业行为在研究意义上不属于管理学范畴。[①] 随着经济社会的发展和企业生产组织方式的变革，经济学与管理学之间的关系越来越紧密。从一定程度上来说，国际生产网络的理论研究是经济学与管理学相互融合的结果。学术界对国际生产网络的研究主要来自两个学科领域。其中，管理学侧重于企业层面的研究，从而构成了国际生产网络的微观理论基础；经济学侧重于国家层面的研究，从而构成了国际生产网络的宏观理论基础。

一、国际生产网络的微观理论

国际生产网络的微观理论主要来自管理学领域，主要包括全球商品链理论和全球价值链理论，以及在此基础上发展起来的厄恩斯特国际生产网络理论和曼彻斯特学派国际生产网络理论。

（一）全球商品链理论

格里菲和库兹涅威茨（Gereffi & Korzeniewicz）在研究美国零售业价值链的过程中，将价值链分析法与产业组织结合起来，提出全球商品链（Global Commodity Chain，GCC）理论，即在经济全球化的背景下，商品的生产过程被分解为不同阶段，围绕某种商品的生产形成一种跨国生产体系，把分布在世界各地不同规模的企业、机构整合在一个完整的生产体系中，从而形成了全球商品链。具体来说，全球商品链包含以下内容：①通过一系列国际网络将围绕某一商品或产品而发生关系的诸多家庭作坊、企业和

---

① 谢勇、柳华：《产业经济学》，华中科技大学出版社 2008 年版，第 9 页。

政府等紧密地联系到世界经济体系中；②这些网络关系一般具有社会结构性、特殊适配性和地方集聚性等特征；③任一商品链的具体加工流程或部件一般表现为通过网络关系连接在一起的节点或一些节点的集合；④商品链中任何一个节点的集合都包括投入（原材料和半成品等）组织、劳动力供应、运输、市场营销和最终消费等内容。①

按照领导厂商在全球商品链中的作用，全球商品链可以分为两种类型：购买者驱动型（Buyer - Driven）和生产者驱动型（Producer - Driven）。其中，购买者驱动型全球商品链是指大型零售商、经销商和品牌制造商在生产网络（特别是奉行出口导向的发展中国家）的建立和协调中起核心作用的组织形式。生产者驱动型全球商品链是指大型跨国制造商在生产网络的建立和协调中起核心作用的垂直分工体系。两种类型的全球商品链的区别主要体现在以下两个方面：一是发挥核心作用的领导厂商不同，前者主要是大型零售商、经销商和品牌制造商，通常不直接参与制造加工环节，后者主要是大型跨国制造商，直接参与制造加工环节；二是组织形式不同，前者是制造加工环节的外部化，通常采用外包形式，后者是制造加工环节的内部化，通常采用垂直一体化形式。

总体而言，全球商品链理论特别关注相关产业中势力最强的领导厂商，因为这些企业不仅对其他商品链参与者有很强的影响力，而且一般被假定为升级和发展的潜在驱动力量。全球商品链研究者认为，系统分析全球商品链中组织势力的发展动态，有助于考察一个国家的发展前景如何被其参与的全球商品链所塑造。②

（二）全球价值链理论

英国苏塞克斯大学的发展研究所（Institute of Development Studies，IDS）是目前研究全球价值链问题比较深入的机构。1999 年，该发展研究所举办了一次以"扩展全球化所带来的收益"（Spreading the Gains from Globalization）为主题的国际会议，尝试建立一种更为有力的知识范式和政策议程以应对全球化的挑战，并在产业区和全球商品链等理论的基础上提出了全球

---

① Gereffi, G. and M. Korzeniewicz, *Commodity Chains and Global Capitalism*, New York: Praeger, 1994.

② Bair, J., "Global Capitalism and Commodity Chains: Looking Back, Going Forward", *Competition and Change*, Vol. 9, 2005, pp. 153 – 180.

价值链理论。① 与会者认为，全球价值链是指在全球范围内，从产品概念设计、产品使用到产品报废等全生命周期中所有创造价值的活动，包括对产品的设计、生产、营销、分销以及对最终用户的支持与服务等环节。构成价值链的各种活动环节，既可以被容纳在一个企业之中，也可以在分割后由不同的企业来完成；既可以被容纳于单一地点，也可以分散在世界各地。全球价值链理论的研究兴趣在于理解那种经分割后由多个企业承担并且广泛地分散在大片地理空间上的价值链，即所谓的全球价值链。

　　全球价值链的形成源于跨国公司的国际商业战略调整，而国际商业战略的制定形式实际上是国家的比较优势和企业的竞争能力之间相互作用的结果。当国家的比较优势决定了整个价值链条各个环节在国家或地区之间如何进行空间配置的时候，企业的竞争能力就决定了企业应该在价值链条上的哪个环节和技术层面上进行投入，以便确保竞争优势。② 斯特恩（Sturgeon）认为，可以从三个维度来研究全球价值链：组织规模（Organizational Scale）维度、地理分布（Geographic Scale）维度和生产性主体（Productive Actor）维度。③ 从组织规模维度来看，全球价值链的成员包括所有参与相关产品或服务生产性活动的行为主体，各行为主体构成一条以产品为基础的活动线。在某一特定的时刻，这条活动线贯穿并嵌入一个更大的动态活动群之中。从地理分布维度来看，全球价值链必须具有全球性。地理分布维度的引入使全球价值链理论与波特的价值链理论形成鲜明的对比，全球价值链可以看作是空间分布的一个极端，而另外一个极端是专业化产业区或者产业集群。从生产性主体维度来看，全球价值链中存在多种承担不同价值活动和职能的参与者，包括一体化大型企业、领导厂商、全包（Turn - Key）供应商、零售商及元件与零配件供应商等，这些参与者通过不同的治理机制与价值链中的其他企业发生交易关系。斯特恩还把价值链和生产网络的概念加以区分，认为价值链主要描述了某种商品或服务从生产到交货、消费和服务的一系列过程，而生产网络强调的是一群相关企业之间关系的

① 田家欣、贾生华：《网络视角下的集群企业能力构建与升级战略：理论分析与实证研究》，浙江大学出版社 2008 年版，第 70 - 71 页。

② Kogut, B., "Designing Global Strategies: Comparative and Competitive Value - Added Chains", *Sloan Management Review*, Vol. 26, 1985, pp. 15 - 28.

③ Sturgeon, T. and J - R. Lee, "Industry Co - evolution and the Rise of a Shared Supply - Base for Electronics Manufacturing", Paper Presented at Nelson and Winter Conference, Aalborg, Denmark, 2001.

本质和程度。实际上,产业集群、全球价值链以及国际生产网络都是分工不断深化的结果,相关企业从专业化于最终产品一条龙的生产方式向专业化于某些特定元件、工艺或者服务的生产方式转变。在全球价值链和国际生产网络的分析框架中,产业区或者产业集群可以完美地嵌套于全球化的讨论之中。

总体而言,全球价值链理论主要关注两个方面的问题:首先是全球价值链中的治理问题。治理是指全球价值链中的组织和协调机制,是理解全球不同生产组织模式的重要切入点。其次是产业升级问题,特别是发展中国家企业在全球网络中的升级问题。"东亚奇迹"的出现以及拉美国家进口替代战略的破产,使人们逐渐意识到出口导向战略是参与全球分工,至少是发展中国家企业实现产业升级的必要条件。[①]

(三) 厄恩斯特国际生产网络理论

厄恩斯特是较早使用国际生产网络概念的学者之一。厄恩斯特及其支持者将国际生产网络理解为跨国公司应对全球化挑战的一项主要的组织创新,并提出了基于"网络旗舰"的国际生产网络分析框架。在这种分析思路中,国际生产网络被定义为跨国公司的企业内和企业间关系,跨国公司通过这些关系组织其全部商务活动(从研究开发、产品定义和设计到投入品供应、制造/服务生产、分销以及支援服务等)。国际生产网络既包括跨国公司与其分支机构和子公司之间的关系,也包括跨国公司与其承包商、供应商、服务提供商或其他共同参与某种合作安排的企业之间的关系,因此,国际生产网络是一个完全的跨国界关系网络。[②] 厄恩斯特和基姆(Ernst & Kim)认为,国际生产网络是一种特殊的组织创新,是把企业间、国家间分散的价值链联结在一起的网络,与之并行的是参与网络各层级成员整合的过程。[③] 国际生产网络的结构如图 2-1 所示。在国际生产网络中,跨国公司是通过垂直整合分散在不同国家的经济活动来实现跨国生产经营,而不是通过一系列

---

① 田家欣、贾生华:《网络视角下的集群企业能力构建与升级战略:理论分析与实证研究》,浙江大学出版社 2008 年版,第 70 - 71 页。

② Borrus, M., D. Ernst and S. Haggard, "Introduction: Cross - Border Production Networks and the Industrial Integration of the Asia - Pacific Region", in Borrus, M., D. Ernst and S. Haggard, eds., International Production Networks in Asia: Rivalry or Riches? New York: Routledge, 2000, pp. 1 - 30.

③ Ernst, D. and L. Kim, "Global Production Networks, Knowledge Diffusion, and Local Capability Formation", Research Policy, Vol. 31, 2002, pp. 1417 - 1429.

相对孤立的海外直接投资来实现跨国生产经营。跨国公司构建国际生产网络的根本原因是为了在成本更低的地方获得灵活而专门化的供应商，而国际生产网络也由此取代了传统的跨国公司而成为最有效的产业组织形式，这是企业面对全球化进程所做出的调整与转变。[①] 国际生产网络既包括企业内部各部门之间的关系，又包括各企业之间的关系，由于各个网络成员的相对地位存在一定差异，因此，它们面临着不同的机遇与挑战。这意味着，国际生产网络未必能削弱企业组织的等级差别。[②] 一般来说，一个典型的国际生产网络存在众多不同等级的参与者，上至巨型的国际生产网络旗舰，下至小型的当地供应商。

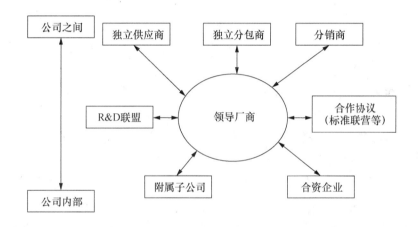

图 2-1 厄恩斯特的国际生产网络结构

资料来源：Ernst, D. and L. Kim, "Global Production Networks, Knowledge Diffusion, and Local Capability Formation", *Research Policy*, Vol. 31, 2002, pp. 1417-1429.

与格里菲和库兹涅威茨（Gereffi & Korzeniewicz）把全球商品链的类型分为购买者驱动型和生产者驱动型相对应，厄恩斯特和基姆把国际生产网

[①] 陈璟、杨开忠：《空间组织与城市物流——供应链管理环境下的新透视》，新华出版社 2005 年版，第 60 页。

[②] Bartlett 和 Ghoshal（1989）、Nohria 和 Eccles（1992）对此进行了案例分析。参见 Bartlett, C. A. and S. Ghoshal, *Managing Across Borders*: *The Transnational Solution*, Harvard Business School Press, 1989; Nohria, N. and R. G. Eccles, *Networks and Organization*: *Structure*, *Form*, *and Action*, Boston, Ma: Harvard Business School Press, 1992.

络旗舰进一步细分为两种，分别为"品牌领导者"和"合同制造商"。品牌领导者是指诸如 Cisco、GE、IBM、Dell 等著名的品牌拥有者，它们以自身为主导，在全球范围内配置资源，形成了自己的国际生产网络，以降低生产成本、产品差异化和贴近当地消费市场为目的，实现网络内企业间水平分工。例如，Cisco 作为品牌领导者，它所构建的国际生产网络把旗舰厂商与全球 32 个制造企业联结在一起。尽管这些供应商在形式上是独立经营的企业，但它们需要经历繁杂的鉴定过程以确保它们的产品符合 Cisco 的要求。制造环节和相关支持服务的外包，既降低了生产成本，又实现了产品的差异化，还压缩了新产品从构思到实际推入市场所用的时间。另外，金融回报方面的因素同样重要，即品牌领导者可以因此放弃边际回报率较低的制造环节，专注于回报率较高的环节，从而增加股东的收益。合同制造商是指诸如 Solectron① 和 Flextronics 等大型企业，它们组建了自己的国际生产网络，在为全球品牌领导者提供相关产品的同时，努力向全球品牌领导者的地位转变。合同制造商的快速发展始于 20 世纪 90 年代中期，而最具代表性的电子产业已经呈现出加速垂直专业化的长期趋势。例如，Solectron 数年以前仅仅是一个典型的中小企业，目前已经转变为电子产业中最大的合同制造商。1996～2001 年，Solectron 平均增长率高达 43%，其全球范围内的空间布局在 1996 年仅为 10 处，到了 2001 年已经接近 50 处。② 随后，Solectron 把自己定位于全球供应链服务商，"……可以在全世界任何地方、供应链的任何环节向 Solectron 寻求帮助，并获得最高质量、最灵活的解决方案，从而实现它们现存供应链的最优化。"③

　　旗舰厂商位于国际生产网络的核心，其发展战略直接影响到底层参与者（如专业化供应商和分包商）的成长、战略方向和网络位置。相对而言，底层参与者一般不会影响到旗舰厂商的发展战略。旗舰厂商通过对关键资源和技术等方面的控制，获得并巩固自身的优势地位，并在不同生产网络

① 2007 年 10 月 19 日，Flextronics 以 36 亿美元收购了 Solectron，形成了最多元化的全球高级设计和垂直整合电子制造服务提供商。收购之后，Flextronics 拥有广泛的全球 EMS 能力，从设计资源一直到端到端垂直整合全球供应链服务，并增强了它向客户提供设计、建造和运输产品的能力。

② Luethje, B., "Electronics Contract Manufacturing: Transnational Production Networks, the Internet, and Knowledge Diffusion in Low-Cost Locations in Asia and Eastern Europe", East West Center Working Paper: Economic Series # 17, April, 2001.

③ Solectron, "What is a Global Supply-Chain Facilitator?" http://www.solectron.com.

节点间的能力培训和知识交换等方面发挥协调作用，从而在利益分配上占据绝对主导地位。

国际生产网络的另一大类参与者是当地供应商。大量事实已经揭示了当地供应商和当地要素的重要作用，这些决定了它们在国际生产网络中的位置。"交钥匙生产协议"（Turn – Key Production Arrangements）反映了旗舰厂商把部分生产环节外包出去的趋势，包括一些高端产品模块的研发和制造，交由当地领先的供应商来完成。一般来说，当地供应商也可以进一步划分为两种，分别为高层供应商和低层供应商。高层供应商是像中国台湾宏碁（Acer）一样的企业，它们充当旗舰厂商与当地制造商之间的中介，直接和全球旗舰（既包括品牌领导者，又包括合同制造商）打交道，通常具备有价值的自有资产（包括技术），并努力发展自己的地方生产网络，甚至小型的国际生产网络。除了核心 R&D 和战略营销活动外，高层供应商几乎可以承担整条价值链的所有活动，它们有时候甚至承担了全球供应链管理的功能。与高层供应商相比，低层供应商一般在全球生产网络中处于更加不稳定的地位，它们的主要竞争优势是低成本、速度以及交付的灵活性。一般来说，低层供应商不与全球旗舰厂商建立直接的联系，而是主要与本地高层供应商发生互动。低层供应商一般都缺乏自由资产，财政基础方面也比较薄弱，在市场和技术出现剧烈变革以及发生金融危机时，极容易受到破坏性影响。高层供应商和低层供应商的区分，可以解释为什么有些供应商比其他供应商更容易获得知识扩散和能力发展。一般来说，高层供应商可以获得知识扩散所带来的大量收益，而低层供应商很难获取该收益，除非做出适当的制度安排和政策措施。

从一定程度上来说，国际生产网络是一种企业创新，它使得网络中的领导厂商能够通过各种不同的方式将分散于各地的供应市场和消费市场系统地整合在一起，这其中既包括企业间的联系，也包括企业内的联系。① 网络参与者处于价值链的不同环节，在网络中的地位各不相同，得到的收益也存在较大差异。旗舰厂商（Global Production Flagship，GPF）一般为大型跨国公司，它们掌握着关键技术或资源，并在国际生产网络中处于核心地

---

① Ernst，D.，"Digital Information Systems and Global Flagship Networks：How Mobile is Knowledge in the Global Network Economy"，Economics Study Area Working Papers 48，East – West Center，Economics Study Area，2002.

位，其战略意图和领导方式直接影响网络底层参与者的战略方向及其在网络中所处的位置。旗舰厂商的主要目的和收益就是通过构建国际生产网络快速获得低成本的国际资源或能力，与企业自身的能力形成互补。除旗舰厂商之外，网络中各层级的参与者包括子公司、下属机构、合资企业、供应商和承包商、分销渠道，以及研发联盟和一系列的协议合作者等。这些企业在国际生产网络中处于从属地位，它们在通过参与国际生产网络获得业务增长的同时，更重要的是获取旗舰厂商先进的知识，从而为企业的发展逐渐积蓄能量。

（四）曼彻斯特学派国际生产网络理论

在厄恩斯特和基姆提出国际生产网络分析框架的同时，经济地理学领域的"曼彻斯特学派"[①] 也对国际生产网络进行了深入研究。汉德森、迪肯、赫斯、科和杨（Henderson，Dicken，Hess，Coe & Yeung）在批判性地吸收全球商品链理论相关研究成果的基础上，结合战略管理、经济社会学等学科的相关理论，也构建了一个国际生产网络分析框架，即国际生产网络是包括产品制造、产品配送、产品服务等一系列相互联系的活动和功能的网络，其组织日趋复杂化，空间分布日趋全球化。[②] 国际生产网络通过发展平等或不平等的关系，一方面把企业内部各部门之间、企业与企业之间的生产经营活动紧密地联系在一起，使传统的企业组织边界变得越来越模糊；另一方面把多个国家的资源禀赋有效地整合在一起，使生产经营活动打破国家的边界。国际生产网络所嵌入的社会政治环境对其内容具有深远而复杂的影响，而社会政治环境具有典型的地方特点。受当地的管理、社会文化等因素的影响，国际生产网络采用不同的方式打破国家的边界，创造出不连续的、具有地方特色的结构。空间布局是生产网络的固有特性，每一个国际生产网络都可以根据参与者及其相互之间的联系在图上描绘出来，每种根植形式都有其固有的空间特点。如图2－2所示，曼彻斯特学派认为，价值维度、权力维度、嵌入维度是实证研究国际生产网络的三个基本要素，

[①] 尽管曼彻斯特学派是经济地理学派之一，但是其对国际生产网络的研究秉承了全球商品链的研究方法，并且侧重于微观层面的考察，因此，笔者将曼彻斯特学派对国际生产网络的研究归为管理学，作为国际生产网络的微观理论之一。

[②] Henderson, J., P. Dicken, M. Hess, N. Coe and H. W. C. Yeung, "Global Production Networks and the Analysis of Economic Development", *Review of International Political Economy*, Vol. 9, 2002, pp. 436 –464.

它们共同决定了国际生产网络的结构和属性。

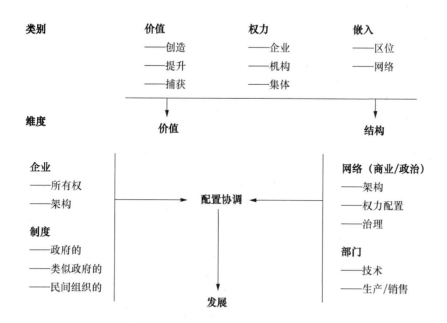

图 2 - 2　曼彻斯特学派的国际生产网络结构

资料来源：Henderson, J., P. Dicken, M. Hess, N. Coe and H. W. C. Yeung, "Global Production Net-
works and the Analysis of Economic Development", *Review of International Political Economy*, Vol. 9,
2002, p. 448.

在价值①维度方面，曼彻斯特学派主要关注国际生产网络中的价值是如
何创造、提高和捕获的。首先，决定企业创造价值的关键因素分别为劳动
力转化为真实劳动的条件、企业获取各种形式租金的可能性。对于劳动力
转化为真实劳动的条件而言，就业状况、熟练程度、工作条件、生产技术
以及重新组织生产活动的环境都是非常重要的因素。对于企业获取各种形
式租金的可能性而言，企业获取租金的渠道主要有以下几种：①掌握非对
称性的关键生产技术——技术租金（Technological Rents）；②拥有特殊的管
理和组织技能，如零库存（Just - in - Time）产品管理、全面质量管理（To-

---

① 曼彻斯特学派认为，价值的含义既可以理解为马克思主义的剩余价值，又可以理解为主流经济学
　中的经济租金。

tal Quality Control) 等——组织租金（Organization Rents）；③多种多样的企业间关系，包括与其他企业之间生产链的管理、战略联盟的培育，与中小企业群之间关系的管理——关系租金（Relational Rents）；④在主要市场建立品牌信誉——品牌租金（Brand Rents）；⑤在特定条件下，跨国企业通过在当地建立子公司来规避贸易保护政策——贸易政策租金（Trade-Policy Rents）。其次，提升国际生产网络的价值主要有以下几种方式：①技术转让的性质和范围，既可以来自生产网络内部的企业，也可以来自其他企业；②旗舰厂商与供应商之间的交流，以提高产品的质量和技术含量；③劳动力技术水平的提高；④当地企业努力创造自己的组织租金、关系租金和品牌租金。最后，国际生产网络能否捕获价值，取决于政府政策、企业的所有权结构以及企业的治理模式。

在权力维度方面，曼彻斯特学派主要关注国际生产网络中的权力是如何产生和实施的。权力的配置和使用不仅决定着价值的提升和捕获，甚至对国际生产网络的发展前景产生重要的影响。具体来说，国际生产网络中的权力主要有三种类型：首先是企业权力（Corporate Power）。在国际生产网络中，各企业之间的权力并不是对称的，旗舰厂商在很大程度上影响着整个国际生产网络的决策和资源配置。其次是制度权力（Institutional Power）。制度权力主要来自以下几个机构：①国家或地方政府；②区域合作组织，如欧盟、东盟、北美自由贸易区；③布雷顿森林体系（国际货币基金组织、世界银行）和世界贸易组织；④联合国相关机构，特别是国际劳工组织；⑤国际信用评级机构，如穆迪、标准普尔等。最后是集体权力（Collective Power）。一些团体赋予相关代理机构一些权力，并通过它们来表达自己的意愿。这些机构包括工会、雇主协会、专门追求经济利益的组织（如小企业）、与人权有关的非政府组织、环保组织等。

在嵌入维度方面，曼彻斯特学派主要关注国际生产网络的行为主体和结构是如何嵌入空间和社会的。国际生产网络不仅把不同功能、地区的企业联系在一起，而且把企业发展与当地的空间环境、社会环境联系在一起，并主要表现为领土嵌入（Territorial Embedness）和网络嵌入（Network Embedness）。首先，国际生产网络不是简单地分布于特定区位，而是与当地的经济、社会、文化等诸多方面实现紧密融合，并受当地经济行为和社会动态的约束。例如，旗舰厂商可以利用中小型企业集群的优势（它们在当地具有重要的社会网络和劳动力市场），通过这些企业提前建立分包或设立分支机构经营业务。同样，国家或地方政府可以通过制定相关政策（税收、培训等）引导国际生产网络嵌入特定城市或区域，以支持国际生产网络新节点或"群岛经济新岛"（New Islands of an Archipelago Economy）的形成。当然，一个区域对领土嵌入的积极影响并非永远存在，一旦领导厂商割断了在区域中的联系，如不再投资或关闭企业，反嵌入过程（Process of Disembedding）就会发生，这可能会破坏以往经济增长和机制获取的基础。其次，国际生产网络中各成员之间的关系至关重要。网络嵌入可以看作各成员之间建立信任的产物，它决定了国际生产网络的成败和稳定程度。

相对而言，厄恩斯特及其支持者的国际生产网络研究更多地延续了全球价值链的研究路线，并侧重承担不同生产功能的企业网络组织关系的分析，具有较为浓厚的管理学色彩，其主要研究内容包括网络中的生产范围、权力非对称关系、知识和技术的传播等。曼彻斯特学派的国际生产网络研究则主要秉承了全球商品链的内涵，重视制度要素的作用，强调地方对全球化的发展呼应，主要围绕企业、制度、关系/流、空间/地方等几个维度，并以技术、时间为外在影响要素，探讨价值（Value）、权力（Power）与嵌入（Embeddness）三方面的内容。

总体来说，曼彻斯特学派与厄恩斯特对国际生产网络的研究采取了不同的研究路径，其研究内容也不尽相同。就价值研究看，双方都注重不同环节在价值生产方面的差异并赋予其空间概念，从而将地方发展与全球化相联系，但曼彻斯特学派更为注重价值提升与分配两方面的探讨，更加深化了全球化与地方发展的关系研究。就权力关系研究看，厄恩斯特及其支持者的研究在强调旗舰厂商核心作用的同时，更加重视网络中的相互依赖关系研究，认为网络中行动者之间的权力支配关系是动态变化的；曼彻斯特学派认为生产网络中的控制和协调是在市场机制调节下通过企业特别是跨国公司"阶层控制机制"作用来完成的，更加强调权力的层级支配关系。关于国际生产网络对地方经济的影响，曼彻斯特学派认为，地方经济的发展是领先企业及其供应商在全球范围布局的结果，但这样的论述容易忽略地方在国际生产网络中的主动性及地方产业由此获得的成长机会。厄恩斯特及其支持者的相关研究弥补了这一缺陷，提出了 R&D 及技术转移在国际生产网络成长中的作用，重视网络中知识的流动与共享及其对地方产业升级与地方发展的影响。[1]

二、国际生产网络的宏观理论

在传统的贸易理论和新贸易理论中，学者相继对产业间贸易和产业内贸易提出了合理的解释，但他们的基本假定都是产品的所有生产环节都集中在一个国家完成。随着国际生产网络的形成与发展，中间品贸易方兴未艾，这在原有的贸易理论中无法得到合理的解释，从而促使国际贸易理论朝着更深的层次发展。

（一）中间品贸易理论[2]

20世纪70年代，部分学者开始把中间品贸易纳入国际贸易理论文献，[3]甚至出现了将非贸易中间投入品嵌入国际贸易理论的努力。[4] 桑亚和琼斯（Sanyal & Jones）把生产看作一个广义的增值过程，即所有参与国际贸易的商品都会有价值增值，即使这种商品是原材料；同时，所有国际贸易的商品在到达消费者之前都会有价值增值，即使这种商品是产成品。[5] 因此，所有的国际贸易都是中间品的贸易。一个国家既利用本国资源和生产要素生产用于出口的中间品，也利用进口中间投入品和本地资源以及生产要素生产最终产品。桑亚和琼斯以赫克歇尔—俄林模型和特定要素模型为基础，构建了一个一般均衡的框架，结果显示，如果一个国家能从国际市场上以更好的贸易条件（进口中间品的相对价格更低）进行贸易，该国可以获得

---

① 李健、宁越敏、汪明峰：《计算机产业全球生产网络分析——兼论其在中国大陆的发展》，《地理学报》2008年第4期，第437-448页。

② 中间品贸易理论、分散生产理论的详细探讨，参见姚枝仲：《国际生产网络：理论与问题》，载李向阳编：《国际经济前沿问题（上）》，社会科学文献出版社2007年版，第1-38页。

③ Schweinberger, A. G., "The Heckscher - Ohlin Model and Traded Intermediate Products", *The Review of Economic Studies*, Vol. 42, 1975, pp. 269 - 278; Riedel, J., "Intermediate Products and the Theory of International Trade: A Generalization of the Pure Intermediate Good Case", *The American Economic Review*, Vol. 66, 1976, pp. 441 - 447.

④ Ray, A., "Traded and Nontraded Intermediate Inputs and Some Aspects of the Pure Theory of International Trade", *Quarterly Journal of Economics*, Vol. 89, 1975, pp. 331 - 340.

⑤ Sanyal, K. K. and R. W. Jones, "The Theory of Trade in Middle Products", *The American Economic Review*, Vol. 72, 1982, pp. 16 - 31.

更大的最终产品产出。芬德利和琼斯（Findlay & Jones）[①] 对李嘉图模型进行了改造，从而构建了一个扩大的李嘉图模型，并且假定存在要素流动或中间品贸易，结论是中间品贸易不仅可以使一国获益，而且可以改变比较优势和国际贸易格局，并且不同国家的劳动生产率将决定其比较优势。阿恩特（Arndt）认为，一个国家进口不具有比较优势的中间品，可以提供该国在最终产品上的比较优势。新兴国家在经济发展过程中，可以把进口中间品作为资本积累和技术变革的重要替代选择。[②]

　　下面我们用一个简单的模型分析一下中间品贸易理论所包含的内容：假定存在两个国家，分别为本国和外国。对于产品 Z 来说，其生产可以分为 a、b 两个环节，其中，外国生产 b 环节的成本低于本国。如图 2 - 3 所示，本国市场上，产品 Z 的需求曲线为 D，供给曲线为 S（a + b），其中 a 环节的供给曲线为 S（a）。当产品 Z 完全在本国生产时，均衡价格为 P_1，均衡数量为 Q_1。当 b 环节改由外国进口，而 a 环节在本国生产时，产品 Z 的供给曲线为 S（a + b*），由于外国生产 b 环节的成本低于本国，供给曲线 S（a + b*）低于供给曲线 S（a + b），此时，均衡价格为 P_2，均衡数量为 Q_2。显而易见，$P_2 < P_1$，$Q_2 > Q_1$，本国生产产品 Z 方面获得成本节约，并且福利得到改善。

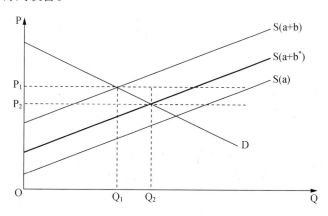

图 2-3　中间品贸易理论分析

① Findlay, R. and R. W. Jones, "Input Trade and the Location of Production", *The American Economic Review*, Vol. 91, 2001, pp. 29 - 33.
② Arndt, S. W., "Trade Integration and Production Networks in Asia: The Role of China", Claremont McKennna, Working Paper, 2004.

总体而言，中间品贸易理论主要解释了一个国家可以通过进口中间品获得成本节约，并改善进口国的福利。这种成本节约可能来自要素禀赋等方面的比较优势，也可能来自规模经济。中间品贸易理论与传统贸易理论的区别主要在于贸易模式，即传统的贸易理论主要关注最终产品的贸易，而中间品贸易理论把中间品也纳入国际贸易理论的分析范围。从一定程度上来说，中间品贸易理论的研究重点是进口国的福利问题，而对出口国的福利分析较少，即一个国家通过进口中间品来生产的最终产品主要用于国内消费，而并不是用于出口。当然，中间品贸易理论可以作为国际生产网络的宏观理论基础之一，此时国际生产网络表现为以进口国为中心的、以中间品出口国为外围的发散状结构。

（二）分散生产理论

从区位上来看，国际生产网络的生产方式是分散生产，即将原来集中进行的生产过程分解成两个或两个以上的生产环节，不同的生产环节分别在不同的国家或地区完成。分散生产最初由琼斯和基尔茨科斯基（Jones & Kierzkowski）① 提出，迪尔多夫（Deardorff）和阿恩特（Arndt）是分散生产理论的另外两名杰出代表。琼斯和基尔茨科斯基指出，有两个因素推动了产品生产过程的分散化进程，一是比较优势因素，二是规模报酬递增因素。

克鲁格曼（Krugman）曾经通过价值链条的片断化和空间重组探讨企业将内部各个价值环节在不同地理空间进行配置的能力问题，从而使价值链治理模式与产业空间转移之间的关系成为全球价值链理论中的一个重要研究领域。② 此后，阿恩特和基尔茨科斯基（Arndt & Kierzkowski）使用"片断化"来描述生产过程的分割现象。③ 他们认为这种生产过程在全球的分离是一种全新的现象：同一价值链条的各个环节通过跨界生产网络被组织了起来，这一跨界网络可以在一个企业内部完成，也可以由许多企业分工合作完成。产权的分离是跨界生产组织的一个重要决定因素。如果产权分离

① Jones, R. and H. Kierzkowski, "The Role of Services in Production and International Trade: A Theoretical Framework", Chapter 3 in Jones, R. and A. O. Krueger, eds., *The Political Economy of International Trade*, Oxford: Blackwell Publishing, 1990.

② Krugman, P., "Growing World Trade: Causes and Consequences", Brookings Papers on Economic Activity, Vol. 26, 1995, pp. 327 – 377.

③ Arndt, S. W. and H. Kierzkowski, *Fragmentation: New Production Patterns in the World Economy*, Oxford: Oxford University Press, 2001.

无法实施，那么跨国公司和外国直接投资就有可能是一个首要选择。如果产权分离是可行的，那么委托加工等方式就会被提上日程，而外国直接投资就不会扮演主要角色。换句话说，国际生产网络存在两种方式：一种是垂直一体化到跨国公司内部，另一种是通过外包等方式垂直分离出去。对此，芬斯阙通过比较贸易和投资的不同收益，将"贸易一体化"和"生产的垂直分离"在世界经济中发挥的作用紧密联系在一起。① 随着贸易的发展，全球市场一体化的进程不断加深，使得发达国家企业将一些非核心的生产和服务等业务分离出去并进行全球采购。

迪尔多夫重点讨论了分散生产的分工模式和所带来的成本节约，并且认为成本节约是生产过程分散到不同国家的动力。② 卢锋按照一种与迪尔多夫类似的方法演示了在两种要素和两种生产阶段的情况下，生产阶段按比较优势进行重新配置所带来的成本下降。③ 琼斯和基尔茨科斯基认为，生产过程在地理上的分散需要交通、通信和协调等服务联系（Service Link，SL），而服务联系是有成本的。服务联系的高额成本可以阻止一国将生产过程分散到其他地区。服务联系成本有两个典型事实：其一，国际服务联系成本要低于跨国服务联系成本；其二，服务生产具有很强的规模报酬递增特征。考虑到服务联系成本对分散生产的作用，琼斯和基尔茨科斯基总结了分散生产的五大原因：其一，服务部门的技术进步，如国际交通和通信成本的显著下降、互联网的使用、更便捷和更低成本的银行服务等；其二，对其他文化和法律更多的认识；其三，服务活动的规模经济；其四，放松国内服务部门政府管制的趋势；其五，国际社会推动服务贸易自由化的努力。④ 卢锋在此基础上还补充了三个因素，分别为各国的贸易自由化改革、

① Feenstra, R. C., "Integration of Trade and Disintegration of Production in the Global Economy", *The Journal of Economic Perspectives*, Vol. 12, 1998, pp. 31 – 50.

② Deardorff, A. V., "Fragmentation Across Cones", In Sven W. Arndt and Henryk Kierzkowski, eds., *Fragmentation: New Production Patterns in the World Economy*, Oxford University Press, 2001; Deardorff, A. V., "Fragmentation in Simple Trade Models", *North American Journal of Economics and Finance*, Vol. 12, 2001, pp. 121 – 137.

③ 卢锋：《产品内分工：一个分析框架》，北京大学中国经济研究中心讨论稿系列，No. C2004005, 2004 年。

④ Jones, R. and H. Kierzkowski, "A Framework For Fragmentation", Chapter 2 in Arndt, S. and H. Kierzkowski, eds., *Fragmentation: New Production Patterns in the World Economy*, Oxford: Oxford University Press, 2001, pp. 17 – 34.

发达国家鼓励加工贸易的政策和发展中国家鼓励出口加工的政策。朗、瑞兹曼和苏贝朗（Long，Riezman & Soubeyran）构建了一个将服务部门活动内生化的分散生产模型，结果显示，一个国家服务业的范围分布越广泛，服务业越发达，服务部门或者各生产阶段的效率越高，则该国的服务价格越高（由于更高的劳动力成本）。[①] 在服务范围和单个服务成本之间的折中就决定了什么样的生产阶段配置到什么样的国家，即相对于制造劳动而言，服务劳动密集型的环节将在服务业范围广泛和服务业较发达的国家生产。

下面我们用一个简单的模型分析一下分散生产理论所包含的内容：假定在一个由多个国家构成的世界里，其中有两个国家，分别为甲、乙。对于产品 Z 来说，其生产可以分为 a、b 两个环节，其中，甲国在 a 环节的成本低于乙国，而在 b 环节的成本高于乙国。如图 2 - 4 所示，甲国 a 环节的供给曲线为 S（a），甲国 b 环节的供给曲线为 S（b），乙国 a 环节的供给曲线为 S（a^*），乙国 b 环节的供给曲线为 S（b^*），世界市场上产品 Z 的需求曲线为 D。当产品 Z 完全在一个国家生产时，甲国的供给曲线为 S（a + b），乙国的供给曲线为 S（a^* + b^*），均衡时甲、乙两国的产量分别为 Q_1、Q_1^*。当产品分散生产时，甲国可以从乙国进口 b，乙国可以从甲国进口 a，即甲、乙两国的供给曲线为 S（a + b^*）。由于甲国在 a 环节的成本低于乙国，而在 b 环节的成本高于乙国，供给曲线 S（a + b^*）分别低于 S（a + b）、S（a^* + b^*）。此时，甲、乙两国的产量分别达到 Q_2、Q_2^*。显而易见，$Q_2 > Q_1$，$Q_2^* > Q_1^*$，甲、乙两国在产品 Z 的生产方面均获得成本节约，世界福利得到改善。当然，这里没有考虑联系成本。实际上，加入联系成本同样可以通过上面的思路来分析，这里不再赘述。

分散生产理论在中间品贸易理论的基础上更进了一步，即一个国家进口中间品不仅用于本国消费，而且用于对外出口。分散生产理论主要解释了一个产品的生产可以分为多个环节，每个环节分别在成本最低的区位完成，该产品的生产将获得成本节约，并改善世界各国的福利。这种成本节约可能来自要素禀赋等方面的比较优势，也可能来自规模经济。与此同时，分散生产理论还将服务成本纳入分析范围，并认为联系各生产阶段的服务是有成本的，而且服务生产具有很强的规模报酬递增特征；如果服务联系成

[①] Long, N. V., R. Ray and S. Antoine, "Fragmentation, Outsourcing and the Service Sector", CIRANO Working Papers 2001s - 43, 2001.

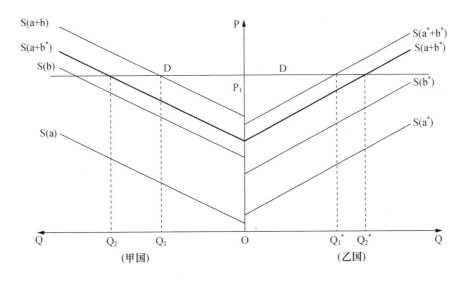

图 2-4 分散生产理论分析

本小于一国比较优势所节约的生产成本，则分散生产就是有利可图的；那些服务联系成本与从事制造的劳动力成本之比相对较高的生产阶段（服务密集型生产阶段），将会被配置在服务业范围较广和服务业较发达的国家生产。当然，分散生产理论也可以作为国际生产网络的宏观理论基础之一，即最终产品的生产是分工序的，此时国际生产网络表现为各国以产品链为基础的链状结构。

实际上，在复杂的国际生产网络中，从横向来看，有些国家分担产品的相同或相似环节，呈现出替代关系；从纵向来看，有些国家分担产品的不同环节，呈现出互补关系。这意味着，国际生产网络既存在以进口国为主、以零部件出口国为外围的发散状结构，也存在各国以产品链为基础的链状结构。因此，国际生产网络最终表现出发散状结构与链状结构相互交织的形态。在一定程度上来说，中间品贸易理论与分散生产理论正好形成互补，共同构成了国际生产网络的宏观理论基础。

总体而言，国际生产网络的形成与跨国公司产业链条的分解和全球化布局密切相关。根据产品生产的流程与阶段，同一产品的生产可以细分为研发、设计、加工装配等不同的环节，不同的国家或地区依据其要素禀赋的差异会具有不同的"优势环节"，从而呈现出不同的"阶段性比较优势"。

例如，在产品研发阶段，由于发达国家拥有丰富的科技资源和自由创新的社会环境，因而具备明显的比较优势；而在产品的装配阶段，由于需要大量的普通工人和严格的劳动纪律以及成本控制，显然发展中国家具有比较优势。①

第三节 国际生产网络的运行模式

国际生产网络的运行机制主要取决于网络治理者的行为，而谁是整个生产网络或价值链的治理者、具备哪些条件才能成为治理者是国际生产网络的核心问题之一。一般而言，谁在国际生产网络中占据了高附加值环节，谁就抓住了网络中的战略性环节，谁就控制了整个生产网络甚至相关行业，谁就理所当然地成为国际生产网络的治理者。作为国际生产网络的治理者，领导厂商把价值链上的厂商有效整合在一起并形成巨大的协同效应（Synergy Effects）②，这是国际生产网络正常运行的根本保证。

一、国际生产网络的行为主体

在国际生产网络中，企业之间的相对地位具有明显的不对称性。按照不同企业的地位差异，国际生产网络中的企业可以划分为两类，一类是旗舰厂商（Flagship Firms）或领导厂商（Lead Firms），另一类是当地供应商（Local Suppliers）。其中，层级最高的企业是旗舰厂商，位于领导厂商层级以下的是当地供应商。一般来说，旗舰厂商主要是发达国家的大型跨国公司，通常是国际寡头；当地供应商主要是来自欠发达国家或发展中国家的企业。

---

① 赵文丁：《国际生产网络的形成及意义》，《商业研究》2006 年第 9 期，第 108 – 110 页。

② 协同效应可分为外部和内部两种情况：外部协同效应是指一个集群中的企业由于相互协作共享业务行为和特定资源，因而将比作为一个单独运作的企业取得更高的盈利能力；内部协同效应则指企业的生产、营销、管理等不同环节或不同阶段共同利用同一资源而产生的整体效应。简而言之，协同效应，就是"1 + 1 > 2"的效应。

（一）旗舰厂商

国际生产网络的成员可以分为不同的层次，包括从拥有系统整合能力而控制整个网络的旗舰厂商到规模较小的各种当地专业化网络供应商，[①]而旗舰厂商是国际生产网络的心脏，其发展战略直接影响网络成员（专业化供应商、分包商等）的成长、战略方向和网络定位。旗舰厂商控制着大量重要资源，具备便利的技术创新条件以及协调不同网络节点之间交易和知识交流的能力等诸多有利因素，能够通过构建国际生产网络进一步巩固和增强自身实力。旗舰厂商可以进一步划分为品牌领导者与合同制造商两种类型。品牌领导者主要在全球范围内配置资源，通过企业间水平分工来达到降低成本、贴近市场和实现产品差异化等方面的目的，它们一般通过外包方式组织生产活动；合同制造商主要通过企业间垂直分工来构建全球商品供应链，它们并不在意产品的生产活动是在企业内部完成还是通过外包方式完成。旗舰厂商负责国际生产网络的协调，主要从事产品研发设计、关键部件的生产、战略性营销以及品牌管理等附加值较高的核心生产环节，而把非核心零部件制造和组装环节外包给其他企业，并以其控制力对上游的原料和零部件供应商、下游的分销商和零售商施加影响，向前控制原材料和配件的生产供应，向后与分销商和零售商关系密切。旗舰厂商作为战略协调人处于网络核心地位，是国际生产网络的中坚力量，它们的战略与行为对网络中当地供应商以及其他网络主体的成长、战略方向及其在网络中的地位具有直接影响，其竞争优势主要来自于对关键资源的控制、创新能力以及协调不同节点之间交易和知识交流的能力，它们主要从事全球价值链中的高附加值环节和高增加值活动。

（二）当地供应商

当地供应商中的"当地"指的是经营地，并非所有权属地。当地供应商可能是来自旗舰厂商母国的跨国公司，也可能是东道国的企业，甚至可能是第三国的跨国公司，它们的主要职责是按照旗舰厂商的标准和要求提供相关产品或服务。当地供应商可以进一步划分为高层供应商（Higher - Tier Suppliers）和低层供应商（Lower - Tier Suppliers）两种类型。高层供应

① Pavitt, K., "What Are Advances in Knowledge Doing to the Large Industrial Firm in the ' New Economy'?" in Jens F. Christensen and P. Maskell, eds., *The Industrial Dynamics of the New Digital Economy*, Cheltenham: Edward Elgar, 2003, pp. 103 – 120.

商在旗舰厂商与低层供应商之间起着中介作用，它们直接与旗舰厂商进行交易，一般拥有自主性技术和知识产权，同时建立起自己的地方生产网络甚至小型国际生产网络。除了核心技术环节和战略性营销活动被旗舰厂商控制以外，高层供应商一般能够承担其他所有生产环节和增值活动。相对而言，低层供应商处于附属地位，它们一般缺乏核心技术，融资能力较弱，比较容易受到市场、技术突变等方面的冲击，其竞争优势主要是来自于低成本以及交货的灵活性和速度。低层供应商直接与高层供应商进行交易，一般很少与旗舰厂商打交道，它们主要从事全球价值链中的一些低附加值环节。

在国际生产网络中，旗舰厂商主要从事研发、关键部件的生产、战略性营销及品牌管理等附加值较高的核心生产职能，外围零部件生产、组装生产、物流管理及一般性市场营销活动由当地高层供应商全面负责。尽管高层供应商全面负责生产网络中的非核心生产活动，但大部分生产活动实际上主要由为数众多的低层专业化供应商完成，高层供应商只从事非核心生产活动中比较重要的部分。为了判别当地企业是否加入了国际生产网络，可以使用一套涵盖广泛的指标体系加以确认：首先，使用国外企业提供的专用配件；其次，合同制造的配件或终端产品符合国外企业的相关标准；再次，合同制造的配件或中间品是以自己的设计为基础的；最后，为国外企业提供知识支持性服务。[①]

（三）各行为主体之间的关系

国际生产网络是旗舰厂商明确战略意图的体现，即通过持续不断的组织创新过程所形成的渗透了大量信息知识、专有能力的复杂分工协作体系。旗舰厂商的发展战略往往直接影响专业化供应商和转包商等网络低端参与者的成长和战略方向；反之，专业化供应商和转包商等网络低端参与者的发展战略对旗舰厂商的战略并不能产生相应的影响。[②] 卡斯特斯（Castells）认为"网络中任何节点之间都可以连接起来"，连接它们的是经济利益关

① 厄恩斯特：《东亚地区电子产业中的全球生产网络及其在马来西亚的升级前景展望》，载尤素夫、阿尔塔夫、纳贝谢迈编：《全球生产网络与东亚技术变革》，中国社会科学院亚太所译，中国财政经济出版社2005年版，第82-146页。

② Rugman, A. M. and J. R. D'Cruz, *Multinationals as Flagship Firms: Regional Business Networks*, Oxford: Oxford University Press, p. 84.

系。① 相对于其他未加入产业链上的企业，国际生产网络中的企业之间表现出更为强烈的合作意向，它们之间可能形成负责的委托与代理关系、信任管理关系、利益分配关系等，而且提供适用于多个产业通用价值模块的企业又可能同时或先后参与其他网状产业链。② 在一个复杂的国际生产网络中，可能包含一些小型的国际生产网络，各企业之间甚至各小型的国际生产网络之间呈现出合作与竞争共存的局面，虽然各成员不一定集中于一个特定的空间地理边界之内，但它们之间演示出明显的关系集聚特点。

从产业链的纵向来看，国际生产网络中存在大量承担不同生产环节的企业。一方面，一部分企业的产出恰好是另一部分企业的投入，它们之间主要表现为互补合作关系；另一方面，部分企业特别是承担低附加值环节的企业，在追求利润最大化的过程中，为了增强自身的竞争优势，努力向附加值更高的环节延伸或跨越，这势必会对另一些企业造成冲击，从而使得承担不同生产环节的企业之间存在潜在的竞争关系。

从产业链的横向来看，国际生产网络中存在大量承担相同生产环节的企业。一般来说，附加值越低的环节，进入门槛越低，企业也越多。一方面，这些企业的产出相同或相近，面临着产业链中相同的上游或下游企业，彼此之间具有较强的替代性，它们之间主要表现为"背靠背"的竞争关系；另一方面，这些企业为了增强在产业链中的议价能力，通过协商谈判形成战略合作同盟，甚至出现企业间并购。

与传统的跨国公司内部各部门之间的关系相比，国际生产网络的本质区别在于各成员之间不是严格的隶属关系，它们可以独立进行经营核算，具有较强的自由度，是否参与国际生产网络取决于自身利益最大化目标。一旦国际生产网络建立起来，市场竞争将不再局限于企业之间的竞争，而是演化为庞大的网络与网络之间的竞争。

总体而言，国际生产网络中的企业之间合作大于竞争，向心力大于离心力，否则，国际生产网络也就没有了存在的意义。国际生产网络的价值在于，它能够把不同成员的优势资源进行有效整合，组合成一个动态同盟。任何成员均可专注于自己最有竞争力的业务，而将自己的劣势外部化，交

---

① Castells, M., *The Rise of the Network Society*, Oxford：Blackwell, 1996.
② 芮明杰、李想：《网络状产业链构造与运行》，格致出版社、上海人民出版社 2009 年版，第 83 页。

由产业链中其他优势企业去完成。所有成员能够集中起各自最具优势的资源为市场提供优质的产品或服务，通过资源共享、优势互补、有效合作，分享市场机会和顾客，从而实现共赢。当然，国际生产网络中的成员是动态变化的。一般来说，国际生产网络中，部分成员具有一定的独立性，其加入或退出国际生产网络不涉及自身的产权变动，相应的进入或退出成本较低。随着市场环境不断发生变化，原有成员资源的互补程度会发生变化，它们积极寻求比原来伙伴更具互补性的资源，从而使得国际生产网络处于不断的调整与变化过程中。

二、国际生产网络的动力机制

在国际生产网络中，居于核心地位的领导厂商往往是发达国家的跨国公司，这些企业负责协调网络运作并占据研发、营销等价值链高端环节。格里菲在研究美国零售业价值链时，把价值链分析和产业组织分析相结合，按照领导厂商在国际生产网络中的不同角色，将国际生产网络划分为两种类型：生产者驱动型和购买者驱动型。①

（一）生产者驱动型

如图2-5所示，在生产者驱动型国际生产网络中，领导企业是大型制造商（通常为国际寡头），它们往往在资本、技术方面有独特优势，注重技术的研究和发展、生产工艺的不断改进、产品的不断更新换代，并通过垂直一体化来实现规模经济效应，注重加强基础设施等方面的硬件建设。与此同时，它们在网络调解中起核心作用，通过控制生产链的关键配件、研发设计、系统集成或市场营销等关键环节，把非核心零部件制造和组装环节外包给其他企业，并以其控制力对上游的原料和零部件供应商、下游的分销商和零售商施加影响，向前控制原材料和配件的生产供应，向后与分销商和零售商关系密切。一般来说，生产者驱动型国际生产网络的进入壁垒很高，领导企业通常是国际垄断寡头，它们牢牢控制着产业链的两端，包括原材料、供应链和核心技术以及全球销售网络。供应商要想占据价值链的高端环节，必须采取技术创新、组织创新和管理创新等手段实现企业

---

① Gereffi, G., "International Trade and Industrial Upgrading in the Apparel Commodity Chain", *Journal of International Economics*, Vol. 48, 1999, pp. 37 – 70.

的转型与升级，通过构筑排他性的壁垒来维持和提升企业的核心竞争力。

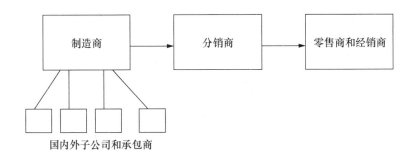

图 2 - 5　生产者驱动型国际生产网络

资料来源：Gereffi, G., "International Trade and Industrial Upgrading in the Apparel Commodity Chain", *Journal of International Economics*, Vol. 48, 1999, p.42.

　　生产者驱动型国际生产网络多见于生产工艺较为复杂的资本或技术密集型产品，如飞机、汽车、半导体、重型机械等领域。以汽车行业为例，日本的汽车领导厂商将生产流程分解成多个环节，并把不同国家的众多厂商组织在一起形成国际生产体系（包括母公司、子公司、外包厂商）。实际上，单单是丰田公司在日本的制造群组，就统合了近2000家独立公司为其生产汽车，丰田负责监控国内及全球流通的每个环节，包含对最终消费者的授信服务。为了维持甚至提升其全球市场占有率，日本旗舰厂商统一制订区域性生产计划，整合分布于东亚地区的汽车零组件供货商，扩展了原本限于日本国内的生产网络。目前，日本汽车生产体系往往包括上百家一级厂商、数千家二级厂商或子公司及数万家三级厂商或分包商。

　　（二）购买者驱动型

　　如图 2 - 6 所示，在购买者驱动型国际生产网络中，领导企业是大型品牌营销商或零售商（通常为国际寡头），它们往往在品牌和销售渠道方面具有强大的优势，通过全球采购和贴牌加工（OEM）等生产方式在全球建立生产网络，强化、协调并控制生产、设计及营销活动，形成强大的市场需求。领导企业占据价值链的高端环节，致力于通过研发、品牌塑造、营销控制等活动，培育自己的核心能力，把生产环节外包给其他企业。

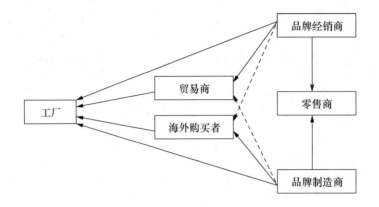

图 2 – 6　购买者驱动型国际生产网络

资料来源：Gereffi, G., "International Trade and Industrial Upgrading in the Apparel Commodity Chain", *Journal of International Economics*, Vol. 48, 1999, p. 42.

购买者驱动型国际生产网络主要通过非市场的外在调节（Explicit Coordination）建立高能力的供应基地，构建全球生产和分销系统，一般不通过直接的所有权关系构建全球生产和分销系统，如耐克、锐步等品牌经营商和伊藤忠式贸易代理公司等跨国公司控制的国际生产网络。技术商或品牌商在购买者驱动型网络中发挥领导作用，它们的领导地位源自其在价值链中占据的有利位势和企业自身的资源基础。为了实现对生产网络的控制，核心企业通常会通过渠道建设来强化渠道力量，或通过品牌来培育对消费者的影响力，以强化其在网络中的地位。

购买者驱动型国际生产网络常见于劳动密集型行业，如服装、制鞋、玩具、电子等产业。如耐克、锐步等全球知名品牌商，沃尔玛、家乐福等大型零售商，它们在购买者驱动型国际生产网络中居于核心地位，通过贴牌加工和全球采购等生产方式把各国的供应商组织起来，从而在价值创造和每一链条的利润分配上都处于相对有利的位置。近年来，快速发展起来的电子产品、计算机等行业也日益呈现出购买者驱动型网络的特征，跨国公司控制了芯片设计和技术，在全球范围内寻找代工伙伴，构建代工网络。

生产者驱动型国际生产网络与购买者驱动型国际生产网络的差别如表 2 – 1 所示。相对而言，在生产者驱动型国际生产网络中，生产的产品主要是大型的资本密集型产品，零部件数量较多，产业链较长，领导企业在控制研发设计、系统集成或市场营销等高附加值环节的同时，保留着关键配件等高附加值的核心制造环节，而把非核心零部件制造和组装环节外包给其他企业；在购买者驱动型国际生产网络中，生产的产品主要是小型的劳动密集型产品，产业链较短，制造环节的附加值较低，领导企业基本上放弃了制造环节，专注于研发、品牌塑造、营销等高附加值环节。

表 2-1　生产者驱动型国际生产网络与购买者驱动型国际生产网络的比较

项目	生产者驱动型国际生产网络	购买者驱动型国际生产网络
驱动力	产业资本	商业资本
核心竞争力	研究与开发（R&D）、生产能力	设计、市场营销
进入壁垒	规模经济	范围经济
产业分类	耐用消费品、中间品、资本品等	非耐用消费品
典型产业	汽车、计算机、航空器等	服装、鞋类、玩具等
制造企业所有权	跨国企业，主要位于发达国家	地方企业，主要在发展中国家
主导的网络连接形式	以投资为主线	以贸易为主线
主导的网络结构	垂直一体化	水平一体化

资料来源：Gereffi, G., "International Trade and Industrial Upgrading in the Apparel Commodity Chain", *Journal of International Economics*, Vol. 48, 1999, pp. 37-70.

三、国际生产网络的组织结构

根据《世界投资报告——跨国公司与一体化国际生产》关于跨国公司网络组织的定义，跨国公司网络组织是一种包括公司内部和公司之间的特殊网络组织结构，有别于那些典型的、单独的或简单的公司战略下的等级结构。[①] 在跨国公司网络组织中，跨国公司的母公司处于核心领导地位，并负责国际生产网络的运行与协调。围绕跨国公司的母公司，存在两个相互交织的网络，从而进一步扩展构成整个网络组织：一个是跨国公司的内部网络，另一个是跨国公司的外部网络，如图 2-7 所示。

---

① 戴桂林、高伟、孙孟、周晓明：《跨国公司网络组织的结构、形成及运行机制分析》，《经济纵横》2007 年第 4 期，第 73-75 页。

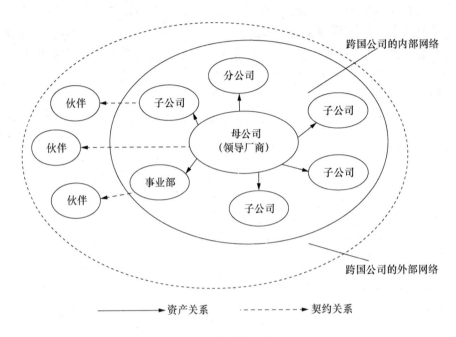

资料来源：王琴：《跨国公司商业模式——价值网络与治理逻辑》，上海财经大学出版社 2010 年版，第 91 页。

图 2 - 7　国际生产网络的组织结构

（一）跨国公司的内部网络

跨国公司的内部网络是指由跨国公司的母公司通过股权关系拥有或者控制的众多国内外子公司所构成的控制性股权网络。控制性股权网络的成员不仅包括跨国公司的全资子公司，而且包括控制其多数股权的子公司以及控制其少数股权但能够对其经营实施绝对控制的子公司。它们与母公司是上下级关系，直接服从于母公司的全球战略目标，并能够为跨国公司带来内部化优势。随着跨国公司内外环境的日趋复杂，越来越多的跨国公司开始下放决策权限，推行自我管理，精简中间管理层，从而使跨国公司的子公司或分支机构存在一定的自主权，即在跨国公司内，母公司给予子公司决策权限，使其得以有效与弹性地裁决当地事务。加尼尔（Garnier）认为，"自主权为组织结构的要素之一，是关于当地部门与外部控管组织间的决策权分配……使组织得以调动资源以最佳方式解决多样问题，进而达成所设定目标的手段"。① 在传统的模式下，跨国公司的母公司与子公司之间一般建立起严格的等级命令体系，母公司相对集权，子公司的自主权较小，子公司往往在母公司的命令下从事经营、投资、产品生产以及销售等方面的活动。但是近年来，随着竞争格局和市场环境的变化，跨国公司的内部结构也开始朝着网络化的方向发展，子公司不再是单纯的母公司的执行主体，而日益成为独立的运作中心，并在一定程度上担任起局部网络的协调职能。因此，跨国公司内部传统的金字塔式阶层组织逐渐趋于扁平化和网络化，从而提高了信息传递的有效性及整个组织的灵活性和反应能力。

（二）跨国公司的外部网络

跨国公司的外部网络是指跨国公司的母公司及其控制性股权网络成员与供应商、合作伙伴等利益相关方签订长期契约合同而形成的非控制性契约网络。与传统的基于自身利益的市场交易不同，跨国公司的外部网络包含更多的共同利益。契约网络成员之间不存在控制与被控制关系，而是通过各种契约，如签订长期供应合同和合作协议、建立股权平等的合资企业、共同研发等，形成以共同利益为基础的长期合作、互相依赖关系。跨国公司可以利用利益上的互相依赖关系影响和引导非控制性契约网络成员的行为，从而能够在战略协作上保持一致性和整体性，间接地满足跨国公司全球战略目标的需要。②

从理论上来说，契约网络成员之间不存在明显的控制与被控制关系，参与者之间是基于互利原则的合作与联盟等关系。当然，跨国公司与契约合作伙伴之间的地位并不是完全对等的，跨国公司通常在国际生产网络中占据主导地位，可以在很大程度上影响利益相关企业的决策。但两者之间在长期合作中形成信任关系，从而使国际生产网络的运行能够保持一致性、协调性和整体性。③

随着国际生产网络的形成与发展，全球竞争日益由单个企业之间的竞争演变为企业网络与企业网络之间的竞争。对于跨国公司来说，它们会依

---

① Garnier, G. H. , "Context and Decision Making Autonomy in the Foreign Affiliates of U. S. Multinational Corporations", *The Academy of Management Journal*, Vol. 25, 1982, pp. 893 – 890.

② 戴桂林、高伟、孙孟、周晓明：《跨国公司网络组织的结构、形成及运行机制分析》，《经济纵横》2007 年第 4 期，第 73 – 75 页。

③ 王琴：《跨国公司商业模式——价值网络与治理逻辑》，上海财经大学出版社 2010 年版，第 92 页。

据不同的"区位优势"来配置不同的生产环节，从而使当代国际生产组织方式也随之发生深刻的变革，研发、设计、加工等诸多产业环节锁定在一家企业内部的纵向一体化的生产流程不断分解，通过海外设厂和合同外包等方式，跨国公司内部不同的业务活动趋于分离并在全球范围内进行重新定位与组合，以寻求优势集成与资源的最佳配置。正是跨国公司生产流程的这种分解与全球化配置，过去在一个地方完成的最终产品的生产，现在则把不同工序、不同零部件及不同组件分散到世界不同国家和地区来进行，从而形成了以跨国公司为主导的国际生产网络。[1]

四、国际生产网络的治理模式

理查德森（Richardson）扩展了潘罗斯（Penrose）[2] 关于企业是一个"生产性资源的集合"的理论，并把企业之间的合作概念化为在企业之外（市场）的或企业之内（科层制）的协调机制之外的第三种协调机制，这种协调机制就是一个"网络"（Networks）。[3] 理查德森认为，由于许多需要协调的非相似活动必须通过企业之间的能力互补来进行（如技术上的匹配和交流），所以互补活动的协调既不可能也无必要全部由一个企业来承担，也不可能完全通过执行平衡供给和需求功能的市场来承担，而必须由企业之间的合作来承担。于是，不同的活动适用于不同的协调机制，三种协调方式随着企业内外部条件的改变而不断改变。在此基础上，威廉姆森表示，在企业与市场这两个极端的交易组织之间，事实上还存在大量的中间品的交易和中间状态的交易组织，在治理结构上显示出不同的特点。[4] 威廉姆森把"中间性组织"定义为由于交易的特点具有混合性而产生的一种协调此类交易的制度安排。"中间性组织"作为资源配置的一种新方式，其协调机制是不同于价格机制和权威机制的企业间信任关系。在"中间性组织"概念的基础上，学者们经过多年的研究，构建了产业组织和经济发展的新范

---

① 赵文丁：《国际生产网络的形成及意义》，《商业研究》2006 年第 9 期，第 108 – 110 页。

② Penrose, E. T., *The Theory of Growth of the Firm*, Oxford: Oxford University Press, 1959.

③ Richardson, G. B., "The Organisation of Industry", *The Economic Journal*, Vol. 82, 1972, pp. 883 – 896.

④ Williamson, Oliver E., *Markets and Hierarchies: Analysis and Antitrust Implications*, New York: Free Press, 1975.

式，即生产网络范式，关注的焦点从现代公司的内部结构转到企业间相互作用所产生的外部经济，同时，企业网络组织也成为对这一范式转变的最集中的理论概括。兰逊（Larsson）提出用市场、企业网络和科层企业三种制度分析框架替代传统的市场与科层制两种制度分析框架，并遵循亚当·斯密和钱德勒把市场和企业科层分别称为"看不见的手"（Invisible Hand）和"看得见的手"（Visible Hand）的隐喻，将企业网络组织形象地描述为"看不见的手"和"看得见的手"之间的"握手"（Handshake）。[1]

在交易成本等理论的基础上，普维尔（Powell）将生产网络的治理结构分为三种：市场、网络和层级组织，并从一般基础、交易方式、冲突解决方式、弹性程度、经济体中的委托数量、组织氛围、行为主体的行为选择、相似之处等方面对三种经济组织形式进行了比较。[2] 格里菲、汉弗莱和斯特恩（Gereffi，Humphrey & Sturgeon）通过对全球价值链的理论和案例分析，进一步提出了一个基于三方面因素的价值链治理模型。[3] 其中，这三个因素分别为：①信息和知识的复杂程度，尤其是生产和加工过程中的技术条件；②信息和知识能被编码识别的范围、传输效率和交易伙伴之间无特定交易投资；③实际的和潜在的供应商在履行合约要求方面的能力。这三个因素的不同组合决定了全球价值链中各企业之间的权力关系。按照格里菲、汉弗莱和斯特恩的方法，国际生产网络的治理模式可以分为五种，分别为市场型网络（Market Networks）、模块型网络（Modular Networks）、关系型网络（Relational Networks）、控制型/领导型网络（Captive/directed Networks）和科层制（Hierarchy）。

如表2-2所示，市场型、科层制可以看作国际生产网络治理模式的两个极端，而模块型、关系型和领导型均属于介于市场型和科层制之间的网络型治理。从治理强度来看，市场型＜模块型＜关系型＜领导型＜科层制。

① Larsson, R. , "The Handshake between Invisible and Visible Hands", *International Studies of Management and Organization*, Vol. 23, 1993, pp. 87 – 106.

② Powell, W. W. , "Neither Market Nor Hierarchy: Network Forms of Organization", Research in Organizational Behavior, Vol. 12, 1990, pp. 295 – 336.

③ Gereffi, G. , J. Humphrey and T. Sturgeon, "The Governance of Global Value Chains", *Review of Political Economy*, Vol. 12, 2005, pp. 78 – 104.

表2-2 国际生产网络治理模式的关键决定变量

治理模式	交易复杂程度	标准化交易能力	供应商能力	协调和权力对比
市场型	低	高	高	低 ↑↓ 高
模块型	高	高	高	
关系型	高	低	高	
领导型	高	高	低	
科层制	高	高	低	

注：上述三个变量实际上应该有八种可能的组合，其中五种组合可以产生全球价值链的类型。低交
    易复杂程度和低标准化交易能力是不可能同时发生的，因而去除了这两种组合。另外，当存在
    低交易复杂程度、高标准化交易能力时，低能力供应商将被排除在全球价值链之外，尽管这是
    一个重要成果，但是它本身不产生治理模式。

资料来源：Gereffi, G., J. Humphrey and T. Sturgeon, "The Governance of Global Value Chains", *Review
    of Political Economy*, Vol. 12, 2005, pp. 78 - 104.

（一）市场型

在市场型治理模式下，各企业之间的交易复杂程度较低，中间品或最
终产品的生产已经达到了标准化的程度，而供应商能力较强，它们能够按
照市场的供求情况，并结合自己的能力，为市场提供标准化的中间品或最
终产品。在市场型治理模式下，企业之间的交易完全是随机的，供应商没
有固定的购买者，而是直接面对市场的需求。因此，市场型治理模式中的
企业之间是非常松散的，交易频率最低，是以价格为基础的交易关系。

（二）模块型

在模块型治理模式中，交易复杂程度较高，中间品或最终产品的标准
化程度较高，供应商的能力较强。领导厂商一方面为了满足顾客多样化的
需求而使产品差异化，另一方面为了有效控制成本，其生产方式开始由
"福特制"向"后福特制"转变，并表现出精益生产、大规模定制、网络化
生产、集群化生产等特征。在模块型国际生产网络中，通常有两种范式的
企业类型：一类是品牌制造商，它们专注于产品的创新、品牌开拓、市场
营销、渠道以及最终产品的集成，通过将其非核心功能分包给专业的供应
商，核心企业从产品创新中创造更多的价值，且把风险转嫁给不稳定的市
场。另一类是 Turn - Key 供应商，主要集中在销售、生产制造以及价值链上
有关旗舰厂商外包的相关业务，它们拥有一定程度较"通用的"（Generic）
制造能力，以使它们能够在环境条件发生变化时，被旗舰厂商非常轻松地
调度，为其提供一定范围的服务。由于其既具有专业化又具有柔性，可以

不只是为一个或几个核心企业提供服务，供应商所提供的各种服务一般可能是旗舰厂商与它们保持短期内部联系的项目，为此减少了彼此之间机会主义"要挟"（Hold - up）的可能。模块型国际生产网络中的领导厂商把模块业务外包给少量能力较强的大型供应商，由于领导厂商与能力较强的供应商数量有限，双方之间具有较强的依赖性。与此同时，由于模块业务已经实现了标准化，领导厂商与供应商可以比较灵活地更换合作伙伴。比如在电子产业和汽车产业中，品牌制造公司在企业内部保留产品战略、产品研发、功能设计、原型制造、营销等活动，而将过程研发、过程设计、零部件购买、制造、测试、包装甚至货物的分发交由模块供应商来完成。全球模块供应商拥有"一般"模块产品的生产能力，可以按照客户的技术要求，生产个性化的产品，服务于不同的品牌制造公司。品牌制造商只需较少的接触，就可以获得专业供应商的服务。品牌制造商与模块供应商之间通过标准化契约，可以较好地降低交易成本和协调成本。[①]

（三）关系型

在关系型治理模式中，交易复杂程度较高，中间品或最终产品的标准化程度较低，但供应商的能力较强，领导厂商与供应商之间的知识交换频繁，尤其是相互之间面对面的信息交流极为频繁。这使得领导厂商与供应商之间相互依赖，组织间治理将更多地依赖参与者之间的社会关系而非领导厂商的权力控制。信任、声誉等非正式契约在关系型网络的治理中非常重要。信任和声誉的建立或者是源于网络参与者的长期交往，或者是源于家族、种族和地缘关系。关系型网络的参与者可以通过面对面的交流来交换复杂信息，提高组织结构的柔性化、敏捷化，实现短周期交货与快捷的市场进入和退出等要求，有助于适应市场的剧烈变化。

（四）领导型

在领导型治理模式中，交易复杂程度较高，中间品或最终产品的标准化程度较高，但供应商的能力较弱，领导厂商对供应商具有很强的监督和控制力，这使得供应商被限定在特定的产品生产环节，它们主要为领导厂商提供各种专用性产品，通常领导厂商要为供应商提供特殊的技术或设备等专有性资产，从而使供应商依附于领导厂商。由于对领导厂商的依赖程度高，转换交易对象很困难，因而成为"俘虏型供应商"。在领导厂商高度

---

① 王琴：《跨国公司商业模式——价值网络与治理逻辑》，上海财经大学出版社 2010 年版，第 105 页。

控制的基础上，领导企业会通过各种支持使供应商愿意保持合作关系，如为供应商提供设计、物流、配件购买、技术升级等方面的支持。一般来说，领导厂商要为供应商提供一些激励，从而对其进行锁定，目的在于防止其他竞争对手从它们对供应商的先期指导中受益。

（五）科层制

科层制指的是在理性的基础上权力按照职能和职位进行分工和分层，以规则为管理主体的一种组织体系和管理方式，它既是一种组织结构，又是一种管理方式。[①] 马克斯·韦伯（Max Weber）认为，理性的科层制组织具有以下五大基本特征：①基本职能的专业化和劳动分工；②明确规定的职权等级；③稳定的规章制度；④管理者非人格化；⑤技术专门化。在科层制组织中，组织成员凭自己的专业所长、技术能力获得工作机会，享受工资报酬。组织按成员的技术资格授予其某个职位，并根据成员的工作成绩与资历条件决定其晋升与加薪与否，从而促进个人为工作尽心尽职，保证组织效率的提高。[②] 科层制为现代社会的组织管理提供了有效的工具，成为现代企业的重要组织形式。[③] 在这种组织结构里，权力的绝对中心在组织的最高端。任何命令的贯彻都表现为从上到下的方式，组织高层负责战略，中层负责监督，最低层负责执行。在科层制治理模式中，交易复杂程度极高，部分产品的生产标准难以编码，价值供应商的能力较低，生产过程只能在企业内部完成。科层制便于领导厂商对资源的有效控制，特别是对知识产权的控制，从而降低技术的外溢程度。

第四节　小结

国际生产分工是国际贸易的基础，国际贸易是国际生产分工的表现形

① 孙远东：《历史生成与现代重构——论知识经济时代下组织管理方式的创新》，《管理现代化》1998 年第 4 期，第 33 - 40 页。
② ［德］马克斯·韦伯：《科层制》，载竹立家等编译：《国外组织理论精选》，中共中央党校出版社 1997 年版，第 65 - 73 页。
③ 王询、于颖：《企业组织内的科层制与关系网络》，《大连海事大学学报（社会科学版）》2007 年第 10 期，第 26 - 30 页。

式，国际生产分工方式的变化将会导致国际贸易格局的变化。因此，研究贸易不平衡问题必须从国际生产分工开始。本章通过对现有文献的梳理，提出了国际生产网络的分析框架，为从多边框架下分析贸易不平衡问题提供理论支撑。

首先，从微观、宏观两个层次分析了国际生产网络的内涵。从微观层次来看，国际生产网络强调企业内部各部门之间、企业与企业之间的生产协作，即国际生产网络是在跨国公司主导下建立起来的企业内部各部门之间、企业与企业之间的跨国生产协作（包括技术环节、制造环节和销售环节）关系；从宏观层次来看，国际生产网络强调国家与国家之间的国际分工与贸易，即国际生产网络是在国际分工不断深化的过程中，多个国家以要素禀赋等方面的差异为基础，以 FDI 和贸易为纽带建立起来的产品内分工关系。

其次，梳理了国际生产网络相关理论的发展脉络。目前，国际生产网络理论尚未成型，学术界对国际生产网络的理论研究跨越了两个学科领域：一个是管理学，侧重于企业层面的研究，从而构成了国际生产网络的微观理论基础；另一个是经济学（特别是国际贸易），侧重于国家层面的研究，从而构成了国际生产网络的宏观理论基础。随着经济社会的发展和企业生产组织方式的变革，经济学与管理学之间的关系越来越紧密。从一定程度上来说，国际生产网络的理论研究是经济学与管理学相互融合的结果。

最后，分析了国际生产网络的运行模式。尽管国际生产网络的形成与发展打破了企业垂直一体化的封闭结构，促使组织结构走向扁平化，但各成员之间的相对地位依然具有明显的不对称性。一般来说，领导厂商主要是发达国家的大型跨国公司，通常是国际寡头，它们占据了研发设计、市场营销等价值链的高端环节；当地供应商主要是来自欠发达国家或发展中国家的企业，主要负责加工、组装等价值链的低端环节。在国际生产网络中，组织协调职能与生产执行职能的分离将会导致不同成员的地位分化，而同类成员的空间集聚将会改变国际贸易格局。

第三章 东亚区域生产网络的形成轨迹

20世纪60年代以来，作为世界经济发展最活跃的地区之一，东亚地区创造了一种独特的发展模式——"雁行模式"，呈现出东亚经济体经济相继起飞的局面，被世界银行誉为"东亚奇迹"。20世纪90年代，日本经济陷入衰退，加之1997年亚洲金融危机爆发，东亚地区原有的发展模式被打乱。当然，"危机"中不但蕴含"危险"、"危难"，而且蕴含"机会"、"机遇"，如何"变危为机"、"在绝望中寻找希望"，成为东亚地区亟待解决的问题。实际上，东亚地区没有因为"雁行模式"的崩溃而一蹶不振，而是构建了一种新的国际分工体系——东亚区域生产网络。从一定程度上来说，东亚区域生产网络脱胎于"雁行模式"，是对"雁行模式"的发展和超越。本章将回顾东亚区域生产网络的形成轨迹。其中，第一节界定东亚区域生产网络的范围；第二节分析"雁行模式"理论的提出与发展；第三节分析东亚"雁行模式"的兴起；第四节分析东亚国际分工体系的重构。

第一节 东亚区域生产网络的范围界定

国际生产网络是一个抽象的概念，没有具体的区位所指，而全球生产网络是国际生产网络的具体化，是跨国公司在全球范围内组织生产，从而把世界众多国家或地区纳入相关产品的全球生产体系中。从一定意义上来说，全球生产网络是一个统称，其范围包括各类产品全球生产体系中的所有国家或地区，而全球生产网络内部存在大量网络分支，如区域性生产网络。

目前，世界上主要存在三个区域性国际生产网络，分别为美国与墨西哥之间的北美区域生产网络、德国与东欧国家（如捷克、匈牙利）之间的中东欧区域生产网络、东亚各经济体之间的东亚区域生产网络。[1] 其中，东亚区域生产网络发展得更为完善，且特点更加鲜明，不仅涵盖一般机械、电子机械、运输设备、精密仪器等机械制造业，而且涵盖纺织服装业。首先，东亚区域生产网络的形成对东亚区域经济发展而言具有重要意义，它把东亚各个国家或地区的生产、贸易活动紧密地联系在一起；其次，东亚区域生产网络的空间分布非常广泛，包括众多不同收入水平的国家或地区，东亚各个国家或地区之间的要素禀赋差异和成本价格差异被垂直生产链充分利用；最后，在东亚区域生产网络中，企业内、企业间的交易已经发展得非常成熟，既包括企业内的交易，也包括企业间的交易。相对而言，北美区域生产网络仅停留在很简单的层次上，主要是美国的跨国公司总部与墨西哥的子公司之间建立起来的前向关联或后向关联，把最终产品在墨西哥组装完成以后返销美国；中东欧区域生产网络比北美区域生产网络的区位分布更为广泛，但尚未达到东亚区域生产网络的发展水平，产品内分工体系并不完善，很多部门的中间品依靠从区域外的国家或地区进口，特别是从日本和东亚其他国家或地区进口的机械零部件在中东欧区域生产网络中发挥着越来越重要的作用。[2]

实际上，上述三个区域性生产网络不是孤立存在的，而是相互之间盘根错节、纵横交叉，例如，美国的跨国公司不仅在北美开展业务，而且渗透到欧洲、东亚甚至全球每一个角落。"大约到了20世纪90年代中期，处于工业化进程中的东亚经济体的制造业次部门，通过买方和生产厂商所驱动的供应链作为媒介的贸易活动以及由FDI所交织的一系列联系，已经与发达的OECD国家的经济联系在一起了。"[3] 这意味着，北美区域生产网络、中东欧区域生产网络、东亚区域生产网络的划分并非一成不变，即按照研究问题的侧重点差异可以对区域性生产网络的范围进行适当调整。

---

[1] Ando, M. and F. Kimura, "The Formation of International Production and Distribution Networks in East Asia", NBER Working Paper No. w10167, 2003；李向阳：《东北亚区域经济合作的非传统收益》，《国际经济评论》2005年第5期，第26-30页。

[2] Ando, M. and F. Kimura, "Fragmentation in Europe and East Asia: Evidences from International Trade and Foreign Direct Investment Data", in Jong - kil Kim and Pierre - Bruno Ruffini, eds., *Corporate Strategies in the Age of Regional Integration*, Cheltenham: Edward Elgar, 2007, pp. 52 -76.

[3] ［美］沙希德·尤素夫（ShaHid Yusuf）等：《全球生产网络与东亚技术变革》，中国社会科学院亚太所译，中国财政经济出版社2005年版，第5页。

本书中，东亚区域生产网络的范围不仅包括中国、中国香港、中国台湾、日本、韩国、印度尼西亚、马来西亚、菲律宾、新加坡、泰国、文莱、越南、老挝、柬埔寨、缅甸等东亚地区正式成员，而且还包括一个观察员——美国。[①] 之所以把美国以东亚观察员的身份纳入东亚区域生产网络，主要是出于以下几个方面的考虑：第一，美国在东亚区域生产网络的形成与发展过程中发挥了重要的作用，甚至东亚"雁行模式"也无法回避美国的作用；第二，在国际生产网络中，生产的含义不再局限于制造环节，是包括研发、制造、营销等一系列环节的广义增值活动，而美国的技术与市场在东亚地区经济发展过程中发挥的作用不容忽视；第三，美国是世界唯一的超级大国，部分东亚国家是美国的盟国，这使得美国的经济发展、外交政策对东亚地区经济发展与合作产生重要的影响；第四，当前的贸易不平衡主要表现为美国存在巨额贸易逆差、东亚地区存在大量贸易顺差，有必要把两者放在一个大框架下来研究，从而避免盲目的互相指责。当然，考虑到数据的可得性、相关国家或地区的经贸发展状况等方面的因素，本书在分析东亚区域生产网络的形成与贸易不平衡时，重点考察中国、日本、韩国、东盟五国（新加坡、菲律宾、马来西亚、印度尼西亚、泰国）[②]、美国之间的国际分工体系和经贸关系。

第二节 "雁行模式"理论的提出与发展

一般来说，一个国家在不同的发展阶段，需要选择不同的产业作为经济增长的发力点，正如罗斯托所说，"不论在任何一段时期，甚至在一个成熟并且继续成长的经济中，前进冲进力之所以能够保持，似乎确是为数有限的主要成长部门迅速扩大的结果，而这些部门的扩大又产生了具有重要

[①] 汪斌（1998）在探讨东亚国际产业分工时曾指出，"作为东亚'隐性'成员的美国市场的开放，使得其与东亚呈开放态势的产业循环机制相衔接。"参见汪斌：《东亚国际产业分工的发展和21世纪的新产业发展模式——由"雁行模式"向"双金字塔模式"的转换》，《亚太经济》1998年第7期，第1-5页。

[②] 新加坡、菲律宾、马来西亚、印度尼西亚、泰国在东盟经济中占绝对优势，东盟参与国际分工主要集中在上述五国。

意义的对外经济上的作用和其他间接作用。从这个角度来看，发动阶段中各部门的活动情况只是总的成长过程的一种特别表现；换言之，成长就是以不断地重复发动阶段的经验而进行，形态有所不同，主导部门有所不同。"① 赤松要（Kaname Akamatsu）、小岛清（Kiyoshi Kojima）等学者考察了对外贸易与主要产业变换之间的关系，提出并发展了"雁行模式"理论。

一、"雁行模式" 理论的提出

"雁行模式"（Wild – Geese – Flying Pattern）的概念是日本经济学家赤松要于 1935 年在《我国羊毛工业品的贸易趋势》一文中首次提出的。② 赤松要在研究明治初年以后日本棉纺织业发展状况时发现，日本产业的发展通常依次经过进口、生产和出口等阶段，据此可将这一产业的进口、生产和出口的雁行发展定式化。由于《我国羊毛工业品的贸易趋势》一文是用日文写成的，其影响力仅限于日本，直到 20 世纪 60 年代初才真正开始向外传播，用小岛清的话说，"雁行形态理论是纯粹的日本理论，且有一个难以用英文表述的名称，因此，较晚才向世界介绍"。③ 1961 ~ 1962 年，赤松要在筱原三代平（Mirohei Shinolmra）的帮助下，先后用英文发表了《世界经济不均衡增长理论》(A Theory of Unbalanced Growth in the World Economy)④、《发展中国家经济增长的历史性模式》(A Historical Pattern of Economic Growth

---

① 罗斯托：《经济成长的阶段》，国际关系研究所编译室译，商务印书馆 1962 年版，第 63 页。
② 学术界普遍认同赤松要博士是"雁行模式"理论的首创者，但对"雁行模式"概念的提出时间和出处的认识存在一定分歧。有学者认为，"雁行模式"最初提出于 1956 年（如刘洪钟：《东亚跨国投资轨迹研究》，辽宁大学出版社 2001 年版，第 23 页）；也有学者认为，"雁行模式"或译"雁阵范式"，最早是 1932 年日本学者赤松要在《我国经济发展的综合原理》(The Synthetic Principles of the Economic Development of Our Country) 一文中提出的（如王林生：《雁行模式与东亚金融危机》，《世界经济》1999 年第 1 期，第 4 – 8 页）；还有学者认为，"雁行模式"是赤松要于 1935 年在《我国羊毛工业品的贸易趋势》一文中提出的（如 Kiyoshi Kojima, "The 'Flying Geese' Model of Asia Economic Development: Origin, Theoretical Extensions, and Regional Policy Implications", *Journal of Asia Economics*, Vol. 11, 2000, pp. 375 – 401）。
③ [日]《世界经济评论》1957 年 2 月号。转引自王乐平：《赤松要及其经济理论》，《日本问题》1990 年第 3 期，第 117 – 126 页。
④ Akamatsu, Kaname, "A Theory of Unbalanced Growth in the World Economy", In Weltwirtschaftliches Archiv, Hamburg, No. 86, 1961, pp. 196 – 217.

in Developing Countries)①。赤松要认为，日本产业的发展通常要经历进口新产品、进口替代、出口和重新进口四个阶段并呈周期循环，在图表上呈倒"V"形，酷似飞行中的雁阵，故而取名"雁行模式"。这意味着，对后进工业国家产业发展而言，"由于比较成本结构是动态的、不断变化的，后进工业国家在最初阶段出口初级产品，进口工业制品，这时，它与先进工业国在比较成本结构方面有质的差异，属垂直分工型。进入第二阶段，国内工业发展，本国产品与进口工业品逐步趋于同质，于是产生了进口替代效应，进口工业品趋向减少。第三阶段，国内工业品的比较优势逐渐加大，本国产品大量出口，开始是向后进国家，其后发展到向发达工业国家出口，对于先进工业国家来说则是'代替进口'（代替本国该商品生产的进口)"。②

"赤松（要）博士天才的预见力是举世公认的。但是，雁行形态理论的研究还仅仅停留在对个别产业的实证分析后，画出完美的雁行形态（基本型）的曲线图形阶段，而在动因分析和使其抽象化、模型化方面尚十分欠缺。"③ 随后，小岛清、山泽逸平（Ippei Yamazawa）等日本学者对"雁行模式"进行了丰富与完善。其中，山泽逸平将赤松要的"雁行模式"理论进行了扩展和修改，提出了"引进→进口替代→出口增长→成熟→逆进口"的五阶段模型。④ 松石达彦把资本品纳入"雁行模式"理论，提出了"消费品进口→消费品进口替代→消费品出口、资本品进口替代→消费品出口减少、资本品开始出口"的四阶段模型。⑤ 总体来说，这些学者对"雁行模式"理论的发展均局限于一个后进工业国家（主要是日本）的产业发展模式，因而可以将其称作国内版"雁行模式"理论。真正对"雁行模式"理论做出突出贡献的学者当属小岛清，其把"雁行模式"理论拓展到东亚区域内经济发展研究中，从而形成了国际版"雁行模式"理论。

---

① Akamatsu, Kaname, "A Historical Pattern of Economic Growth in Developing Countries", *Journal of Developing Economies*, Vol. 1, 1962, pp. 3 –25.
② ［日］赤松要：《废金货币与国际经济》，东洋经济新报社1974年版，第158 –159页。转引自王乐平：《赤松要及其经济理论》，《日本问题》1990年第3期，第117 –126页。
③ 王乐平：《赤松要及其经济理论》，《日本问题》1990年第3期，第117 –126页。
④ ［日］山泽逸平：《亚洲太平洋经济论：21世纪APEC行动计划建议》，范建亭等译，上海人民出版社2001年版。
⑤ ［日］松石达彦：《东亚工业化的雁行形态论》（东アジアの工业化と雁行形态论），《一桥论丛》第128卷第6号，2002年12月。

二、"雁行模式"理论的发展

小岛清在比较优势理论的基础上，把对外直接投资引入"雁行模式"理论，着重探讨了一个国家对外直接投资的产业选择问题，创立了所谓"边际产业扩张理论"。该理论认为日本是东亚国家（地区）的"头雁"，日本对外直接投资带动了东亚地区的经济发展。[①] 日本式对外直接投资是从不具有比较优势的产业开始的，其作用是诱发被投资国对投资国的投资品需求，使彼此之间的贸易得到互补和扩大，双方实现更大的利益，这种对外直接投资是顺贸易导向型；美国式对外投资是从具有比较优势的产业开始的，其作用是用国外生产代替了本国的出口贸易，非但没有节约成本，反而造成生产资源的浪费，这种对外直接投资是逆贸易导向型。在此基础上，小岛清还得出了六个推论：第一，可以把国际贸易和对外直接投资的综合理论建立在"比较优势（成本）原理"的基础上；第二，日本式对外直接投资与对外贸易之间不是替代关系，而是互补关系；第三，"边际产业"的概念可以扩大，更一般地称之为"边际性生产"；第四，应当立足于"比较成本原理"进行判断，要经常考虑两种商品（至少是两种，最好是多种商品）、两个国家的模式；第五，引进了基于对外直接投资的"产业（更一般地说，是推论三所说的"生产"）移植的比较优势"这一概念，并且建议，在投资国与接受投资国之间"从技术差距最小的产业依次进行移植"，同时"由技术差距较小的投资国的中小企业作这种移植的担当者"；第六，提出"比较成本与比较利润率两者相关的主张"。[②]

在小岛清等学者研究的基础上，"雁行模式"理论分化为三个版本：第一版"雁行模式"侧重于探讨一个国家的主导产业变迁，如图3-1所示，对于后进工业国家的产业发展而言，工业品呈现出进口、国内生产最终到出口三个阶段继起的形态，各类工业品的竞争力变化按时间顺序呈现出雁阵形态；第二版"雁行模式"侧重于探讨特定产业在各国之间的传递，如图3-2所示，由于众多后进工业国家或地区的经济发展水平存在较大差异，

① ［日］小岛清：《东亚经济的再出发——直接投资主导型发展战略的评价》，《世界经济评论》1998年1月。
② ［日］小岛清：《对外贸易论》，周宝廉译，南开大学出版社1987年版，第442-450页。

发达国家通过直接投资将成熟或具有潜在劣势的产业转移到具有比较优势的新兴工业国，待这些产业在新兴工业国逐渐丧失比较优势，新兴工业国将这些产业转移到具备比较优势的发展中国家，特定产业先后在这些国家之间传递，而各个国家或地区在该工业品的竞争力方面按时间顺序呈现出雁阵形态；第三版"雁行模式"侧重于探讨特定时期各国之间的分工格局，如图3-3所示，相对发达国家大力发展具有比较优势的产业，把丧失比较优势的产业转移到相对欠发达的国家，在特定时期内，这些国家的主导产业存在较大差异，并呈现出雁阵形态。其中，第一版"雁行模式"可以称为国内版"雁行模式"①，是赤松要提出"雁行模式"时的初始含义；第二版、第三版"雁行模式"可以称为国际版"雁行模式"，是在小岛清等学者研究的基础上，对国内版"雁行模式"的拓展。需要说明的是，国际版与国内版不是包含关系，它们之间仅仅是研究视角的差异。从一定程度上来说，国际版"雁行模式"的发展与国内版"雁行模式"的发展是同步进行的，即各个国家的主导产业变迁、特定产业在各国之间的转移、各个国家的主导产业存在梯度差异是相伴而生的。通常，学者在探讨东亚分工格局时，所谓"雁行模式"是指东亚各经济体之间产业梯度传递的状态或过程，即在东亚雁行发展模式中，日本是雁头，亚洲"四小龙"是雁身，东盟四国是雁尾。

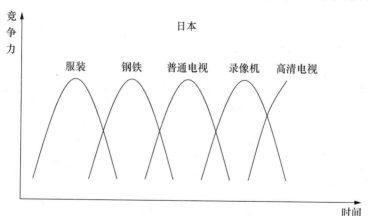

图3-1　第一版"雁行模式"

---

① 关志雄（2002）认为，国内版"雁行模式"解释了日本等亚洲各国的中心产业按照从纺织业向化工、钢铁、汽车、电子机电业的顺序转换；而国际版"雁行模式"则试图解释先进国家向发展中国家转移产业的问题。参见关志雄：《从美国市场看"中国制造"的实力——以信息技术产品为中心》，《国际经济评论》2002年第4期，第5-12页。

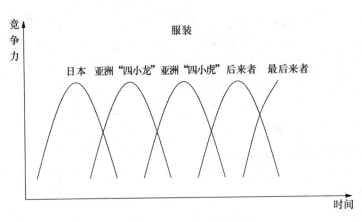

图 3 - 2 第二版 "雁行模式"

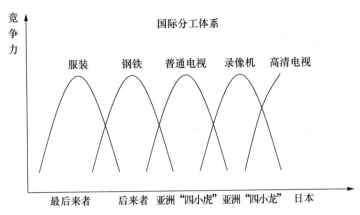

图 3 - 3 第三版 "雁行模式"

注：图 3 - 1、图 3 - 2、图 3 - 3 来源相同。

资料来源：National Graduate Institute for Policy Studies, "Flying Geese Model", http：//www. grips. ac. jp/module/prsp/FGeese. htm.

第三节 东亚 "雁行模式" 的兴起

第二次世界大战后，战败国日本在美国的扶持下，成功实施了出口导向型经济发展战略，国民经济迅速恢复和发展。随着国内经济重振，从 20 世纪 60 年代开始，特别是 20 世纪 70 ~ 80 年代以来，作为东亚地区唯一的经济发达国家，日本不断加大对东亚地区的直接投资力度，建立了以日本为核心的东亚国际分工体系。

一、"雁头"——日本经济的起飞

第二次世界大战以来，日本在经济增长方面表现出明显的长阶段性，即同时存在持续时间较长的高速经济增长阶段和较长期的经济萧条阶段，如图3-4所示。学者们对日本经济发展阶段的划分莫衷一是[1]，有的根据经济增长水平来划分，有的根据产业政策和宏观稳定政策等研究主题来划分。本书综合现有的文献，把日本经济分为五个阶段，分别为战后复兴时期（1945~1954年）、高速增长时期（1955~1973年）、稳定增长时期（1974~1985年）、泡沫经济及其破灭以后的不景气时期（1986~2002年）、走出萧条时期（2003年之后）。

（一）战后复兴时期（1945~1954年）

第二次世界大战后，美国把扶持日本作为其推行"全球战略"的工具，从1947年开始逐步解除对日本垄断资本的打击报复，并从财力和物力上加强了对日本的扶持。一方面，通过"占领地区救济基金"和"占领地区经济复兴基金"，给日本23亿美元的"援助"和贷款；另一方面，通过民间贸易，向日本供应原棉、石油、煤炭、铁矿石、橡胶、原毛、纸浆等物质材料，使日本得到了恢复工业所必需的资金和原料。与此同时，日本政府采取了一系列国家垄断资本主义措施，促进经济快速恢复。如1946年日本

----

[1] Rytaro Komiya（1992）根据经济发展水平将日本经济分为快速增长时期（1955~1969年）、过渡时期（1970~1974年）和慢速增长时期（1975年之后）三个阶段；Masayuki Morikawa（1997）、Kazuo Sato（1998）则分别根据研究产业政策和宏观稳定政策的需要将日本经济划分为五个阶段和三个阶段；刘钧胜（2007）将日本经济分为战后重建时期（1945~1954年）、高速增长时期（1955~1970年）、调整和经济多样化时期（1971~1985年）、泡沫经济和"失去的十年"时期（1986~2001年），以及走出萧条时期（2002年之后）五个阶段。参见刘钧胜：《日本对外贸易、出口市场的变动与经济增长》，载张蕴岭编：《世界市场与中国对外贸易发展的外部环境》，中国社会科学出版社2007年版，第215-268页。另外，堺宪一（2004）把日本经济分为战后复兴期（1945~1955年）、高速增长期（1955~1973年）、稳定增长期（1973~1986年）、泡沫经济时期（1986~1991年）、泡沫经济破灭后的不景气时期（1991~2000年），参见堺宪一：《战后日本经济——以经济小说的形式解读1945年~2000年日本经济发展全过程》，夏占友、曹红月译，对外经济贸易大学出版社2004年版。

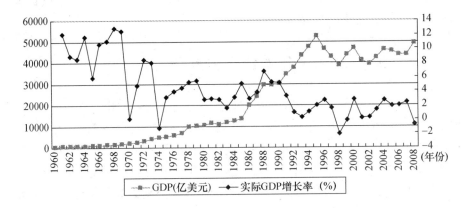

图 3-4　第二次世界大战以来日本的 GDP 和实际 GDP 增长率

资料来源：世界银行 WDI 数据库（World Bank WDI Database）。

政府采取了"充分保护农业利益"的方针，推动"农地改革"，并提出了
"重建纤维工业"的三年计划，对纤维工业进行了整顿和扩充；从 1947 年
起日本政府转而采取重点增产方针，即在资金、原料不足的情况下，对煤
炭、钢铁、电力等基础工业部门和海运、铁路等运输部门进行重点扶助，
为它们提供较充分的资金、动力和原料，并对它们实行价格补贴政策和低
息贷款政策，保证它们迅速恢复，以便为其他部门提供廉价动力、原料和
运输手段，带动整个国民经济特别是工业的快速发展。然而，日本国民经
济刚有起色，美国便爆发了生产过剩的经济危机，商品进口迅速减少，对
严重依赖出口的日本经济构成严峻挑战。相关资料显示，仅 1950 年上半年，
日本滞销货物总值达 1000 亿日元之巨，其中 70% 是出口商品。① 正当美国
经济危机日益加深、日本垄断资本走投无路的时候，美国于 1950 年 6 月 25
日悍然发动了侵略朝鲜战争，以地处朝鲜东邻的日本为军事基地和作战
物资供应地，把大量军事装备、军队及其眷属运往日本，向日本发出了大
量的军事订货。这次战争是日本工业起死回生的转折点，1950～1953 年日
本为美国提供的军火、军需器材和给养累计金额高达 24.7 亿美元，不仅为
日本工业品提供了广阔的市场，而且使日本获得了巨额外汇收入，从而

---

① 任文侠、池元吉、白成琦编：《日本工业现代化概况》，生活·读书·新知三联书店出版社 1980
　年版，第 14 页。

为增加原料和先进技术设备进口以及陈旧设备更新提供了有利条件。从1950 年到 1955 年的五年间，日本工业进一步得到恢复和发展，工业生产总值从 1.89 亿日元迅速增长到 2.36 亿日元，每年平均增长 12.3%，甚至在1951 年创造了经济增长率高达 35.3% 的历史纪录。到 1955 年，整个工业生产超过了战前 1935 年 64.1% 的水平，基本上恢复到战时 1944 年的最高生产水平，而发电、钢、水泥等重要工业品的产量已经大大超过战时最高水平。[1]

（二）高速增长时期（1955～1973 年）

20 世纪 50 年代中期以后，在经济学界和官方决策部门经过争论的基础上，日本政府确立了"贸易立国"发展战略，以重、化学工业化[2]为产业结构发展的基本方向。随着科学技术的不断进步，发达资本主义国家先后出现"消费革命"，即汽车、电冰箱、洗涤机、除尘器、半导体收音机、黑白电视机、彩色电视机等耐用消费品逐步进入居民家庭，尼龙、维尼纶、腈纶、涤纶等以石油为基本原料的各种合成纤维服装制品开始进入消费市场，逐步形成了电机、电子、汽车、石油化学、合成纤维、合成树脂六个新兴工业部门。这些部门的产品具有销路广、利润高等特点，成为世界主要国家经济发展的主攻方向。实际上，早在 20 世纪 50 年代上半期，一向重视出口贸易的日本垄断资本就开始从美国引进相关技术和设备进行试生产，但规模和品种都非常有限，产品质量也不高。1955 年以后，日本垄断资本加大了对这些部门的投资力度，促使日本的主导产业由劳动密集型向资本密集型转变。为了更新设备、建立新产业，日本以重、化学工业为中心，进行了大规模的固定资本投资，形成了"以投资呼唤投资，以投资促投资"的连锁反应，使整个国民经济活跃起来。据统计，日本对电机、电子、汽车、石油化学、合成纤维、合成树脂六个部门的设备投资，1951～1954 年的年平均值为 180 亿日元，而 1955～1961 年的年平均值达 1583 亿日元，其中 1961 年高达 3450 亿日元。在日本全部设备投资中，这六个部门的投资比

---

[1] 任文侠、池元吉、白成琦编：《日本工业现代化概况》，生活·读书·新知三联书店出版社 1980 年版，第 20－21 页。

[2] 制造业中的食品、烟草、木材和木制品、纤维、纸和纸浆、皮革、橡胶等工业，一般称为轻工业；金属（钢铁、有色金属、金属制品）、机械（一般机械、电气机械、运输机械、精密机械）和化学三个部门，在日本统称为重、化学工业。从广义上说，石油和煤炭制品工业、土石生产部门（水泥、板玻璃）也包括在重、化学工业中。

重，1951～1954 年的平均值为 6.2%，而 1955～1961 年上升为 17.8%，1961 年达到 21.3%，超过了金属（钢铁、有色金属、金属制品）工业部门的 19.8%。[1] 在六大新兴工业部门强有力的推动下，为它们提供机械设备的机械制造业也得到了快速发展。从 1955 年到发生第一次石油危机的 1973 年，日本连续出现了四次大的经济景气，在世界经济史上极为罕见。这四次经济景气为：①1956 年夏至 1957 年 5 月的"神武景气"，为期 1 年；②1958 年 7 月至 1962 年 12 月的"岩户景气"，历时 42 个月；③1962 年末到 1964 年秋的"奥林匹克景气"，持续 24 个月；④1965 年 11 月至 1969 年末的"伊奘诺景气"，长达 5 年，是战后日本最长的经济繁荣期。总体而言，1956～1973 年，日本国民生产总值以年平均 10% 左右的速度增长，并于 1968 年先后超过英国、法国和联邦德国，成为仅次于美国的资本主义世界第二经济大国。[2] 与此同时，日本产业结构也发生了深刻变化，特别是重、化学工业的高速发展使日本拥有了巨大的生产能力，为日本对外贸易的发展奠定了雄厚的物质基础。1970 年，在日本所有出口的产品中，运输机械（船舶、汽车）占 17%，钢铁占 16%，电气、电子机械占 13%，纺织机械占 12%，完全改变了以出口劳动密集型产品为主的状态，这说明日本已经成为一个技术设备先进、竞争能力很强的发达国家，基本实现了工业现代化。

（三）稳定增长时期（1974～1985 年）

1973 年爆发的石油危机使主要工业国的经济效能发生了变化，如表 3－1 所示，各国的经济增长缓慢，通货膨胀与高失业率等问题逐渐显现。日本持续近 20 年的"经济高速增长"时期宣告结束，转入低速的稳定增长时期。1973 年 10 月，第四次中东战争爆发，石油输出国组织采取削减石油生产和大幅度提高油价的策略，致使国际石油价格上涨了近 4 倍，这给资源贫乏、严重依赖能源进口的日本以沉重的打击，1974 年以来，日本每年企业倒闭都在 11000 家以上，1976 年倒闭的企业数量更是高达 15641 家，致使

---

① ［日］大岛清、榎本正敏：《战后日本的经济过程》，东京大学出版会 1968 年版，第 124－125 页。

② 汪斌：《东亚工业化浪潮中的产业结构研究——兼论中国参与东亚国际分工和产业结构调整》，杭州大学出版社 1997 年版，第 44－45 页。

100 万以上的工人失业。① 1975 年，日本政府正式提出了《产业结构长期设想》，确定日本的产业结构应转为以建立知识、技术密集型产业结构为基本方向，即以知识、技术密集程度较高的产业为中心，同时对其赖以支撑的其他产业也相应提高知识、技术密集程度。1980 年，应日本通商产业大臣的咨询要求，产业结构审议会又公布了《80 年代的通商产业政策展望》，提出确定产业结构的新标准，即：①重点发展可能在国际上建立比较优势的产业部门；②重点发展需求增长可能性大，能充分满足国民需要的产业部门；③发展能节省能源和资源的产业部门；④发展能确保长期经济安全的产业部门。② 随后，日本向电子计算机工业、原子能工业、海洋开发、宇宙开发等方面的投资迅速增加，并计划抑制消费资源大、公害多的钢铁、石油化学、炼铝等工业的发展。

表 3-1　石油危机前后主要发达国家的经济形势变化

单位:%

国家	经济增长率		矿业生产增长率		消费者物价上升率		失业率	
	1965 ~ 1973 年	1973 ~ 1980 年	1965 ~ 1973 年	1973 ~ 1980 年	1965 ~ 1973 年	1973 ~ 1980 年	1972 年末	1982 年 3 月末
美国	3.8	2.4	4.7	1.8	4.4	7.1	5.6	9.0
日本	9.8	3.8	12.7	2.8	6.2	9.7	1.2	2.3
西德	4.3	2.3	2.5	5.4	3.7	4.7	1.1	7.1
法国	5.4	2.8	5.7	1.6	5.2	11.1	—	8.8
英国	3.0	0.7	2.7	0.6	6.1	15.9	3.7	11.8
意大利	5.2	2.8	6.2	3.1	4.5	16.8	4.0	9.3 (1 月)

资料来源：日本兴业银行产业调查部编：《日本产业转换的新时代》，郭华民译，科学技术文献出版社 1988 年版，第 19 页。

日本的产业政策对国民经济的发展起到积极的促进作用，如表 3-1 所示，1973~1980 年，美国、西德、法国、英国、意大利等西方发达国家的

① ［日］《东洋经济统计月报》1977 年 10 月号，第 4 页。转引自任文侠、池元吉、白成琦编：《日本工业现代化概况》，生活·读书·新知三联书店出版社 1980 年版，第 43 页。

② 陈鸿斌、朱心坤编：《亚洲经济的第三次浪潮》，上海三联书店 1993 年版，第 54 页。

经济增长率分别仅为 2.4%、2.3%、2.8%、0.7%、2.8%，而日本的经济增长率达到 3.8%；在失业率方面，日本的表现更为突出，1982 年 3 月末仅为 2.3%，明显低于其他主要发达国家。总体而言，日本的经济增长主要依靠对外出口。1973 年石油危机以后，全球贸易以每年 4.1% 的速度增长（以 1974～1980 年的输入量为基数），与石油危机以前每年以 9.1% 的速度增长相比，呈现出大幅度下降的趋势，而同期日本的对外出口以每年 10.9% 的速度增长。① 从日本的出口结构看（见图 3-5），1980 年日本出口总额为 1298 亿美元，其中，汽车、电器机械和电子机器、一般机械、造船等装配加工制造业占 52.9%，这意味着日本实现了对外出口产品结构的高度化。

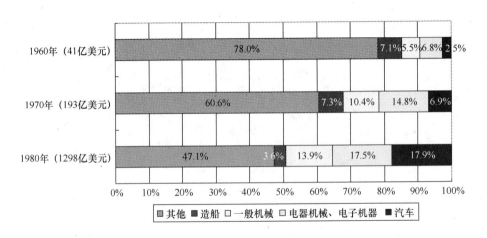

图 3-5　日本对外出口的产品结构变化

资料来源：《通商白皮书》，转引自日本兴业银行产业调查部编：《日本产业转换的新时代》，郭华民译，科学技术文献出版社 1988 年版，第 61 页。

由于对外出口快速增长，日本与美国、欧洲共同体、石油输出国组织之间的贸易不平衡问题日益加剧。如图 3-6 所示，1965 年，日本与上述三个经济体还未产生较大的不平衡，加上与其他发展中国家之间的贸易，日本对外贸易基本保持平衡。由于 20 世纪 70 年代爆发了石油危机，日本对石

---

① 日本兴业银行产业调查部编：《日本产业转换的新时代》，郭华民译，科学技术文献出版社 1988 年版，第 21 页。

油输出国组织的贸易逆差大幅度增加的同时，对美国和欧洲共同体的贸易顺差不断扩大。1980 年，日本对石油输出国组织的贸易逆差高达 383 亿美元，对美国、欧洲共同体的贸易顺差分别达到 73 亿美元、93 亿美元。同期，美国、欧洲共同体不仅对石油输出国组织存在大量贸易逆差，还要承受对日本贸易逆差的负担，这种情况是美国和欧洲共同体难以忍受的，从而导致日美、日欧之间的贸易摩擦不断增多。

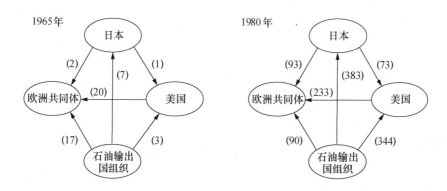

图 3 - 6　1965 年和 1980 年国际贸易净出口情况（单位：亿美元）

资料来源：日本兴业银行产业调查部编：《日本产业转换的新时代》，郭华民译，科学技术文献出版社 1988 年版，第 23 页。

（四）泡沫经济及其破灭以后的不景气时期（1986～2002 年）

20 世纪 80 年代中期，美国为了矫正严重的财政赤字和国际贸易赤字，试图减少从亚洲特别是从日本的进口。1985 年，以美国为首的西方国家对日本施压迫使日元升值，日元汇率从 1985 年的 242 日元兑 1 美元上升到 1994 年 6 月的 100 日元兑 1 美元，1995 年 5 月上升到 80 日元兑 1 美元。日元升值的结果之一是 10 年里以美元计算的日本资产价格上升了 3 倍，日本的资产（证券和房地产）价格大幅升值，特别是 20 世纪 80 年代后半期至 1990 年底的超常增长，甚至有人称之为"资产价格通胀"或"证券通胀"。如表 3 - 2 所示，东京的总地产价值从 1985 年的 176 万亿日元上升到 1990 年的 517 万亿日元，东京证交所的上市公司资产总值从 1985 年的 169 万亿日元上升到 1990 年的 478 万亿日元，这明显没有真正反映出日本经济的实际状况。1987～1991 年，东京总的房地产价值已经超过了日本当年的国内生产总值；1988～1990 年，东京证交所的上市公司总市值已经超过了日本当年的国内生产总值，这说明日本在 20 世纪 80 年代后半期至 1990 年底产生了严重的"泡沫经济"。

表 3-2　日本泡沫经济时期的 GDP、证券和房地产价格

单位：万亿日元

年份	GDP	Stock	Real Estate	年份	GDP	Stock	Real Estate
1985	324	169	176	1989	403	527	521
1986	338	230	280	1990	434	478	517
1987	354	301	449	1991	457	373	504
1988	377	394	529	1992	484	297	428

注：证券价值（Stock）代表部分在东京证交所上市的公司总价值；房地产价值（Real Estate）代表东京总的地产价值。

资料来源：Noguchi Yukio, *Baburu No Keizaigaku*（*Bubble Economics*），Nihon Keizai Shimbun-sha，1993，p. 23，转引自林华生：《日本在亚洲的作用》，曾刚译，北京大学出版社 2000 年版，第 218 页。

日本的证券价格于 1989 年末达到最高点，随后急剧下跌。其中，1989 年末至 1990 年末的仅仅一年时间，证券价格下跌了 40%。从 1990 年 10 月起，日本的房地产交易急剧下降。1991 年，地价开始下降，从 1991 年 7 月至 1992 年 7 月，东京、大阪、京都的住房价格分别下降了 15.2%、23.8%、27.5%。自此，泡沫经济崩溃，金融危机在日本爆发。①

日本经济泡沫破灭后，日本经济呈现极低的增长率或负增长，而且萧条状态长时间持续，其中，20 世纪 90 年代被称作是日本"失去的 10 年"。从经济的实际增长率来看，1992 年、1993 年、1994 年的增长率分别为 0.97%、0.24%、1.10%，处于低位徘徊，而 20 世纪 90 年代末，日本陷入经济负增长，1998 年、1999 年的增长率为 -2.05%、-0.12%。进入 2000 年以后，以内需为主导的经济虽然开始逐步复苏，但是在国内生产总值中占六成的个人消费仍然呈持续低迷状态，要使经济规模走上持续扩大轨道，任务依然十分艰巨。

① ［日］林华生：《日本在亚洲的作用》，曾刚译，北京大学出版社 2000 年版，第 218 页。

（五）走出萧条时期（2003 年之后）

2002 年，日本政府动用一揽子财政货币措施刺激经济增长，从 2002 年 2 月起日本经济开始复苏，但由于世界经济的减速和石油价格的影响，该年的实际增长率仅为 0.26%。2003 年，日本的不良债权状况得到改善，股市上扬，出口强劲，设备投资扩大，企业经营状况向好，由此带动了整个生产规模的扩张，但财政窘境无丝毫改善，通缩仍在持续，失业压力不减，居民消费依旧疲软，整个经济运行呈现出明暗相间、喜忧参半的特点①，全年经济增长率为 1.4%。2004～2007 年，日本经济基本走出了萧条，进入低速增长期，各年度的经济增长率在 2% 左右徘徊。从一定程度上来看，日本经济的复苏得益于对外贸易关系的变化。从外部经济环境来看，进入 21 世纪以来，经济全球化趋势进一步增强，主要表现为区域化浪潮下的产业内、区域内对外贸易的显著增长。特别是，东亚地区实体经济形成了三角贸易结构和生产网络，制度性合作上 FTA 蓬勃发展，导致整个东亚成为带动世界经济增长最具活力的一极。② 近年来，东亚经济充满活力的关键是中国、东盟、新兴工业化经济体、日本之间的经济互动和 FTA 等制度建设的"棘轮效应"，形成了新型的产业化分工和商品、资本流动结构。③

二、"雁身"——亚洲"四小龙"经济的起飞

20 世纪 60 年代以来，韩国、中国台湾、中国香港和新加坡等国家和地区尽管在自然资源方面不如其他发展中国家，但是它们都拥有大批等待就业的有文化的劳动力。1960 年，亚洲"四小龙"的成人识字率达到 70% 左右。其中，就小学入学率而言，新加坡为 111%④，中国台湾为 95.4%，韩国为 94%，中国香港为 87%；就中学入学率而言，中国台湾为 51.2%，新加坡为 32%，韩国为 27%，中国香港为 20%，而同期发展中国家平均中学

① 张季风：《日本经济走向复苏》，《当代亚太》2004 年第 1 期，第 50－53 页。
② 张蕴岭：《中国同东亚的经济一体化与合作》，《当代亚太》2006 年第 1 期，第 3－12 页。
③ 刘钧胜：《日本对外贸易、出口市场的变动与经济增长》，载张蕴岭编：《世界市场与中国对外贸易发展的外部环境》，中国社会科学出版社 2007 年版，第 215－268 页。
④ 小学入学率，系小学入学的学生总数占小学学龄人口总数的百分比，因此，入学学生总数的比率有可能超过 100%，因为有的学生低于或高于政府规定的小学学龄。

入学率仅为15%。① 为此，它们分别根据各自的状况制定和调整发展战略，不失时机地发展外向型经济，经济发展速度很快超过一般发展中国家，到20世纪80年代末期，韩国、中国台湾、中国香港和新加坡等国家和地区已跨入新兴工业国和地区的行列，并被誉为亚洲"四小龙"。

（一）韩国经济的起飞

第二次世界大战结束以后，只有22万平方公里的朝鲜半岛被人为地分割成南北对立的两部分，分别为朝鲜和韩国。1950~1953年，朝鲜和韩国再次陷入战争，致使双方经济均遭到严重破坏。从1953年双方签订停战协定到20世纪60年代初，韩国虽然获得了大量的美国援助，但由于政局动荡不安，经济社会秩序紊乱，经济恢复工作进展缓慢，经济社会面貌变化不大。自1962年起，韩国实施旨在建立自立经济基础的"经济开发五年计划"，加大对工业的投入，以工业化带动经济发展，并加强能源、交通、通信等基础设施建设，为工业的发展特别是出口产业的发展提供了支持。20世纪60年代中期以后，在重点扶持出口产业的同时，加强水泥、化肥、炼油工业的进口替代；在发展工业的同时，振兴农业。到1972年，从实施经济开发计划起，仅用10年时间，初步实现了以轻工业为主的工业化，向经济现代化迈出了坚实的一步。20世纪70年代实施的第三、第四个五年计划，继续推进自立经济的建立，同时试图着手解决第一、第二个五年计划中出现的地区间、产业间发展不均衡等问题，力图在"稳定、均衡、协调"发展中寻求高速。从20世纪80年代中期起，韩国制定和执行了新的鼓励外商直接投资的政策，以大量引进外国资金，从此，外国直接投资开始大幅度地持续增长。1992~1996年的第七个五年计划期间，韩国在继续积极引进外国直接投资，以增强国际竞争能力的同时，积极开展对外投资，促进了国际资本的双向流动。韩国除了同美国、日本两国继续巩固和发展分工合作关系外，还积极开展同中国、苏联及东欧国家的经济合作与贸易关系，促使对外经济发展的多元化。如图3-7所示，20世纪60年代末到90年代初，韩国经济高速增长，年均增长率高达10%左右。回顾韩国的发展历程，我们可以发现，在过去的40年里，韩国经济迈出了"三大步"，跃上了"两个大台阶"。从20世纪50年代初到60年代初，韩国实现了经济恢复；从20世纪60年代到80年代后期，实现经济腾飞，成为新兴工业化国

---

① 李相文、韩镇涉、叶绿茵：《亚洲"四小龙"》，新华出版社1988年版，第4页。

家（NICs）；从20世纪80年代后期到90年代初，通过产业调整升级，实现
经济转变，跃入发达国家行列。1960年，韩国的人均国民生产总值只有80
美元，到1996年达到10000多美元。从人均国民生产总值100美元（1963
年）增长到1000美元用了14年，再从1000美元增长到10000美元用了18
年，这个速度是十分惊人的，人们把韩国经济的成功称为"汉江奇迹"。①

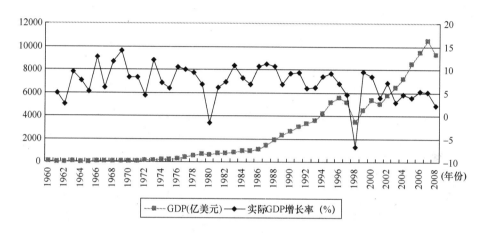

图3-7 第二次世界大战以来韩国的GDP和实际GDP增长率
资料来源：世界银行WDI数据库（World Bank WDI Database）。

（二）中国台湾经济的起飞

台湾位于我国大陆东南太平洋中，由台湾岛和澎湖群岛及其他大小86
个岛屿组成。其四面环海，东临太平洋，西隔台湾海峡，与福建省相距不
足200公里，南濒巴士海峡，与菲律宾相望，东北接琉球群岛。第二次世界
大战以来，台湾经济的发展经历了四个阶段：经济恢复阶段、进口替代工
业化阶段、出口导向工业化阶段、重化工业发展阶段。前两个阶段发展的
是内向型经济，后两个阶段发展的是外向型经济。1952年，台湾的经济基
本上恢复到战前水平，但依然面临物资供应短缺、物价上涨、失业率较高
等问题的挑战。为了解决上述问题，台湾当局决定从1953年开始发展面向

---

① 张蕴岭编：《韩国市场经济模式——发展、政策与体制》，经济管理出版社1997年版，第1-2
页。

内销市场的进口替代工业，即从发展农业入手，大力发展工业，同时限制进口来保护消费品工业的发展。通过发展进口替代工业，发展了生产，扩大了就业，提高了工农业产品的自给能力。20 世纪 60 年代初，台湾已实现了消费品基本自给，但此时内销市场基本饱和，进口替代工业生产达到了极限。台湾当局从 1958～1961 年进行了政策大调整：①鼓励出口，放宽进口限制，改多层汇率为单一汇率；②创造有利的投资环境，鼓励和吸引内外投资；③设立各种相应的专门机构，指导和扶植出口的发展。由于采取了上述措施，台湾经济很快转为外向型，出口加工工业迅速发展，以对外贸易带动了整个经济的全面发展。1963 年开始，台湾经济面向国际市场，出口发展迅速，年出口额从 20 世纪 50 年代的 1 亿多美元增加到 1972 年的 29.88 亿美元。出口带动了进口的增加，年进口额也从 20 世纪 50 年代的 2 亿多美元增加到 1972 年的 25.14 亿美元，年平均增长率高达 23.5%。总体而言，出口增长速度快于进口增长速度，1971 年出口额超过进口额，对外贸易转为顺差。随着出口加工工业的发展，工业年平均增长率高达 18.5%，经济年平均增长率达到 10.1%[1]，成为世界上以两位数增长的几个经济体之一。从 1973 年开始，随着重化工业的发展，对外贸易迅速发展。1974 年出口 56.4 亿美元，进口 69.7 亿美元，而 1978 年就翻了一番，出口达 126.9 亿美元，进口达 110.3 亿美元。在此期间，受第一次石油危机的影响，1974 年和 1975 年出现了逆差，但 1978 年出口年平均增长率仍达 27.2%，进口年平均增长率为 9%，同期经济年平均增长率为 7.2%。[2] 总体而言，台湾对外贸易的地区结构十分集中，主要是美国和日本。台湾结合本地区廉价的劳动力优势，通过从美国和日本进口原料、机械设备，在本地区加工生产以后销往美国。台湾大力发展加工贸易，拉动了台湾对外贸易的扩张和经济的高速增长。

（三）中国香港经济的起飞

香港位于我国南部珠江口外，北靠广东省，南临南中国海，陆地总面积为 1071 平方公里，是海岛型自由港[3]。虽然香港对外贸易有包括八个方面的管制法令，但限制范围很小，应税商品只有烟草、酒类、甲醇、汽车

---

① 李相文、韩镇涉、叶绿茵：《亚洲"四小龙"》，新华出版社 1988 年版，第 114 页。

② 李相文、韩镇涉、叶绿茵：《亚洲"四小龙"》，新华出版社 1988 年版，第 116－117 页。

③ 自由港是指不属于任何国家海关管辖的港口，外来的货物进出港都可免税，而且可以在该港内进行加工、制造、贮存、分级挑选、改装、修理或其他作业。

用汽油和柴油四类,转口还不抽税。另外,位于香港岛和九龙半岛之间的维多利亚港是世界上少有的深水不冻港,是仅次于美国三藩市和巴西里约热内卢的世界第三大优良的天然港口。这些为香港的对外贸易创造了有利的条件。香港是典型的海岛型经济,居民的食品、日用消费品,生产用的原材料、半成品、生产设备,基本都依赖进口,香港生产的工业品约有90%是供出口的,否则无法实现简单再生产,更谈不上扩大再生产。因此,香港的对外依赖性十分严重,当地人把对外贸易比作"香港经济的血液"。

20世纪50年代中期以后,香港出口加工工业发展迅速,转口贸易在总出口额中的比重逐步下降,本地产品的出口比重逐步上升,1959年本地产品出口超过转口总额。香港的工业起步是从劳动密集型轻纺工业开始的。外资与香港廉价劳动力的结合,使轻纺工业有了很大发展,特别20世纪60年代中期以前,香港的纺织品出口在几乎没有竞争对手的情况下打进了世界市场,因为当时发展中国家尚未实行外向型经济发展战略,出口加工工业还没有发展起来。到了20世纪70年代,香港的服装工业迅速发展起来,并向高档化、时装化发展,成为亚洲地区最大的"服装加工厂"。1973年服装出口额13.9亿美元,占纺织品出口总额18.5亿美元的75.1%;1983年增至47.3亿美元,占纺织品出口总额58.5亿美元的80.9%。[①] 20世纪80年代以后,由于西方发达国家贸易保护主义与其他发展中国家和地区的追赶、竞争,香港的产业结构面临越来越大的升级压力。限于其自身条件,香港不能大力发展资本密集型的重化工业,被迫选择跳跃式发展,直接从劳动密集型产业向技术密集型产业调整。实际上,20世纪70年代,在加工贸易的推动下,香港的光学产品、手表、晶体管收音机、电子计算器和电子计算机部件等技术密集型产业已经取得了长足的进步,到20世纪80年代,电子、电脑等技术密集型工业迅速增长。1983年,电脑制品的出口额高达39.55亿港元。进入20世纪80年代以后,香港经济进一步迈向国际化的新阶段,先后成为国际性或区域性的中心,如金融中心、航运中心、贸易中心、旅游中心、信息中心等。

第二次世界大战以来中国香港的GDP和实际GDP增长率如图3-8所示。

---

① 李相文、韩镇涉、叶绿茵:《亚洲"四小龙"》,新华出版社1988年版,第175-176页。

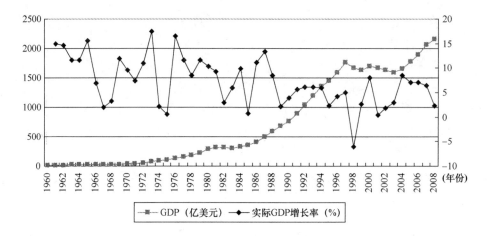

图 3 – 8　第二次世界大战以来中国香港的 GDP 和实际 GDP 增长率

资料来源：世界银行 WDI 数据库（World Bank WDI Database）。

（四）新加坡经济的起飞

新加坡是一个城市国家，共有土地 618 平方公里，人口 261 万（1987年），几乎没有什么自然资源。第二次世界大战结束初期，新加坡的经济增长主要依靠转口贸易拉动，但由于邻近各国相继宣告独立，并纷纷采取直接贸易的政策，力图不通过新加坡而直接同工业发达国家进行贸易，新加坡的转口贸易开始萎缩，国内失业严重，消费品供应不足，经济形势严峻。为此，新加坡决定放弃对转口贸易的依赖，转而采取发展国内制成品出口的方针，即进口原材料和零部件、半成品，利用当地的劳动力价格优势来加工装配，并向外出口制成品以赚取附加值。20 世纪 60 ~ 70 年代，新加坡生产和出口的制成品主要是劳动密集型产品，如纺织品、服装、电子产品、金属制品、塑料制品、食品、皮革制品等；20 世纪 70 年代后期，新加坡一方面面临西方发达国家贸易保护主义的强大压力，另一方面面临发展中国家出口商品竞争加剧的挑战，新加坡政府于 1979 年 6 月明确提出要进行第二次工业革命，进一步推动其工业向资本及技术密集方向发展，提出要重点生产和出口飞机部件、自动化器材组件、电子计算机及其配件和软件、电子仪器、光学仪器、通信设备、医疗设备、高级化学品等资本和技术密集型产品。在经济发展的过程中，新加坡十分重视外商直接投资和国外先进技术的引进，以促进本国制造业和对外贸易的迅速发展。1965 ~ 1975 年，新加坡平均每年吸引外商直接投资 1.49 亿美元，1976～1980 年为 3.87 亿美元，1983 年达到 8 亿美元。1972～1978 年，外资在制造业投资中所占的比重达 84%，1978 年曾高达 94.3%，1979～1985 年有所下降，降至 74.2%。外商直接投资对新加坡国民经济的发展，特别是制造业的发展起到了积极的促进作用。1980 年，就新加坡的制造业领域而言，外资企业[①]在企业总数、雇佣工人总数、总产值、销售总额、对外出口总额等方面所占的比重分别达到 24.9%、58.4%、73.7%、73.9%、84.7%。在外商直接投资和对外贸易的推动下，新加坡经济增长迅速。1959～1990 年，新加坡的国内生产总值年均增长率达到 9.4%，其中，1959～1965 年为 8.6%，1966～1973 年为 12.4%，1974～1978 年为 6.9%，1979～1984 年为 8.0%，1985～1990 年为 6.4%。1990 年，人均国民生产总值达到 11160 美元，在东亚地区仅次于日本和中国香港，成为亚洲新兴工业化国家和地区之一。随着新加坡经济的迅速发展，其产业结构也发生了深刻的变化，由单一结构转向多元化结构，由低级向高度化演进。[②]

　　第二次世界大战以来新加坡的 GDP 和实际 GDP 增长率如图 3-9 所示。

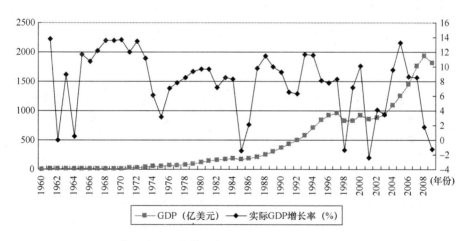

图 3-9　第二次世界大战以来新加坡的 GDP 和实际 GDP 增长率

资料来源：世界银行 WDI 数据库（World Bank WDI Database）。

---

① 外资股份超过 50% 的企业。

② 李相文、韩镇涉、叶绿茵：《亚洲"四小龙"》，新华出版社 1988 年版，第 144 页；汪斌：《东亚工业化浪潮中的产业结构研究——兼论中国参与东亚国际分工和产业结构调整》，杭州大学出版社 1997 年版，第 139-140 页。

三、"雁尾"——东盟四国经济的起飞

20 世纪 70 年代，韩国、中国台湾、中国香港和新加坡大力发展制造业和对外贸易，在东亚区域分工中的地位迅速提升，并以其惊人的经济成就进入新兴工业化国家和地区的行列，这给本地区其他发展中国家的经济发展提供了重要的参考。到了 20 世纪 80 年代，泰国、马来西亚、印度尼西亚和菲律宾积极融入东亚区域分工体系，再一次在东亚地区掀起工业化浪潮，一跃成为东亚地区经济发展的后起之秀，大有赶上"四小龙"之势，从而引起了世界各国政府和学术界的广泛关注，被称为亚洲"新四小龙"、"后新兴工业化国家"。

（一）泰国经济的起飞

第二次世界大战后，泰国的经济结构发生了重要的变化，农业在 GDP 中所占的比重不断下降，非农产出所占的比重不断增加，具体特点在于伴随着出口产品由初级产品为主向工业制成品为主的转变，泰国的外国直接投资（FDI）不断增加，出口迅速扩张，从而逐步走上了以制造业出口为主的外向型发展道路，并取得了成功。20 世纪 50 年代，泰国政府结合本国得天独厚的地理位置与气候条件，把农业生产放在首位，从而使农业生产在其经济增长和对外贸易中发挥了重要的作用。1961 年，泰国农产品出口值占出口总额的 87%，工业产品仅占 4%。其中，泰国的大米、木薯出口量居世界第一位，橡胶名列第三位，鱼产品出口在亚洲仅次于日本。20 世纪 60 年代，泰国分别实施了第一个"五年计划"和第二个"五年计划"，提出了制成品进口替代战略，旨在通过发展本国的制造业来满足国内的消费。政府的作用主要表现在以下两个方面：一是加大基础设施投资力度，为国内制造业发展消除一些限制"瓶颈"；二是对进口替代部门的关税保护，这也是进口替代战略的主要特点。到 20 世纪 70 年代末，泰国的工业化发展已经取得初步成果，经济已经开始逐步摆脱主要依靠农业的局面，制造业的发展不仅带动了整个经济结构的调整，也开始改变泰国的出口产品结构。具体而言，泰国工业制品（不包括锡）的出口比重从 1970 年的 5.4% 迅速提高到 1980 年的 28.8%，而农产品出口的比重则从 1963 年的 80% 下降到 1978 年的 47.2%。20 世纪 70 年代后期，世界初级产品价格大幅度下跌，这给严重依赖农产品出口的泰国带来了严峻的挑战，迫使其由进口替代战

略向出口导向战略转变。20 世纪 80 年代中期以后，由于国际环境发生了有利变化，泰国进入了经济增长的"黄金时期"——近十年的高增长时期，[1]出口部门的发展达到全盛时期。1985~1991 年，泰国货物出口增加到近 4倍。农产品出口只实现缓慢增长，而制造业出口增加了 6 倍。20 世纪 80 年代初，制造业出口占总出口的 1/3，到 80 年代末已增长到 2/3。到 1997 年亚洲金融危机之前，出口导向的成功给泰国经济带来了持续的高增长，社会发展水平不断提高。如图 3－10 所示，1961~1996 年，泰国年均实际GDP 增长率接近 8%，其中，1988~1990 年连续三年增长率超过 10%。[2] 然而，进入 20 世纪 90 年代后，日本经济逐步疲软，导致昔日生机勃勃的"雁行模式"失去了活力，高增长积累起来的一些问题从泰铢汇率方面暴露出来，一场流动性危机引起了泰国的经济地震并迅速波及整个东亚。[3]

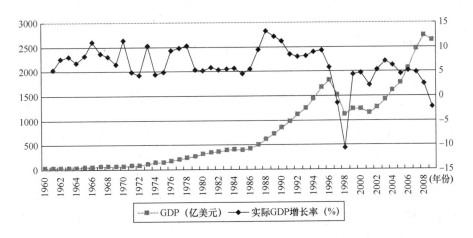

图 3－10　第二次世界大战以来泰国的 GDP 和实际 GDP 增长率

资料来源：世界银行 WDI 数据库（World Bank WDI Database）。

① Pasuk Phongpaichit, Chris Baker, *Thaksin: The Business of Politics In Thailand*, Nordic Institute of A-sia Studies（NIAS），2004，p. 156.

② 1988 年泰国实际 GDP 增长率为 13.29%，达到第二次世界大战后的最高水平。1989 年、1990 年泰国的实际 GDP 增长率分别为 12.19%、11.17%。

③ 王玉主：《泰国的出口导向战略及其调整》，载张蕴岭编：《世界市场与中国对外贸易发展的外部环境》，中国社会科学出版社 2007 年版，第 329－387 页。

（二）马来西亚经济的起飞

第二次世界大战后初期，马来西亚的经济发展主要依靠初级产品的出口和英国的制造品进口。1957 年，马来西亚宣告独立，并开始实施进口替代战略，一方面对本国的先导产业提供优惠措施，另一方面对相关进口产品征收保护性关税。从就业结构来看，制造业部门的就业从 1957 年的6.4% 增长到 1968 年的 9.1%，总人数增加了大约 60%；从对 GDP 的贡献来看，1957 年，制造业（包括建筑业）构成了 GDP 的 11.1%，到 1968 年达到了 17.1%。到 20 世纪 60 年代后期，马来西亚政府意识到进口替代战略并不利于国家的长期产业发展，随后颁布了投资促进法案鼓励制造业出口。从 20 世纪 70 年代起，跨国公司开始在全球范围内配置各种生产、装配和检测过程，确保低工资、低成本。随着发达国家产业升级、生产要素价格上涨、国际市场的竞争日益激烈等方面因素的影响，生产能力在世界范围内转移。马来西亚大力吸引外资，发展出口加工业的战略转变恰好适应了这种要求。从 20 世纪 80 年代中期开始，马来西亚利用国际产业调整和转移的机会，大力引进外资和先进技术设备，吸引日本和亚洲"四小龙"的劳动密集型产业，通过产业调整提高了本国经济在国际产业分工中的层次和出口结构。与此同时，马来西亚还加强对一部分资本、技术密集的较高附加价值工业领域的投资。从一定程度上来看，马来西亚采取了更务实和更开放的态度来对待经济发展战略的选择问题，一方面继续保持及推动出口导向工业化的升级和深化，另一方面鼓励本国资本品和中间品的发展，并在政策上不断地对贸易和投资的管制采取逐步开放的措施。这些做法极大地推动了经济的发展。如图 3－11 所示，1980～1990 年，马来西亚的实际 GDP 增长率是 5.2%，而 1990～1996 年，GDP 年均增长率为 8.7%，工业增加值的增长在 1990～1996 年为 11.2%（其中制造业为 13.2%，服务业为 8.5%）。这些数字都比 1980～1990 年有显著的提高，而农业增加值的年均增长率则从 1980～1990 年的 3.8% 降低到 1990～1996 年的 1.9%。在制造业中，机械和运输设备及电子产品等占总增加值的比重也有了大幅度的增长。从出口来看，1996 年比 1980 年出口绝对值增长 6 倍多，制成品出口更是从 1980 年的 19% 提高到 1996 年的 76%，而初级产品出口比重下降颇多。从进口来看，绝对值增长 7 倍多，制成品比重也从 67% 增加到 85%。马来西亚已经彻底改变了以初级产品生产为主的经济结构，成为一个新兴的工业化国家。①

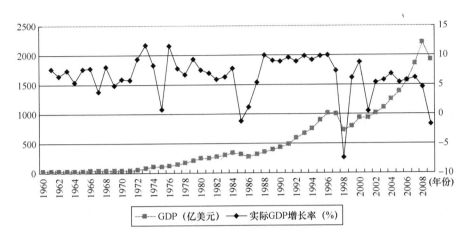

图3-11 第二次世界大战以来马来西亚的GDP和实际GDP增长率

资料来源：世界银行WDI数据库（World Bank WDI Database）。

（三）印度尼西亚经济的起飞

印度尼西亚是世界上最大的群岛国家，由太平洋和印度洋之间17508个大小岛屿组成，被称作"千岛之国"。印度尼西亚是一个人口大国，继中国、印度和美国之后位居世界第四位。第二次世界大战后初期，印度尼西亚是一个工业落后的国家，各种工业消费品及生产器材和设备严重依赖进口。为了减少对外国工业品的依赖，苏哈托政府执政后，重点发展"进口替代"工业，特别是轻纺工业，以满足本国居民的消费需求。与此同时，利用巨额的油气收入，大力发展资本密集型企业，建立诸如石化、钢铁、汽车、造船等工业，以满足国内建设和市场的需求。为了鼓励发展进口替代工业，政府向生产厂家提供各种优惠和保护，如提供低息贷款、补贴和进口许可证，实行关税和非关税壁垒等。"进口替代"战略对印度尼西亚经济的发展起到了积极的促进作用，以化肥和水泥为例，20世纪60年代，印度尼西亚的化肥完全依靠进口，随着许多化肥厂的建成，到70年代末，印度尼西亚的化肥产量已达200万吨，不仅可以满足国内市场，而且可供部分

---

① 柴瑜：《马来西亚的出口导向战略及其调整》，载张蕴岭编：《世界市场与中国对外贸易发展的外部环境》，中国社会科学出版社2007年版，第388-425页。

出口;20 世纪 60 年代,印度尼西亚的水泥大部分依靠进口,1969 年产量只有 54.2 万吨,但到 1980 年,产量已上升到 585.2 万吨,增加了近 10 倍。20 世纪 80 年代,由于国际市场上石油和其他初级产品价格下跌,印度尼西亚的外贸收入一度急剧减少,国际收支状况恶化。如 1980 年外贸顺差高达 131.6 亿美元,1982 年石油等产品价格下跌后,外贸顺差锐减到 54.69 亿美元,1986 年石油价格再次暴跌,外贸顺差又减少到 40.89 亿美元。1982 年印度尼西亚的国际收支经常项目出现了 53 亿美元的赤字,1983 年增加到 63 亿美元。此后,印度尼西亚政府采取各种措施,尽量减少经常项目赤字,但是,1986 年印度尼西亚的经常项目赤字仍达到 39.11 亿美元。面对严峻的形势,印度尼西亚政府自 20 世纪 80 年代中期以来调整了经济发展战略,由重点实行"进口替代"战略改为重点实行"面向出口"战略,大力促进非石油、天然气产品的出口。与此同时,为了进一步提高工业化的水平,开始实行"第二次进口替代"工业化战略。关于重点实行"面向出口",主要是大力发展出口加工制造业,包括有关木材、橡胶、藤业、食品和纺织业等的出口加工制造业,即大力推进非石油、天然气产品的生产和出口,以改变过去过多地依赖油气生产和出口的经济结构。为了发展出口制造业,印度尼西亚政府规定禁止原材料出口。例如,从 1985 年起,禁止原木出口,要求大力发展木材加工工业;从 1986 年起,禁止藤原料出口,大力发展藤器加工业。到 20 世纪 80 年代后期,由于转换了工业化发展的战略,对产业结构进行了大幅度调整,印度尼西亚的经济已经摆脱了困境,出现了较好的发展势头,不仅出口结构得到明显的改善,而且非石油、天然气产品出口迅速增长,经济进入快速发展时期。如图 3 - 12 所示,1985 年 GDP 的增长速度为 3.48%,1986 ~ 1988 年 GDP 的年均增长率基本保持在 5% ~ 6%,1989 ~ 1991 年更是达到 9% 左右。受亚洲金融危机影响,1998 年印度尼西亚经济陷入衰退,GDP 增长率为 - 13.13%,进入 21 世纪以后,印度尼西亚的经济进入稳定增长时期,GDP 增长速度基本保持在 5% ~ 6%。总体而言,20 世纪 70 年代以来,印度尼西亚的经济发展较快,但由于其工业化的起点比较低,加之政治动荡、石油危机等方面的影响,印度尼西亚的经济发展速度低于泰国和马来西亚。

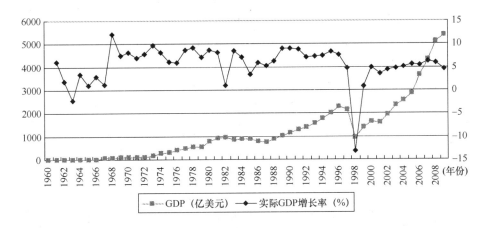

图3-12　第二次世界大战以来印度尼西亚的 GDP 和实际 GDP 增长率

资料来源：世界银行 WDI 数据库（World Bank WDI Database）。

（四）菲律宾经济的起飞

菲律宾是东南亚的一个群岛型国家，共有大小岛屿7107个，面积30万平方公里。1946年，菲律宾摆脱美国的殖民统治，宣告独立。20世纪50年代到60年代初，菲律宾的工业化程度高于其他东亚国家，以1960年为例，菲律宾的工业产值占国民生产总值的比重达28%，同年韩国为20%、泰国为19%、新加坡为18%。但是到了20世纪60年代中期至70年代，菲律宾便丧失了经济发展的动力，具体表现为国内投资与贸易出口不振。就国内投资占国内生产总值的比重而言，菲律宾为21%，仅高于印度尼西亚，低于泰国、马来西亚、韩国、新加坡。与此同时，菲律宾经济发展缓慢，经济增长仅为5.6%，而同期整个东盟国家平均年增长率为7.8%，发展快的新加坡几乎一直保持两位数的增长率。到了1984年，菲律宾人均国内生产总值已远远落后于"四小龙"的新加坡和韩国，也落后于东盟的马来西亚和泰国。[①] 1984~1985年，菲律宾经济全面衰退，陷入经济负增长，其中，1984年的实际 GDP 增长率为 -7.32%，1985年的实际 GDP 增长率为 -7.31%，如图3-13所示。为了促使经济发展走上正轨，菲律宾政府于1986年制定了"中期发展计划"（1987~1992年），把重组社会经济结构作为政策的核心。首先，以促进私有化为中心，推进工业体制改革；其次，

---

① 刘北辰：《菲律宾经济发展进程及前景》，《亚太研究》1993年第3期，第60-61页。

大力推进农村土地改革，提高农业劳动生产率；最后，积极吸引外商直接投资，大力发展加工贸易。1987年，实际GDP增长率回升到4.31%，1988年进一步提高到6.75%，为20世纪80年代的最高水平。相对而言，菲律宾的经济增长速度大大低于其他东亚经济体，究其原因，主要是菲律宾长期的政局动荡和工业化政策方面的失误，1986年以来，虽经调整和改革，但产业结构的变化不大。20世纪80年代后期，泰国、马来西亚、印度尼西亚通过吸纳大量日本与亚洲"四小龙"的资本，带动了本国经济的高速发展。到了20世纪90年代，它们利用外资的能力因工资成本提高、熟练工人短缺、社会基础设施出现"瓶颈"等问题而受到局限，从而给菲律宾出口工业的发展与商品的出口提供了一定的机遇。总体而言，菲律宾从20世纪50年代初步入工业化的轨道，经过40多年的发展，产业结构发生了较大的变化，已由一个农业国转化为工业农业国。可是，尽管菲律宾工业化的起步较早，在东盟四国中基础较好，但由于工业化政策的失误和政局动荡等原因，发展比较曲折，结构转换缓慢，产业结构的总体水平已落后于泰国与马来西亚，大体上和原来较为落后的印度尼西亚处于同等水平。[1]

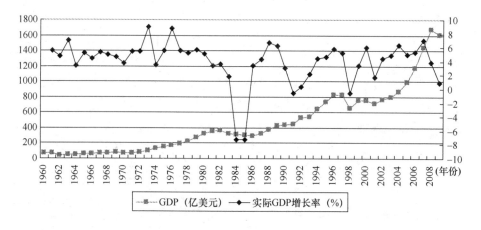

图3-13 第二次世界大战以来菲律宾的GDP和实际GDP增长率

资料来源：世界银行WDI数据库（World Bank WDI Database）。

---

[1] 汪斌：《东亚工业化浪潮中的产业结构研究——兼论中国参与东亚国际分工和产业结构调整》，杭州大学出版社1997年版，第247页。

四、"雁行模式"与国际产业转移浪潮

20世纪50年代以来，美国等发达国家为了巩固其在全球市场的竞争力，先后进行了多次产业结构调整和优化升级，从而引起国际分工格局的改变和国际产业转移的发生，即发达国家或地区通过国际贸易和国际投资等多种方式，将部分产业（主要是制造业或劳动密集型产业）转移到欠发达国家和地区以及发展中国家和地区。正是在这种国际背景下，东亚部分国家或地区抓住了国际产业结构升级换代的机遇，通过及时地转换工业化发展战略，直接对产业结构进行调整，促使东亚各国或地区经济相继起飞。如图3-14所示，第二次世界大战结束以后，世界曾掀起四次国际产业转移浪潮①，并把东亚各国和地区依次卷入其中。由于每次参与的国家或地区和传递、调整的内容不同，东亚各国或地区之间形成了多层次的阶梯状产业结构，从而构建了东亚地区特有的"雁行模式"。

（一）第一次国际产业转移浪潮（20世纪50年代）

第二次世界大战后，世界诸多强国正处于艰难的经济恢复与重建阶段，而美国获得了巨额的战争"红利"，进一步确立了其全球经济和产业技术领先地位，并首先拉开产业结构调整的序幕，成为第一次国际产业转移浪潮中的主角。美国在产业结构调整的过程中，一方面在国内集中力量发展汽车、化工等资本密集型重化工业，另一方面通过贸易与投资等形式将钢铁、纺织等传统产业向其他国家转移。美国是第一次国际产业转移的策源地，其发展战略实际上决定了产业转移的方向，从某种意义上来说，美国对外产业转移是其盟国复兴计划的重要内容。作为美国所谓的三极"工业—资本同盟"之一，东亚地区的日本有效地把握住了这次发展良机，大量引进以来自美国为主的先进设备和技术，一方面大力发展纤维、食品等出口导向

---

① 有学者认为，第二次世界大战以后国际上经历了三次大规模的产业结构调整和转移，如贾根良、梁正等（参见贾根良、梁正等：《东亚模式的新格局》，陕西人民出版社2002年版，第85-86页）；也有学者认为，第二次世界大战结束以后世界曾掀起四次国际产业转移浪潮，如汪斌（参见汪斌：《东亚工业化浪潮中的产业结构研究——兼论中国参与东亚国际分工和产业结构调整》，杭州大学出版社1997年版，第312-317页）。其中，贾根良、梁正等（2002）的划分方法侧重于产业转移的国家或地区，汪斌（1997）的划分方法侧重于产业转移的内容。本书采用汪斌（1997）的划分方法。

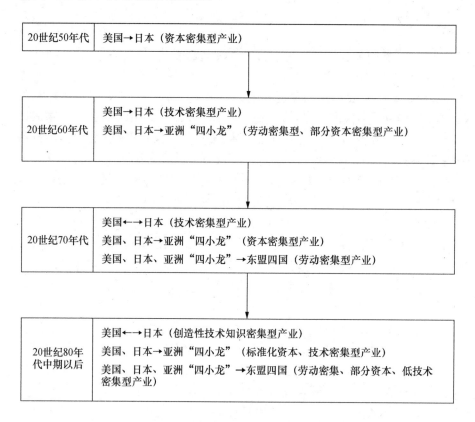

20世纪50年代	美国→日本（资本密集型产业）
20世纪60年代	美国→日本（技术密集型产业） 美国、日本→亚洲"四小龙"（劳动密集型、部分资本密集型产业）
20世纪70年代	美国←→日本（技术密集型产业） 美国、日本→亚洲"四小龙"（资本密集型产业） 美国、日本、亚洲"四小龙"→东盟四国（劳动密集型产业）
20世纪80年代中期以后	美国←→日本（创造性技术知识密集型产业） 美国、日本→亚洲"四小龙"（标准化资本、技术密集型产业） 美国、日本、亚洲"四小龙"→东盟四国（劳动密集、部分资本、低技术密集型产业）

图3-14　"雁行模式"与国际产业转移浪潮

资料来源：汪斌：《东亚工业化浪潮中的产业结构研究——兼论中国参与东亚国际分工和产业结构调整》，杭州大学出版社1997年版，第318页。

型轻纺工业，以进一步积累推动工业化的资本；另一方面则积极扶植面向国内市场的进口替代工业，如钢铁、化工等资本密集型工业和一部分耐用消费品工业，以适应和满足国内扩大生产居民消费所需。随着日本《外资法》的颁布，再加上朝鲜战争的特需景气，技术引进的件数迅速增加，外汇支付额到1955年高达6700万美元。20世纪50年代后期，按照政府的重、化学工业化政策，在引进石油化学联合企业所必需的各种化学工业技术的同时，以家电制品为中心，积极引进了生产消费资料产品所需要的技术。1956～1960年的五年间，日本技术费支付额达到28100万美元，比20世纪50年代前期增加了4.2倍，引进技术件数也是前五年的1.5倍，引进外国技术的要求比以往更为强烈了。但由于1953～1957年所谓国际收支天花板的限制，日本政府不得不对技术引进进行了严格的限制，所以 1958 年外资审议会审查未处理的件数多达 200 件。对引进外国技术的要求如此迅速增强的主要原因，是引进技术后企业的利润显著增加了，获得高利润后又进一步引进技术，这就形成了依靠外国技术的生产体制。① 如表 3 - 3 所示，1950~1959 年，日本引进外国技术 2332 件，其中，引进甲种技术② 1029件，引进乙种技术 1303 件，引进技术累计支付金额 2.545 亿美元。1955 年前后正式扩大最新设备，而且最新设备在全部机械设备中所占比重迅速高于当时欧美发达国家。如 1955 年末至 1964 年末，美国全部机械设备中，使用年限达 10 年以上的占 64%，其中 20 年以上的占 23%；日本同期使用年限 6 年以下的由 42.8% 下降到 27%，而仅仅使用三年的最新设备，从43.3% 飞跃到 56.2%。③ 由于日本当时整体经济相对落后、劳动力成本相对较低，在承接了美国对外转移的产业之后，日本企业的国际竞争力迅速壮大起来，并很快成为全球劳动密集型产品的主要供应者，"日本制造"开始畅销全球。1950 年以后，日本出口贸易的增长渐趋明显。1955 年，以劳动密集型产品为主的出口，42% 集中于亚洲，23% 出口到美洲（主要是美国）。④ 之所以出口到亚洲，是因为当时亚洲特别是东亚的一些国家和地区正处在恢复经济和实施消费品进口替代阶段。⑤

（二）第二次国际产业转移浪潮（20 世纪 60 年代）

第二次国际产业转移浪潮主要发生在 20 世纪 60 年代。在美国的扶持下，日本成功地完成了国民经济的恢复与重建，走上了快速发展的轨道。在第一次国际产业转移浪潮中，日本通过技术贸易引进大量的先进技术，在振

① ［日］安藤哲生：《日本技术贸易的历史发展》（わが国技術貿易の史的展開），刘昌黎译，载日本贸易史研究会编：《日本貿易の史的展開》，三嶺書房 1997 年版。

② 日本引进的外国技术分为两种：一种叫做甲种技术进口，它是根据日本政府《外资法》的规定进口的技术项目，其特点是合同期限都在一年以上，费用以外汇支付，并需经过外资审议会、大藏省等部门批准方可进口；另一种叫做乙种技术进口，它是根据日本政府《外汇及对外贸易管理法》的规定进口的项目，其特点是合同期限为一年以下，费用一般以日元支付，只需经过日本银行批准就可进口。甲种技术是日本引进技术的主要方式。

③ ［日］高桥龟吉：《战后日本经济跃进的根本原因》，宋绍英等译，辽宁人民出版社 1984 年版，第 49 - 51 页。

④ ［日］高桥龟吉：《战后日本经济跃进的根本原因》，宋绍英等译，辽宁人民出版社 1984 年版，第 384 页。

⑤ 汪斌：《东亚工业化浪潮中的产业结构研究——兼论中国参与东亚国际分工和产业结构调整》，杭州大学出版社 1997 年版，第 313 页。

表 3 - 3   第二次世界大战后日本技术贸易汇总

年份	技术贸易额（百万美元）			收支比率	技术输出	技术引进件数		
	收入 A	支付 B	A - B	（A/B）（%）	件数	甲种	乙种	合计
1950	0	2.6	-2.6	0	1	27	49	76
1951	0	6.7	-6.7	0	3	101	87	188
1952	0	9.9	-9.9	0	1	142	110	252
1953	0.1	13.9	-13.8	0.7	9	102	133	235
1954	0.4	15.8	-15.4	2.5	14	82	131	213
1955	0.2	20	-19.8	1.0	8	71	113	184
1956	0.3	33.3	-33.0	0.9	9	143	167	310
1957	0.2	42.6	-42.4	0.5	18	118	136	254
1958	0.7	47.8	-47.1	1.5	31	90	152	242
1959	0.8	61.9	-61.1	1.3	23	153	225	378
1960	2	95	-93	2.4	48	327	261	588
1961	3	113	-110	2.7	48	320	281	601
1962	7	114	-107	6.1	45	328	429	757
1963	7	136	-129	5.1	34	564	573	1137
1964	15	156	141	9.6	66	500	541	1041
1965	17	166	149	10.2	55	472	486	958
1966	19	192	-173	9.9	93	601	552	1153
1967	27	239	212	11.3	76	638	657	1295
1968	34	314	-280	10.8	336	1061	683	1744
1969	46	368	-322	12.5	405	1154	475	1629
1970	59	433	-374	13.6	861	1330	438	1768
1971	60	488	-428	12.3	1227	1546	461	2007
1972	74	572	-498	12.9	1760	1916	487	2403
1973	88	715	-627	12.3	422	1931	519	2450
1974	113	718	-605	15.7	539	1572	521	2093
1975	161	712	-551	22.6	1073	1403	433	1836
1976	173	846	-673	20.4	775	1461	432	1893
1977	253	1027	-794	22.7	897	1527	387	1914
1978	274	1241	-967	22.1	1063	1755	384	2139

续表

年份	技术贸易额（百万美元）			收支比率	技术输出	技术引进件数		
	收入A	支付B	A－B	(A/B)（%）	件数	甲种	乙种	合计
1979	342	1260	－918	27.1	1087	1700	416	2116
1980	378	1439	－1061	26.3	1237	1860	282	2142
1981	537	1711	－1174	31.4	2017	—	—	2076
1982	527	1796	－1269	29.3	2017	—	—	2229
1983	624	2079	－1455	30	2494	—	—	2212
1984	693	2317	－1624	29.9	1824	—	—	2378
1985	746	2522	－1776	29.6	2099	—	—	2436
1986	1009	3375	－2366	29.9	1730	—	—	2361
1987	1385	4117	－2792	33.1	1655	—	—	2709
1988	1681	5076	－3395	33.1	1850	—	—	2834
1989	2189	5455	－3266	40.1	2086	—	—	2898
1990	2582	6004	－3422	43	1570	—	—	3211
1991	2984	6493	－3509	46	2066	—	—	3175
1992	3224	7128	－3904	45.2	1983	—	—	3224

资料来源：科学技术厅科学技术政策研究所编：《外国技术引进的动向分析》，1994 年；科学技术厅
编：《科学技术白皮书》，1968 年、1970 年、1973 年；总务厅统计局编：《科学技术研究调查报
告》，各年版。转引自［日］安藤哲生：《日本技术贸易的历史发展》，刘昌黎译，载日本贸易
史研究会编：《日本貿易の史的展開》，三嶺書房1997 年版。

兴本国劳动密集型产业的同时，顺利承接美国对外转移的资本密集型产业。
到了 20 世纪 60 年代，日本已经进入产业结构调整与升级阶段，一方面继续
引进美国等发达国家的先进技术，承接美国等发达国家对外转移的技术密
集型产业；另一方面开始担任产业转移的"二传手"，把失去比较优势的劳
动密集型产业和部分资本密集型产业向亚洲"四小龙"转移。这期间，美
国、日本集中力量发展钢铁、化工和汽车等资本密集型产业以及电子、航
空航天和生物医疗等技术密集型产业，而亚洲"四小龙"经过 20 世纪 50
年代的进口替代阶段，劳动密集型的轻纺工业已经有了相当程度的发展。
一方面，它们在劳动力的素质和成本以及地理位置等方面相对于其他发展
中国家具有明显优势；另一方面，它们得到了美国及其盟国的政策扶持，

因而成为美国、日本转移劳动密集型传统产业的理想场所。同时，"四小龙"中的韩国和中国台湾还在这一时期利用外部环境提供的机遇，积极扶植发展钢铁、化工、民用机械和家电等进口替代型重化工业。尽管东盟四国也开始加入产业结构调整行列，但它们基本处于第二次国际产业转移浪潮的边缘，采取满足国内需求为主的进口替代型工业化战略，因而亚洲"四小龙"是第二次国际产业转移浪潮的主要得益者。正是在这一时期，出现了战后的"日本经济奇迹"，也造就了亚洲"四小龙"腾飞的"启动机制"。①

（三）第三次国际产业转移浪潮（20世纪70年代）

20世纪70年代，两次石油危机及其间世界性经济危机的爆发，沉重地打击了西方工业发达国家消耗能源较多的重、化学工业，迫使它们努力发展微电子、新能源、新材料等高附加值、低能耗的技术密集型和知识密集型行业，将"重、厚、长、大"型的钢铁、造船和化工等重化工业以及汽车、家电等部分资本密集型产业进一步向外转移。与此同时，由于工资水平的提高，亚洲"四小龙"在劳动力方面的比较优势开始丧失，加之发达国家对轻纺工业产品进口采取限制政策，它们再次担任了产业转移的"二传手"，一方面大力承接和引进美、日等发达国家转移进来的某些资本密集型产业，如钢铁、化工和造船等工业，另一方面开始将失去比较优势的一部分劳动密集型产业转移到东盟四国，以此来实现产业结构的升级和高级化。东盟四国沿着亚洲"四小龙"的发展路径，接过亚洲"四小龙"转移出的劳动密集型产业，将进口替代的轻纺工业纳入出口导向式的发展轨道，创造了良好的出口业绩和经济发展局面。经过第三次国际产业转移浪潮，日本经济进入稳定增长时期，牢牢地占据了仅次于美国的资本主义强国地位，产业结构由资本密集型转向技术密集型，产品结构也由20世纪60年代的"重、厚、长、大"转为"轻、薄、短、小"；亚洲"四小龙"则利用这次调整机会，迅速地发展了重、化学工业（中国香港例外），并且有力地促进了它们的轻工业和部分重化工产品的出口，使其在短时间内实现了工业化，一跃进入新兴工业化国家和地区的行列。总体而言，在这次调整浪潮中，显示了东亚国家或地区适应国际经济环境变化的灵活有效的结构转换能力。②

---

① 汪斌：《东亚工业化浪潮中的产业结构研究——兼论中国参与东亚国际分工和产业结构调整》，杭州大学出版社1997年版，第313－314页。

② 汪斌：《东亚工业化浪潮中的产业结构研究——兼论中国参与东亚国际分工和产业结构调整》，杭州大学出版社1997年版，第314－315页。

（四）第四次国际产业转移浪潮（20 世纪 80 年代中期以后）

1985 年 9 月 22 日，美国、日本、英国、法国、德国五国的财政部长及央行官员等在纽约广场饭店召开会议，达成五国政府联合干预外汇市场的协议，使美元对主要货币特别是日元有秩序地下调，以解决美国巨额的贸易逆差，这就是著名的《广场协议》。随后，日元及亚洲新兴工业化经济的货币大幅度升值，加之国内劳动力成本上升，东亚地区普遍进行了新一轮经济结构调整，从而掀起战后以来的第四次产业转移浪潮。日本一方面在国内大力开发和普及创造性技术知识密集型产业，与美国在高技术产业领域争夺"制高点"，并通过微电子最新技术改造和提高原有产业，以适应国内需求的变化；另一方面继续对外转移失去比较优势的产业，通过进口相关产品来满足国内的消费需求。亚洲"四小龙"经过 20 年左右的高速发展，产业结构调整与升级的压力不断扩大，一方面继续承接日本、美国对外转移的资本密集型产业以及已经实现标准化的技术密集型产业；另一方面进一步把失去比较优势的传统劳动密集型产业向海外转移，从而为后进发展中国家提供了机遇。20 世纪 80 年代中期，东盟四国的出口产品仍以农产品、矿产资源、原料等初级产品为主，为了改变和摆脱初级产品出口易受国际市场供求关系制约的局面，东盟四国开始推行"第二次出口导向型"发展战略，紧紧抓住第四次国际产业转移浪潮带来的机遇，在不放弃利用本国资源优势发展重化工基础产业的同时，大力引进外资和先进技术设备，力求通过产业调整提高本国经济在国际产业分工中的层次和改善出口结构。20 世纪 80 年代中期以来，东盟四国的加工贸易快速发展，甚至部分产品在国际市场上已经取代亚洲"四小龙"的地位。

第四节　东亚国际分工体系重构

20 世纪 60 年代以来，"雁行模式"在东亚地区兴起，促使本地区的经济出现群体性的持续高增长，被世界银行称为"东亚奇迹"。然而，20 世纪 80 年代末，日本经济陷入长期停滞，对东亚经济的带动作用急剧下降；东南亚国家由于危机的爆发和政局的动荡，相继陷入严重的经济衰退，"雁行模式"日渐式微。当然，东亚"雁行模式"的崩溃并不意味着东亚的发展将从此一蹶不振，也不等于东亚模式的终结。尽管东亚"雁行模式"的崩溃使东亚的经济发展陷入一种转型的困境，但同时也给东亚各经济体之间重构分工体系、寻求一种新的区域内增长机制提供了机遇。

一、东亚"雁行模式"的崩溃

随着日本、亚洲"四小龙"、东盟四国经济的相继起飞，"雁行模式"的缺陷逐渐显现，并走向衰落。正如克莱恩（Cline）所说，"当一种发展模式被有限的几个国家采用时，其会产生很好的效果；当一种发展模式被许多国家采用时，这种发展模式将会崩溃。"[①]

（一）"雁行模式"缺乏自主创新机制

"雁行模式"理论作为一种后进国家追赶型的发展模式，并不是一种创新型发展模式。"雁行模式"理论认为，后进工业国主动地以吸收外资和进行贸易的方式，特别是以新产品和新技术的引进作为起点，通过国产化研究和进口替代，最终实现国产化产品的出口，从而完成整个产业的移植过程。后进工业国势必形成两头在外（即需要引进的新产品、新技术和即将出口产品的市场）的局面，必然形成对国外先进技术和设备以及对外产品出口市场和外资的过度依赖。因此，后进工业国和地区的经济发展完全建立在外部条件特别是先进国家的支配之下，外部条件一旦有变，后果将不堪设想，即"雁行模式"理论对于后进国家来说，实际上是一种"高收益、高风险"的发展模式。[②]

东亚各国和地区在经济发展的过程中，基本都把科技立国、依靠科技进步来推动产业结构的升级作为发展战略，但在一定程度上来看，东亚的科技进步不是自主创新型技术进步，更多的是靠技术引进或技术模仿来实现的。根据后发优势理论，经济技术落后的国家，通过引进发达国家的先进技术成果，可以跨过技术创新阶段，直接进入商品化生产阶段，节省创新阶段所需要的投资和时间，更可以超越过时的技术发展周期，直接问鼎新一代的技术成果，而不必重复先发国家技术研发的老路，从而大大缩短

---

① Cline, W. R., "Can the East Asia Model of Development Be Generalized?" *World Development*, Vol. 10, 1982, pp. 81–90.

② 胡俊文：《论"雁行模式"的理论实质及其局限性》，《日本问题研究》1999 年第 4 期，第 6–12 页。

赶超先进国家的路程。以日本为首的东亚国家和地区正是充分利用了技术后发优势才取得了经济奇迹。如日本在战后经济高速增长时期的十几年间，通过技术引进掌握了欧美历时半个多世纪、耗资约 2000 亿美元的先进技术，代价仅花了 60 亿美元。[1] 如表 3-3 所示，1950~1992 年，日本的技术贸易一直处于逆差状态，并呈现出迅速扩大的趋势。这一方面说明日本的自主创新能力弱于其他发达国家，高度依赖美国等发达国家的技术输出；另一方面说明日本在技术转让方面非常保守，对东亚其他国家的技术转让遵循边际优势战略。进入 20 世纪 90 年代以后，日本继续采用将本国的产业结构调整和经济发展嫁接在欧美等国家基础研究和技术开发基础上的战略已经无以为继。特别是以计算机、生物医药为主的高科技产业的发展需要强大的基础研究作支撑，而日本长期以来形成了重技术应用、轻基础研究的科技体制，使其在知识密集型高科技产业竞争中迅速丧失了技术优势。

尽管后进工业国可以通过技术引进和技术模仿实现技术进步，但这是一种不可持续的技术进步。一方面，这容易造成路径依赖，使后进工业国失去自主创新的动力和活力，从而始终与先进工业国保持技术差距；另一方面，这使后进工业国在与先进工业国博弈的过程中处于不利地位，一旦国际环境发生变化，技术的来源可能会面临枯竭，从而导致技术进步后继乏力。实际上，东亚的技术引进渠道主要来自吸收外国直接投资，即依赖跨国公司的技术转移，而跨国公司为了确保其技术垄断优势和防止"飞去来器"效应，对核心技术和新技术总是控制很严，转移到发展中国家的往往是已经过时的成熟技术、非核心技术和生产工艺技术。在这一方面，日本有切身体会。21 世纪初期，美国为了保持在技术方面的优势，提出了基础知识、空间技术、人类基因重组图谱、信息高速公路等一系列产业的竞争计划，与此相对应，日本提出了"技术立国"的口号和以微电子和计算机为中心的发展计划。然而，日本长期以来的技术进步是依靠技术移植型发展模式，长期以来依赖吸收和消化大量欧美基础科研成果并在此基础上创新，以获得技术进步的动力。其研究偏重于技术开发和应用，在基础研究上落后于欧美。据日本科学家估计，日本的科技综合实力仅为美国的一

① 张捷：《奇迹与危机——东亚工业化的结构转型与制度变迁》，广东教育出版社 1999 年版，第 234 页。

半，基础科学知识和技术储备仅有美国的 1/5。在冷战体制解体和世界政治经济多极化形成以后，美日矛盾日益突出，美国严格限制日本对美国研究开发事业的介入，禁止日本参加美国的军事、航天、半导体、生物工程等研究开发领域，阻断了日本在研究开发上的捷径。20 世纪 80 年代末以来，在世界科技竞争中，日本已经被美国远远地抛在后面。日本经济学家估计，在计算机网络上，日本比美国落后 10 年；在硬件制造上，日本落后 10 年以上；在软件设计上，日本几乎到了崩溃的边缘。①

克鲁格曼对东亚奇迹的认识则更为绝对，将其称为没有技术进步的"神话"。一般来说，经济增长有两个来源：一是投入增加，包括就业的扩大、工人教育水平的提高以及机器、厂房、道路等实物资本的增加；二是单位投入产出增长，短期因素主要是更好的管理或更有效的经济政策，长期因素主要是知识的增加。一个国家人均收入持续增长只有在每个单位投入的产出增长的情况下才能实现；反之，只增加要素投入，不提高要素的使用效率，必然导致边际生产力递减，依靠增加要素投入驱动的经济增长必然会面临"瓶颈"。克鲁格曼认为，亚洲新兴工业化国家的经济高速增长，主要是依靠劳动力和资本的大量投入来实现的，而生产效率的提高非常有限。以新加坡为例，1966 ~ 1990 年，新加坡经济年均增长率高达 8.5%，是美国的 3 倍，人均收入年均增长 6.6%，几乎每 10 年增加 1 倍。但同期就业人数占总人口的比例从 20% 上升至 51%，1966 年一半以上的工人未受过任何正规教育，而 1990 年 2/3 的工人完成了中学教育。另外，新加坡经济"奇迹"更重要的原因是在实物资本上的巨大投资，投资占产出的比例从 11% 增至 40%。由于今后新加坡就业人口不可能再翻番，劳动力教育水平也无法再有很大提高，40% 的投资比例也不会增至 70%，因此，今后新加坡不可能达到像过去那样高的经济增长率。克鲁格曼认为，其他经济高速发展的东亚国家之所以没有取得像新加坡那样高的增长率，是因为这些国家没有像新加坡那样在劳动力投入、教育水平、投资水平上增加那么多，但同新加坡一样，它们在效率上并没有多大改善。②

（二）日本"雁头"效应削弱

"雁行模式"是一种经济相继起飞、产业梯度转移的发展模式，其要求

---

① 世界经济年鉴编辑委员会：《世界经济年鉴》，人民出版社 1996 年版，第 513 页。
② Krugman, P., "The Myth of Asia's Miracle", *Foreign Affairs*, Vol. 73, 1994, pp. 62 – 78.

"雁头"国家经济必须保持稳定增长，并不断进行产业结构调整和升级，对"雁身"、"雁尾"的经济增长和产业结构调整发挥领导和带动作用。20 世纪 60 年代到 80 年代中期，日本作为东亚经济规模最大、经济实力最强的国家，其经济保持了强劲的增长势头，并带动了东亚其他国家或地区的经济增长。然而，20 世纪 80 年代末，由于泡沫经济破灭，日本进入长达 10 年的经济衰退期。期间，国内需求低迷，日元不断贬值，经济增长再度转向依靠出口支撑，进口却增长缓慢，对外直接投资也由于企业的财务状况恶化而停滞不前。在亚洲金融危机期间，日本虽然表示愿意出资 300 亿美元援助东盟国家，但又听凭日元贬值，这对已经遭受金融危机严重冲击的东亚货币无疑是雪上加霜。与此同时，日本的一些跨国企业为弥补母公司的亏损或资金不足大量从东南亚撤资，也招致当地政府的不满，对日本的信任大打折扣。种种迹象表明，日本的经济状况已使其难以继续充当"雁头"的角色。

首先，日本对高新技术产业的判断不足，特别是信息技术产业发展迟缓，从而导致东亚地区的产业结构调整与转移受阻。20 世纪 90 年代以后，伴随着知识经济时代的到来，以信息、生物、纳米技术为代表的高科技革命席卷全球。头号经济强国美国迅速将高科技产业和信息服务业作为产业结构调整的新目标且成效显著，连续九年实现经济快速增长。然而，身为世界第二经济大国的日本，由于在技术创新上长期依赖对欧美基础科研成果的吸收和消化，其自身的基础研究实力相对薄弱，因而对这一新趋势反应迟缓。当美国产业结构向高科技和知识信息产业迅速转换时，尽管日本在新产品和新产业开发和创新上有所进展，但是受基础科学研究水平的制约，尚未形成高科技主导型的产业结构，并且由于受所谓"产业空心化"的困扰，在产业结构调整上犹豫不决，影响了日本国内产业结构调整的步伐，阻碍其新一轮的产业结构调整和升级，进而减缓国内边际产业和技术向外转移的速度，最终削弱日本的雁头效应。与此同时，美国和欧盟主要国家在坚实的科技力量支撑下，调整了经济发展战略，把部分技术密集型产业未经过日本直接向东亚其他国家或地区转移，从而进一步削弱了日本的雁头效应。据《太平洋经济展望》研究报告显示，1993 年东亚地区吸收外来投资累计总额的 51.82% 是来自日本和"四小龙"，美国和欧共体的投资比重分别为 13.46% 和 11.96%；到 1996 年，日本和"四小龙"的投资比重下降到

41.05%，而美国和欧共体的投资比重上升到 21.47% 和 14.77%。[①]

其次，日本在对东亚地区的技术转移方面表现得越来越保守。面对东亚其他国家在经济上的快速追赶，日本岛国经济的自私和危机心理有所膨胀，担心自身亚洲经济霸主地位受到动摇。由于对"产业空心化"的担忧以及国内失业率的增长，20 世纪 90 年代中期以来日本对东亚的直接投资已陷入胶着乃至萎缩的状态。特别是为了保持日本的技术优势，日本企业技术转让的态度变得越来越保守，它们向东亚地区转移的大多是成熟的装配型机电工业，而产品开发、高技术的关键零部件和投资品生产则始终保留在国内，甚至部分日本企业公开声称对亚洲国家必须保持 10～15 年的技术差距。日本科学技术厅在 1996 年 2 月 2 日公布的《日本产业科学技术发展报告》中指出，随着韩国、中国台湾地区、新加坡和中国产业技术引进和开发的持续上升，韩国在半导体和电子器械等产业，中国台湾地区在计算机以及机械、石油化工产业，中国在电子仪器、仪表等产业上的技术水平在 21 世纪可能赶上日本。在东亚国家和地区看来，日本的投资者不如欧美的投资者在技术转让方面积极主动，其转让的技术水准也不符合东道国和地区产业结构优化的要求，因而对日本的技术转让普遍持批评态度。日本从主观上减缓了对东亚地区的技术转移，削弱了日本的雁头效应，使"雁行模式"失去了发展动力和继续存在下去的必要条件。

（三）东亚各经济体之间同构性竞争加剧

在一定的技术条件下，经济在发展的过程中通过专业化和社会分工会形成一定的产业结构，而产业结构在一定意义上又决定了经济的增长方式。[②] 这意味着，一个国家在不同的发展阶段，需要选择不同的产业作为经济增长的发力点，即一个国家的产业结构将一直处在一个变换调整的过程中。从一个国家或地区的经济发展来看，"雁行模式"的本质是通过产业结构调整来促进经济发展模式转变，即东亚各经济体都经历了主导产业变化和升级的过程，从劳动密集型产业不断向资本密集型产业、技术密集型产业转换。

随着亚洲"四小龙"和东盟国家的经济增长和产业升级，它们同日本

---

① 赵曙东：《日本首雁效应的衰落——对雁行模式的再反思》，《南京大学学报》1999 年第 3 期，第 170－176 页。

② 刘伟、李绍荣：《产业结构与经济增长》，《中国工业经济》2002 年第 5 期，第 14－21 页。

的产业结构差异在逐步缩小，导致产业间的互补性减少，竞争性增加。如表3-4、表3-5所示，以贸易额位列前20位的产品为例：对于日本与亚洲"四小龙"之间的贸易而言，1970年双方的贸易总额为33.0亿美元，其中相同产品累计占29.3%；到1980年，这一比例上升到42.1%；到1990年，这一比例高达48.0%。对于日本与东盟四国之间的贸易而言，1970年双方的贸易总额为31.7亿美元，其中相同产品累计占6.1%；到1980年，这一比例上升到12.6%；到1990年，这一比例上升到18.9%。由此可以看出，东亚各经济体之间的同构竞争在不断加剧，并且出口相同产品的结构呈现出高级化的趋势。这意味着，"雁行模式"所揭示的产业间分工格局正在被打破。

表3-4　日本和亚洲"四小龙"进出口贸易中相同产品品种的变化

单位：百万美元

1970 年		1980 年		1990 年	
品种	贸易额	品种	贸易额	品种	贸易额
纺织用线	593	钢铁	2882	电气机械	11929
电气机械	219	电气机械	2579	通信、录音设备	5787
纺织用纤维	110	纺织用线、织物	1966	钢铁	5244
非金属矿物制品	44	通信、录音设备	1302	办公自动化设备	3469
A. 相同品种累计	966	精密机械	1071	纺织用线、织物	3104
B. 贸易合计	3300	有机化合物	852	石油及制品	3102
A/B（%）	29.3	非金属矿物制品	501	精密机械	2778
		A. 相同品种累计	11153	有机化合物	2287
		B. 贸易合计	26468	非金属矿物制品	1776
		A/B（%）	42.1	A. 相同品种累计	39476
				B. 贸易合计	82229
				A/B（%）	48.0

注：贸易额＝出口额＋进口额。

资料来源：汪斌：《东亚工业化浪潮中的产业结构研究——兼论中国参与东亚国际分工和产业结构调整》，杭州大学出版社1997年版，第342页。

表 3 - 5　日本和东盟四国进出口贸易中相同产品品种的变化

单位：百万美元

1970 年		1980 年		1990 年	
品种	贸易额	品种	贸易额	品种	贸易额
非铁金属	126	钢铁	1612	电气机械	3247
纺织用纤维	38	电气机械	771	一般机械及零部件	2149
非金属矿物制品	29	非铁金属	707	通信、录音设备	1189
A. 相同品种累计	193	纺织用线、织物	363	非铁金属	827
B. 贸易合计	3174	非金属矿物制品	179	办公自动化设备	738
A/B（%）	6.1	A. 相同品种累计	3632	非金属矿物制品	686
		B. 贸易合计	28823	A. 相同品种累计	8836
		A/B（%）	12.6	B. 贸易合计	46651
				A/B（%）	18.9

注：贸易额 = 出口额 + 进口额。

资料来源：汪斌：《东亚工业化浪潮中的产业结构研究——兼论中国参与东亚国际分工和产业结构调整》，杭州大学出版社 1997 年版，第 343 页。

　　总体而言，"雁行模式"是一种后进工业国以更快的速度赶超先进工业国的发展模式，这种模式只是区域工业化进程中一种过渡性的产业分工模式，其终结是历史的必然。① 2001 年 5 月 18 日，日本政府在题为《面对 21 世纪对外经济政策挑战》的贸易白皮书中指出，近年来，中国不仅在具有比较优势的劳动密集型产业方面接受外商直接投资，而且在信息相关产业等技术密集型产业方面也广泛接受海外直接投资，生产基地不断扩大，结果使基于发展阶段的产业分工体制开始解体，包括尖端产业在内的竞争更趋激烈。由于中国的崛起，过去按照日本→亚洲"四小龙"→东盟各国→中国的依次追赶顺序被打乱。该白皮书明确承认，日本充当亚洲经济发展领头雁的"雁行模式"已经崩溃，取而代之的是急速成长的中国经济，并预言亚洲从此将进入真正的"大竞争时代"。一方面，中国没有像"雁行模

———————
① 张捷：《奇迹与危机——东亚工业化的结构转型与制度变迁》，广东教育出版社 1999 年版，第 241 页。

式"提示的那样，而是越过了通常从劳动密集型向资本密集型产业发展的阶段，某种程度上在高新技术领域也具有独特的优势；另一方面，中国跨越了日本→亚洲"四小龙"→东盟各国→中国这一发展顺序，似乎已经对东盟各国带来了挑战。① 东亚"雁行模式"于 20 世纪 90 年代初达到高潮，之后逐渐淡出人们的视野。②

二、东亚区域生产网络的形成

20 世纪 90 年代以来，特别是 1997 年亚洲金融危机爆发以后，日本已经无法担任东亚经济增长的"火车头"角色。东南亚国家由于金融危机的爆发和政局的动荡，相继陷入严重的经济衰退。相对而言，中国积极融入东亚的地区分工中，通过承接日本、韩国、新加坡、中国香港和中国台湾等国家或地区失去比较优势的劳动密集型生产环节，加工贸易得到了快速发展，经济表现出了持续的活力，从而使东亚地区的经济增长方式和分工组织结构发生了深刻的变化。据中国海关的相关统计资料显示，1995 年的加工贸易出口占中国出口贸易的 49.5%，在此之后基本保持在 55% 左右；1995 年的加工贸易进口占中国进口贸易的 44.42%，在此之后基本维持在 40% 左右。

随着零部件、中间品贸易所占比例的增加，东亚地区逐渐形成了区域生产与服务网络，即产品生产被细分为多个生产环节，并由多个国家协作完成。东亚区域生产网络已经并将继续对东亚地区现在以及未来经济增长产生影响，原因在于它创造了一种"平行发展"模式，它不同于传统的基于技术垂直和层级转移的"雁行模式"。③ 这种发展模式又被称为"竹节型资本主义"（Bamboo Capitalism），即通过相互衔接，使各经济体之间"一节一节地长高"，其根本特征是以外商直接投资、零部件和中间品贸易为纽带，在东亚地区创造了多样性和充满活力的产业群链。供给链划分得越细，

---

① ［日］黑田笃郎：《中国制造》，东洋经济新报社 2001 年版。参见关志雄：《从美国市场看"中国制造"的实力——以信息技术产品为中心》，《国际经济评论》2002 年第 4 期，第 5－12 页。

② Kasahara, Shigehisa, "The Flying Geese Paradigm: A Critical Study of Its Application to East Asia Regional Development", UNCTAD Discussion Paper No. 169, 2004.

③ Zhang Yunling, "The Future Perspective of East Asia FTA", http: // www. rieti. go. jp/en/events/bbl/05102401. pdf.

在地域上分布得越广，新企业的扩散就越迅速、越壮大。[1] 中国被认为是"生产网络中的一个核心环节"。例如，2001 年日本为东亚提供了装配部件 30% 的份额，而中国为该地区提供了 20% 的份额。对于一些经济体来说，从中国进口零部件的比例非常高，日本是 36.7%，韩国是 21.1%，中国香港是 45.5%。随着生产网络的进一步深化，所占份额应该还会进一步增加，这有助于东亚减少生产成本并为未来经济繁荣积蓄新的力量。[2]

如表 3 - 6 所示，东亚地区的产业内贸易指数呈现出不断上升的趋势，从 1971 年的 24.04% 上升到 1996 年的 50.43%，这意味着东亚的产业结构正在趋同，同时也说明，随着东亚各国和地区之间比较优势的变化，出现了一个由垂直分工与水平分工交织并存、分工程度不断加深、分工密度不断细化，总体上由垂直分工向水平分工方向发展的动态过程。吴和叶慈（Ng & Yeats）认为，目前东亚国际分工体系的特点是"生产共享"（Production - Sharing），利用零部件的贸易数据对东亚地区生产共享的性质和发展程度进行的实证研究显示，处于不同发展阶段的东亚国家在生产价值链的不同区段进行专业化分工，日本及新型工业化国家专业化生产零部件和中间品、东盟各国和中国则在零部件组装方面实现专业化。[3] 尽管零部件不是中间投入品的全部，但是运用这种方法有助于避免中间投入品的界定问题，并且可以直接获得按国际贸易标准分类（SITC 分类）的贸易数据，从而可以较为准确地测度东亚区域生产网络流的发展现状和趋势。拉尔、阿巴拉迪赫和张（Lall, Albaladejo & Zhang）通过把贸易商品分为成品和零部件，分析了东亚地区电子产业和汽车产业的生产网络现象，并与拉美地区做了比较。[4] 爱舒考瑞拉和山下（Athukorala & Yamashita）研究发现，东盟各国已经逐渐从专业化组装零部件向专业化生产部分零部件的生产区段转移。基于这样的分工体系，越来越多的产品生产被划分为多个生产工序，

[1] David Roland - Holst, Iwan Azi and Li Gang Liu, "Regionalism and Globalism: East and Southeast Asia Trade Relations in Wake of China's WTO Accession", ADB Institute Research Paper Series No. XX, 2003, p. 16.
[2] 张蕴岭：《中国同东亚的经济一体化与合作》，《当代亚太》2006 年第 1 期，第 3 - 12 页。
[3] Ng, Francis and A. Yeats, "Production Sharing in East Asia: Who Does What for Whom, and Why?" The World Bank Policy Research Working Paper No. 2197, 1999.
[4] Lall, Sanjaya, Manuel Albaladejo and Jinkang Zhang, "Mapping Fragmentation: Electronics and Automobiles in East Asia and Latin America", *Oxford Development Studies*, *Taylor and Francis Journals*, Vol. 32, 2004, pp. 407 - 432.

东亚其他发展中国家在密集使用劳动力的零部件、中间品生产环节及组装环节进行专业化分工，亚洲"四小龙"在资本密集型及少量技术密集型的零部件、中间品生产环节进行专业化分工，日本则在技术密集型的设计、研发和零部件、中间品生产环节进行专业化分工。① 由此可以看出，20 世纪 90 年代以来，东亚的分工体系正在从产业间分工向产业内分工、产品内分工转变，东亚区域生产网络改变了原有的以最终产品为基础的产业分工方式，为东亚国家和地区，特别是后进发展中国家提供了新的产业发展契机。

表3-6　东亚分工模式的变化情况　　　　　　单位:%

年份	IIT	IT	HIIT	VIIT	年份	IIT	IT	HIIT	VIIT
1971	24.04	75.96	16.44	7.60	1984	39.23	60.77	28.27	10.97
1972	28.99	71.01	24.22	4.77	1985	40.00	60.00	18.41	21.59
1973	31.58	68.42	26.60	4.98	1986	41.71	58.29	24.23	17.48
1974	30.82	69.18	22.21	8.61	1987	44.48	55.52	34.71	9.78
1975	27.73	72.27	14.90	12.83	1988	45.35	54.65	35.37	9.63
1976	31.89	68.11	24.92	6.97	1989	45.96	54.04	32.73	13.23
1977	30.83	69.17	23.30	7.53	1990	46.76	53.24	30.39	16.36
1978	31.78	68.22	27.09	4.69	1991	47.92	52.08	34.13	13.78
1979	34.62	65.38	27.49	7.12	1992	44.51	55.49	27.65	16.86
1980	34.62	65.38	23.23	11.39	1993	43.26	56.74	29.60	13.67
1981	33.91	66.09	17.95	15.96	1994	43.98	56.02	34.61	9.37
1982	35.92	64.08	18.00	17.92	1995	46.60	53.40	35.90	10.70
1983	34.82	65.18	19.16	15.66	1996	50.43	49.57	20.62	29.81

注: IIT 是一种动态的 Grubel - Lloyd 指数测度方法，其计算方法为: $IT_t = 1 - IIT_t$。其中，IT 为产业间贸易（Inter - Industry Trade）；IIT 为产业内贸易（Intra - Industry Trade）；HIIT 为水平产业内贸易（Horizontal Intra - Industry Trade）；VIIT 为垂直产业内贸易（Vertical Intra - Industry Trade）。

资料来源: Thorpe, M. and Z. Zhang, "Study of the Measurement and Determinants of Intra - Industry Trade in East Asia", *Asia Economic Journal*, Vol. 19, 2005, pp. 231 - 247.

①　Athukorala, Prema - chandra and Nobuaki Yamashita, "Production Fragmentation and Trade Integration: East Asia in a Global Context", *The North American Journal of Economics and Finance*, Vol. 17, 2006, pp. 233 - 256.

随着国际分工不断深化，东亚地区内部形成的网络分工体系将在不断调整中得以发展与完善。这种网络分工体系，一方面将日本、亚洲"四小龙"、东盟、中国等东亚国家或地区的经济发展紧密联系起来，形成东亚区域生产网络；另一方面，东亚区域生产网络将东亚地区与其他地区的经济发展紧密联系起来，形成全球生产网络。这种不断扩展的网络化与一体化分工体系，不仅涉及新兴产业，也囊括传统领域，在包括纺织、汽车、电子和信息技术在内的众多领域，东亚地区各经济体企业间的跨境联系日益增强，其所形成的"复杂纷繁的生产关系正在重新打造地区内部以及地区以外的经济关系和潜在的政治关系"。这种新的生产网络体系将大大改变以往地区贸易与投资以及各国的发展模式。①

第五节　小结

本章回顾了东亚经济的发展历程和国际分工体系的演化。第二次世界大战后，美国为了巩固资本主义阵营的势力，实施了盟国复兴战略，分别针对欧洲和日本制订了马歇尔计划和道奇计划。日本在美国的扶持下，成功实施了出口导向型经济发展战略，国民经济得到迅速恢复和发展。随着本国经济的复兴，日本开始逐步向东亚地区进行直接投资，建立了以日本为核心的"雁行模式"，促使东亚经济出现群体性的持续高增长，被世界银行称为"东亚奇迹"。然而，20世纪80年代末，日本经济陷入长期停滞，对东亚经济的带动作用急剧下降，雁头效应逐渐被削弱；东南亚国家由于危机的爆发和政局的动荡，相继陷入严重的经济衰退；中国没有像"雁行模式"提示的那样，而是越过了通常从劳动密集型向资本密集型产业发展的阶段，某种程度上在高新技术领域也具有独特的优势。自此，东亚"雁行模式"日渐式微。当然，东亚"雁行模式"的崩溃并不意味着东亚的发展将从此一蹶不振，也不等于东亚模式的终结。尽管东亚"雁行模式"的崩溃使东亚的经济发展陷入一种转型的困境，但同时也给东亚各经济体之间重构分工体系、寻求一种新的区域内增长机制提供了机遇。20世纪90年

---

① 魏燕慎：《"雁行模式"式微　多元分工格局初现》，《当代亚太》2002年第7期，第29－32页。

代以来，东亚的国际分工体系经历了从产业间分工、产业内分工向产品内分工的转变，东亚区域生产网络改变了原有的以最终产品为基础的产业分工方式，为东亚国家和地区，特别是后进发展中国家提供了新的产业发展契机。从一定程度上来说，东亚区域生产网络脱胎于"雁行模式"，是对"雁行模式"的发展和超越。

第四章 东亚区域生产网络形成的动因

伴随科学技术的进步和经济全球化进程的加快，国际分工进一步深化，国际分工体系由产业间分工、产业内分工逐渐走向产品内分工，世界生产体系由此演化为全球化生产网络。目前，世界上主要存在三个区域性国际生产网络，分别为美国与墨西哥之间的北美区域生产网络、德国与东欧国家（捷克、匈牙利等）之间的中东欧区域生产网络、东亚各经济体之间的东亚区域生产网络。无论从覆盖国家或地区的数量来看，还是从区域经济发展中的作用来看，东亚区域生产网络的发展程度都远远超过北美区域生产网络、中东欧区域生产网络。20世纪80年代中期以来，东亚区域内贸易快速增长，特别是以零部件、中间品贸易为基础的产品内贸易高速增长，不仅为东亚地区经济增长注入了新活力，而且在世界经济增长中发挥了越来越重要的作用。为什么国际生产网络"钟情"于东亚地区？东亚地区为国际生产网络的形成与发展创造了哪些有利条件？本章将分析东亚区域生产网络形成的动因。其中，第一节从理论上分析国际生产网络的决定因素；第二节分析东亚区域生产网络形成的外部动因；第三节分析东亚区域生产网络形成的内部动因。

第一节 国际生产网络的决定因素分析

国际生产网络可以分为两个维度：空间维度和组织维度。空间维度是指生产经营活动在哪里开展，主要表现为生产活动空间布局；组织维度是指跨国公司如何组织生产，主要表现为企业间垂直非一体化。

一、国际生产网络的二维模型

在国际生产体系中,由于一个产品的生产可以分为多个环节,各环节之间的联系将变得更加重要。琼斯和基尔茨科斯基(Jones & Kierzkowski)把产品的生产流程分为两类:制造环节(Production Block)和服务链(Service Link)。如图4-1所示,从A到D基本反映了生产流程分解和国际生产体系的演进。

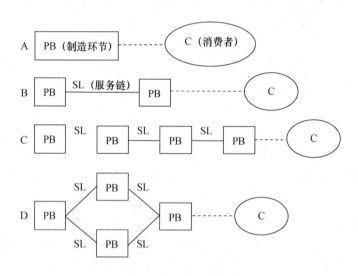

图4-1 生产流程分解与国际生产体系演进

资料来源:Jones, R. W. and H. Kierzkowski, "The Role of Services in Production and International Trade: A Theoretical Framework", in R. W. Jones and A. O. Krueger, eds. , *The Political Economy of International Trade: Festschrift in Honor of Robert Baldwin*, Oxford: Basil Blackwell, 1990, pp. 31 - 48.

在琼斯和基尔茨科斯基的基础上,越来越多的学者开始对国际生产网络的形成与发展进行理论研究和经验分析。为了分析国际生产网络的形成机制,木村和安藤(Kimura & Ando)提出了二维分析框架:空间布局和组织选择。如图4-2所示,横轴表示制造环节原始位置与新区位之间的"物理距离"(Physical Distance)。当距离较近时,整个生产活动将在一个国家内部完成,可以称之为"国内分散生产"(Domestic Fragmentation);当距离较远时,整个生产活动将跨越国界,可以称之为"跨境分散生产"(Cross -

Border Fragmentation）。纵轴表示企业的"不可控性"（Uncontrollability），即沿着纵轴方向，领导者对相关制造环节的控制力逐渐减弱。当领导者的控制力较强时，整个生产活动将在一个企业内部完成，可以称之为"垂直一体化"（Vertical Integration）；当领导者的控制力较弱时，整个生产活动将由多个企业协作完成，可以称之为"垂直非一体化"（Vertical Disintegration）。

　　实际上，图4-2的两个坐标轴就是企业的两类决策：一是整个生产活动是在国内完成还是跨国完成；二是自己投资生产还是外包生产。这两个决策的不同组合会产生四种形式，分别为国内垂直一体化、国内外包、跨国垂直一体化、跨国外包。前两者就是国际生产网络的基本方式，从一定意义上来说，后两者可以看作前两者向国外扩展的结果。[①]

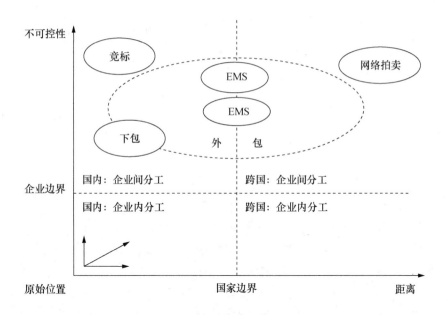

图4-2　国际生产网络的二维模型

资料来源：Kimura, F. and M. Ando, "Two-Dimensional Fragmentation in East Asia: Conceptual Framework and Empirics", *International Review of Economics and Finance*, Vol. 14. , 2005, p. 319.

---

① 姚枝仲：《国际生产网络：理论与问题》，载李向阳编：《国际经济前沿问题（上）》，社会科学文献出版社2007年版，第1-38页。

二、国际生产网络的空间布局

国际生产网络的空间布局，主要是为了更有效地利用不同国家的资源和能力，实现成本的节约和效益的提升。

（一）比较优势与国际生产网络

亚当·斯密认为，分工是市场交换的基础，也是促进劳动生产率提高的最主要因素。各国如果都选择具有绝对优势的产品进行专业化生产并相互贸易，那么贸易双方的福利都将得到改善。[①] 然而，根据绝对优势理论，那些在所有产品生产方面都处于绝对劣势的国家将无法参与国际分工。李嘉图（Ricardo）对此进行了批判并指出，国际分工的基础并非来源于劳动生产率的绝对差别，而是来源于劳动生产率的相对差别。每个国家都应集中生产并出口具有比较优势的产品，进口具有比较劣势的产品，即"两利相权取其重，两弊相权取其轻"，通过国际分工和贸易，贸易双方的福利仍然得到改善。[②] 赫克歇尔（Heckscher）、俄林（Ohlin）进一步研究发现，劳动生产率的差别并非决定国际分工的唯一要素，资本、土地等其他要素也对国际分工产生重要影响。劳动力充裕的应该出口劳动密集型产品，进口资本密集型产品，而资本充裕的国家应该出口资本密集型产品，进口劳动密集型产品。[③] 随后，建立在劳动生产率差异和要素禀赋差异基础上的比较优势理论构成了国际贸易理论的重要支柱，始终作为世界各国参与国际分工的原则，影响着大多数国家的贸易战略选择和贸易政策制定。

限于时代背景关系，传统的比较优势理论主要论述了完整产品之间的贸易，并没有论及产品生产流程分离的情况，即一种产品的所有生产流程集中在一个国家完成。具体包括三种情况：第一，产品的生产流程仅仅包含一道工序；第二，虽然存在两种或两种以上的工序，但是各个工序间的要素投入比例是相同的，因而产品加权要素投入比例与个别工序比例相同；

① Smith，A.，*An Inquiry into the Nature and Causes of the Wealth of Nations*，Chicago：University of Chicago Press，1776.

② Ricardo，D.，*On the Principles of Political Economy and Taxation*，John Murray，1817.

③ Heckscher，E.，"The Effect of Foreign Trade on the Distribution of Income"，Cambridge，Ma：*Ekonomisk Tidskrift*，1919，pp. 497 – 512；Ohlin，B.，*Interregional and International Trade*，Harvard University Press，1933.

第三，虽然存在不同工序，并且各工序要素投入比例不同，但是由于工艺和技术原因，不同工序不能在空间上分离，或者分离成本很高。其中，任何一种情况发生，国际生产体系都无法建立。[①]

实际上，随着科学技术的进步，产品变得更加精密和复杂，产品生产走向模块化，从而使产品内国际分工成为可能。国际分工的深化非但没有动摇比较优势理论的基础地位，反而丰富了其内涵，即把一种产品的生产分解成若干环节，并根据各环节的特点选择具有比较优势的区位，从而生产效率会进一步提高，相关国家的福利都将得到改善。因此，比较优势是决定国际生产网络空间布局的重要因素之一。发达国家拥有技术、市场、销售、资本等方面的比较优势，主要负责国际生产网络中的研发、设计、品牌、营销等环节；而发展中国家往往在劳动力等方面具有比较优势，主要负责国际生产网络中的生产、制造、加工、组装等环节。

（二）规模经济与国际生产网络

20世纪60年代以后，学者相继研究发现，传统的贸易理论无法解释大量工业化国家之间的贸易。凡登（Verdoorn）在考察比荷卢经济联盟内部的贸易形式变化时，发现三个国家专业化分工发生在同一产业的不同分支之间。[②] 巴拉萨（Balassa）通过对欧共体形成后各成员国贸易现状进行分析时指出，欧共体各国的贸易增长大部分是发生在国际贸易商品标准分类的商品组内，而不是在商品组之间。[③] 格鲁贝尔和劳埃德（Grubel & Lloyd）研究发现，大量工业化国家之间的贸易并不是反映具有比较优势的产业间贸易，而是反映产业内部存在专业化分工和双向国际贸易的现象，[④] 从而使产业内贸易研究成为国际贸易的核心问题之一。

20世纪70年代末，以克鲁格曼为代表的学者相继对产业内贸易的成因进行了深入的研究。克鲁格曼对比较优势理论的苛刻假设主要做了两个方面的修改：首先，放弃规模收益不变的假定，认为企业生产呈现出规模报

① 卢锋：《产品内分工：一个分析框架》，北京大学中国经济研究中心，No. C2004005，2004年。

② Verdoorn，P. J.，"The Intra‐Block Trade of Benelux"，In E. A. G. Robinson，eds.，*Economic Conse-quences of the Size of Nations*，London：MacMillan and Co. Ltd.，1960，pp. 291‐329.

③ Balassa，B.，"Tariff Reductions and Trade in Manufactures among the Industrial Countries"，*The Ameri-can Economic Review*，Vol. 56，1966，pp. 466‐473.

④ Grubel，H. G. and P. J. Lloyd，*Intra‐Industry Trade：The Theory and Measurement of International Trade in Differentiated Products*，London：Macmillan，1975.

酬递增的特征；其次，放弃完全竞争市场的假定，认为大多数企业处于垄断竞争的环境中。研究结果显示，即使两个国家的劳动生产率和要素禀赋相似，在规模报酬递增和不完全竞争市场的前提下，两国依然可以通过国际分工和国际贸易获得福利改善。① 与比较优势理论遇到的情况类似，尽管规模经济理论最初论述的仅仅是完整产品之间的贸易，但其核心观点在国际生产网络中依然成立。相关国家专注一种产品的某一环节并融入国际生产体系，企业规模的扩张将进一步降低生产成本，从而提高资源配置效率。

规模经济可以分为内部规模经济和外部规模经济两种。内部规模经济是指单位产品成本取决于单个厂商规模；外部规模经济是指单位产品成本取决于行业规模。克鲁格曼所说的规模经济主要是内部规模经济，关于外部规模经济的分析可以追溯到马歇尔（Marshall）对产业地区化的解释。② 马歇尔认为，处于产业集聚区的企业比单个企业更有效率，主要有三方面的原因：首先，大量相关产业的企业集聚于一个区域，可以形成专业技术工人共享的劳动力市场，降低企业搜寻人才的成本；其次，产业集聚可以产生庞大的中间品市场，培育大量专业化供应商，这不仅促进生产效率的提高，而且使企业之间的关系更加紧密；最后，在产业中心，信息的传递更为便捷，可以产生较强的技术外溢效应。随着国际分工的不断深化和企业间竞争的不断加剧，集聚区的产业将面临动态调整，处于价值链高端的企业可以通过创新进一步巩固自身的核心竞争力，处于价值链低端的企业需要重新选择成本更低的区位，从而形成新的产业集聚区。本质上，国际生产网络是产业集聚区不断分化的结果，或者说是产业集聚区的国际化。

总体而言，规模经济是决定国际生产网络空间布局的重要因素。尽管内部规模经济并不能直接决定国际生产网络的空间布局，但其可以强化比较优势的影响。而外部规模经济主要是指大量从事相关产业的企业集聚在一起，每个企业的经济环境都将获得改善，整体竞争力将会增强。因此，一个国家的经济环境决定了其融入国际生产网络的程度；一个国家的经济发展水平决定了其在国际生产网络中所处的位置。从一定程度上来说，世界经济增长速度较快的地区，更容易形成区域性生产网络；经济发展水平

---

① Krugman, P. R., "Increasing Returns, Monopolistic Competition and Optimum International Trade", *Journal of International Economics*, Vol. 9, 1979, pp. 469 - 479.

② Marshall, A., *Principles of Economics*, London: Macmillan, 1920.

越高的国家，越容易占据国际生产网络的高端。

三、国际生产网络的组织选择

比较优势和规模经济主要解释了国际生产网络的空间布局，但无法解释国际生产网络的组织选择。跨国公司是国际生产网络的主导者，其获得零部件和中间品甚至最终产品可以有不同的选择，既可以通过垂直一体化的企业内部生产，也可以通过垂直非一体化的其他企业生产。关于国际生产网络的组织选择，学术界分别从交易成本和不完全合约角度进行了研究。

（一）交易成本与国际生产网络

在新古典经济学分析框架中，市场是万能的，所有的经济活动都可以通过价格机制来完成，正如阿瑟·索尔特爵士对经济体制的描述，"正常的经济体制自行运行。它的日常运行不在集中控制之下，它不需要中央的监察。就人类活动和人类需要的整个领域而言，供给根据需求而调整，生产根据消费而调整，这个过程是自动的、有弹性的和反应灵敏的"。这实际上暗含了一个假定——交易是无摩擦的。"然而，假如生产是由价格机制调节的，生产就能在根本不存在任何组织的情况下进行，面对这一事实，我们要问：组织（企业）为什么存在？"① 为此，科斯（Coase）提出交易成本的概念，即建立企业有利可图的主要原因似乎是，利用价格机制是有成本的，其主要包括发现相对价格的成本、发生每一笔交易的谈判和签约费用及利用价格机制存在的其他方面的成本。科斯认为，企业存在的关键在于节省交易成本。首先，企业可以减少合约的数量；其次，企业可以通过长期合约代替若干短期合约；最后，企业节省市场交易环节的销售税。当然，这种交易成本的节省并不是无限制的，随着企业规模的扩张，当企业内部组织一笔额外交易的成本等于通过在公开市场上完成同一笔交易的成本或在另一个企业中组织同样交易的成本时，企业的边界也就决定了。

在此基础上，威廉姆森进一步指出，从企业外部的市场交易行为到企业内部的等级控制体系是一个连续渐变的组织结构变化谱线，谱线的一端是完全自由竞争市场，另一端是完全受权威控制的企业内部管理等级结构，

---

① Coase, R. H., "The Nature of the Firm", *Economica*, Vol. 4, 1937, pp. 386 – 405.

企业制度化的交易行为必定在该谱线的某一点实现交易成本的平衡。① 这意味着，市场与企业之间并不是完全隔绝的，而是存在许多渐变的中间性组织——网络组织。自此，经济学界对经济组织的划分由企业—市场两分法转变为企业—网络—市场三分法。关于三种组织的边界如何界定，威廉姆森认为，可以用交易的不确定性、交易频率和资产专用性之间的不同匹配程度来解释，这三个交易特质指标是决定交易成本的关键因素。②

（1）所谓交易的不确定性，是指交易的可预测程度，其意义在于使适应性、连续性的决策成为必要。不确定性主要来自消费者偏好、自然灾害、政府政策等因素的影响以及交易主体的机会主义。不确定性越大，签订合约就越艰难，交易成本就越大。

（2）所谓交易频率，是指特定时期的交易次数，其对交易效率的影响主要表现为建立一种保留中间品市场而非一体化的专门性规制结构。

（3）所谓资产专用性，是指资产在没有价值损失的前提下能够被不同的使用者用于不同投资场合的能力。资产专用性通过影响人的行为属性来影响交易成本的高低，因为经济活动中人具有有限理性和机会主义倾向。其中，前者主要表现为人类收集和处理信息的能力有限，因此决策时难免有不周到之处；后者主要表现为人在利益的驱动下可能会做出损人利己的事情。

如表4-1所示，三个交易特质的不同组合，可以使不同的经济组织产生不同的绩效。当交易的不确定性、交易频率和资产专用性都较低时，市场组织是资源配置最有效率的方式；当交易的不确定性、交易频率和资产专用性都较高时，企业组织是资源配置最有效率的方式；当交易的不确定性、交易频率和资产专用性介于上述两者之间时，双边、多边和混合的网络组织是资源配置最有效率的方式。③ 从合作角度来看，中间组织（网络）是企业与市场相互渗透并且相互作用的一种制度安排，是一种效率较高的企业合作制度，比市场稳定，比科层灵活，信用程度高，主要依靠关系、信任和承诺来进行协调。在典型的市场经济中，市场组织、网络组织、企

① Williamson, O. E., *Markets and Hierarchies: Analysis and Antitrust Implications*, New York: Free Press, 1975.

② Williamson, O. E., "Transaction - Cost Economics: The Governance of Contractual Relations", *Journal of Law and Economics*, Vol. 22, 1979, pp. 223 -261.

③ 吴德进：《产业集群论》，社会科学文献出版社2006年版，第91-92页。

业组织是并存的，它们在不同的环境下发挥各自的作用，并通过相互联结促进整个经济的运行。[1]

表4-1　企业组织、网络组织与市场组织的关系

	三个交易特质指标			最有效率的经济组织
	交易的不确定性	交易频率	资产专用性	
程度	高	高	高	企业组织
	中等	中等	中等	网络组织
	低	低	低	市场组织

资料来源：根据相关资料绘制。参见吴德进：《产业集群论》，社会科学文献出版社2006年版，第91-92页。

（二）不完全合约与国际生产网络

现代企业理论认为，企业是"一系列合约的联结"。然而，由于人们的有限理性、信息的不完全性及交易事项的不确定性等因素的存在，界定所有的特殊权利的成本过高，拟定完全合约是不可能的，不完全合约（Incomplete Contracts）是必然和经常存在的。

格罗斯曼和哈特（Grossman & Hart）把所有的特殊权利分为明确（Specific）的权利和剩余权利两类。其中，明确的权利就是指在合约中被明确规定的权利，而没有被明确规定的权利就是剩余权利。在契约中，可预见、可实施的权利对资源配置并不重要，关键的应是那些契约中未提及的资产用法的控制权利——剩余控制权（Residual Rights of Control）。由于合约是不完全的，交易的一方将不能获得关系专用投资所带来的全部收益，并且担心另一方在重新谈判阶段会对自己进行"敲竹杠"（Hold Up），从而导致其关系专用投资低于最优水平。所谓关系专用投资，是指专门或主要为与某一方交易进行的投资活动，"如果双方的经济关系长期延续，它就可能创造价值；如果双方的关系破裂，它就不会创造价值"。[2]当两个经济行为主体进入一种交易关系，资产被用来创造收入，而要在合约中列出所有关于资产的特殊权利的费用极高时，最合适的做法就是一方将另一方兼并，即

---

① 李恒：《基于FDI的产业集群研究》，社会科学文献出版社2008年版，第93-97页。

② Hart, O., *Firms, Contracts and Fiancial Structure*, Oxford：Oxford University Press, 1995, p. 29.

一方把另一方的剩余权利都购买过去。但是，剩余权利对购买方来说是一种收益，对另一方却是一种损失，这就不可避免地造成激励机制的扭曲。这意味着，一种有效率的剩余权利的配置必须是购买者激励上所获得的收益能够充分弥补售出者激励上的损失。

哈特和莫尔（Hart & Moore）对格罗斯曼和哈特的理论模型进行了拓展。他们通过放宽假定，即一项资产可以被若干人使用，其中，某些人拥有产权（雇主），而另外一些人（雇员）没有产权，着重考察了一体化的条件下，雇员的激励水平是如何变化的。这些理论以合约的不完全性为研究起点，以财产权或（剩余）控制权的最佳配置为研究目的，因而被称作"不完全合约理论"，又被称作 Grossman – Hart – Moore 模型。不完全合约理论是对交易成本理论的批判与发展，两者的分歧主要在于对合约的理解方法不同。不完全合约理论强调合约的激励作用，而交易成本理论强调合约的适应性作用。

随后，格罗斯曼和赫尔普曼（Grossman & Helpman）把不完全合约理论应用到对国际生产网络的分析中。① 假定存在南北两个国家，南国的劳动力成本和技术水平低于北国。出于生产成本的考虑，北国的企业将在北国设计和组装最终产品，但零部件在南国生产。尽管这样的空间布局是显而易见的，但企业还面临着国际生产体系的组织选择，即通过 FDI 还是外包。相对而言，FDI 可以获得所有权优势，避免不完全合约下关系专用投资不足的问题，但可能由于管理难度的提高和丧失专业化利益而造成更高的零部件生产成本；外包具有相对较高的生产效率，但在不完全合约环境下将带来较高的匹配成本。格罗斯曼和赫尔普曼的结论如表 4 – 2 所示：①外包容易在零部件供应商与最终产品生产商差距较小的情况下发生，而 FDI 容易在双方技术差距较大、供应商投资意愿和能力不足的情况下发生；②市场厚度越大，最终产品生产商越容易找到合适的零部件供应商，发生外包的可能性越大；③交通、信息等基础设施越好的国家，搜寻合作伙伴的成本越低，发生外包的可能性越大；④合约环境越好，关系专用投资越多，发生外包

① Grossman, G. M. and E. Helpman, "Integration versus Outsourcing in Industry Equilibrium", *Quarterly Journal of Economics*, Vol. 117, 2002, pp. 85 – 120; Grossman, G. M. and E. Helpman, "Outsourcing versus FDI in Industry Equilibrium", *Journal of the European Economic Association*, Vol. 1, 2003, pp. 317 – 327; Grossman, G. M. and E. Helpman, "Outsourcing in a Global Economy", *Review of Economic Studies*, Vol. 72, 2005, pp. 135 – 159.

的可能性越大。

表 4-2　国际生产体系的组织选择：FDI 与外包

国际生产体系的组织选择	影响因素			
	技术差距	市场厚度	基础设施	合约环境
FDI	较大	较小	较差	较差
外包	较小	较大	较好	较好

资料来源：根据相关资料绘制。

第二节　东亚区域生产网络形成的外部动因

东亚区域生产网络的形成有其特定的时代背景，特别是离不开经济全球化的发展趋势。其中，科技进步促使生产分散化和模块化，交通与信息技术进步降低服务联系成本，WTO/GATT 推动贸易与投资自由化，这些为东亚区域生产网络的形成与发展创造了有利的外部环境。

一、科技进步促使生产分散化和模块化

科技进步对国际分工的影响是多方面的，它不仅影响了产品本身的技术特点、工艺可分性等生产因素，也使运输费用、信息交换成本等分工组织成本大幅降低，使国际分工从产业间、产业内进一步深化到产品内，推动了产品内国际分工的快速发展。

（一）科技进步与生产流程充分分离

从国际分工范畴来看，国际生产网络的本质是产品内分工。实现产品内分工的基本前提是一个完整的产品生产过程具有可分离性，而生产技术支持这种分离。一般来说，产品生产过程的分离包括两个方面的含义：空间分离与时间分离。其中，空间分离指生产过程可以分散到世界各地进行，或者说若干个生产工序可以在全球范围内展开；时间分离是指一个产品的生产过程可以不连续，即不同的工序可以在不同的时间内完成。如果企业可以将内部的某些生产环节分离出去，或者说从价值链体系的某些环节中

撤离出来，转而依靠外部供应商来供应所需的产品、支持服务或者职能活动，则称该产品的生产具有分离性；反之，如果生产过程在技术上相互依赖，在时间上与空间上需要直接进行自然接触，或在技术协作上需要进行流水线作业（如化工、冶金等行业部分产品的生产），而无法进行零部件与组件可分离的制造活动，则称该产品的生产不具有可分离性。当某种产品的生产不具有可分离性时，即使不同地点的生产成本与交易成本存在差异或者发生变化，也不能进行产品内分工和产品内贸易。产品的生产过程能分为多少生产阶段，拆分开来需要多少零部件，部件的生产需要经过多少工艺加工阶段，需要什么质量的售后服务，显然不同产品具有不同的特点。这意味着，有些产品易于拆分，有些产品的生产过程则因生产特点与技术状况不易拆分。按照产品可分离程度的差异，不同行业的不同产品发生产品内贸易的可能性及强度存在明显差别。一般而言，机械产品、运输产品、电子产品、纺织服装等行业在技术上表现出较高的分离性，本身容易实现生产的时空分离，因此这些行业的产品内贸易相对发达；而化工、冶金行业在生产产品时因技术上不易分离，如铸铁与炼钢就需要生产过程的一体化，因为熔化的铸铁需要直接进入炼钢炉才会节约热能，分散化生产反而不经济，所以这些行业的产品内贸易程度相对较低。[1] 在其他条件给定时，不同生产区段的分离性越大，产品内分工的潜在可能性和实现强度越大。

从一定程度来看，科学技术水平决定了一个产品可被分解的最小单位的大小，从而间接地影响到产品内分工的深度。琼斯和基尔茨科斯基提出了"技术说"，认为技术进步是推动垂直专业化发展的重要原因。[2] 不可分的各个生产环节集中在一个企业内是垂直一体化，如果在技术工艺上具有一定的可分离性，各个环节的生产就能由不同国家的不同企业分别进行，这就产生了垂直专业化（生产非一体化）。随着科技水平的提高，产品生产环节的细化过程愈演愈烈，尤其是进入成熟生命周期的产品，一部分生产环节的中间品或零部件已经可以实现标准化生产，加上外在成本控制的诱因，跨越国界的垂直生产体系和交易系统成为可能。因此，科技革命提高了产品的技术水平，使一个企业、一个国家很少能全面开发新产品，而是

① 田文：《产品内贸易论》，经济科学出版社 2006 年版，第 76 页。
② Jones, R. and H. Kierzkowski, "Horizontal Aspects of Vertical Fragmentation", in L. Cheng and H. Kierzkowski, eds., *Global Production and Trade in East Asia*, Kluwer Academic Publishers, 2001, pp. 33 –51.

进行产品零部件开发的国际合作，促进了产品内部的分工。

（二）科技进步与产品生产模块化

科学技术的进步使得价值链可以被分割成不连续的工序，但这并不必然导致产品内贸易，只有当这些产品的生产过程被分离到以独立的模块为最小单位时，产品内贸易才会成为可能。产品生产环节的细化过程伴随科技发展而不断推进，科学技术的进步引致制造业生产过程出现了一些新的特点，"模块化"生产方式的出现便是其中之一。"模块时代"（An Age of Modularity）最早见于鲍德温和克拉克（Baldwin & Clark）在1997年发表的论文《模块时代的经营》①，并被学术界广泛接受和采纳。

鲍德温和克拉克指出，"模块化"是组织设计复杂的产品或过程的有效战略之一。"模块化系统"由各单元（或模块）构成，虽然它是独立设计的，但它和统一的系统一样可以发挥作用。设计者通过区分"看得见的设计规则"和"隐形的设计规则"来实现模块化。所谓"看得见的设计规则"（也叫做"明确规定的设计规则"），是影响下一步设计决策的决策，其最好在开始设计的阶段就能确定，并且向参与设计者广泛地宣传。"明确规定的设计规则"可以分为以下三种：一是结构——确定哪些模块是系统的构成要素，它们是怎样发挥作用的；二是界面——详细规定模块如何相互作用，模块相互之间的位置如何安排、联系，如何交换信息等；三是标准——（X模块在系统里是否能发挥作用）检验模块是否符合设计规则，（X模块为何比Y模块好）测定模块的性能。所谓"隐形的设计规则"（也叫做"隐藏起来的信息"），是一种仅限于一个模块之内，对其他模块的设计没有影响的决策。这种模块内的决定，可以被替代或事后再选择，没有必要和该设计团队成员以外的人商量。鲍德温和克拉克列举了模块化在电脑、汽车、金融服务业的应用以及一些大公司竞争的案例，旨在说明世界已经进入"模块化"的大发展时期。在此基础上，关志雄进一步指出，"所谓模块化就是将产业链中的每道工序分别按一定的'块'进行调整和分割。如个人电脑分别按照硬盘或者显示器的'块'进行模块化生产，模块经过组合以后，个人电脑的生产便告完成。一般而言，实现模块化的产业就每个模块

① Baldwin, C. Y. and K. B. Clark, "Managing in an Age of Modularity", *Harvard Business Review*, Vol. 75, 1997, pp. 84–93. 中译本载［日］青木昌彦、安藤情彦编：《模块时代：新产业结构的本质》，周国荣译，上海远东出版社2003年版，第28–52页。

事先已经确定设计规则和机能，并在此范围内开展业务。同时，它具有一定的自由度，只要符合规则，便可采用任何方法或者零部件。而且，各个模块的工序既不受其他模块工序的影响，也不会影响其他模块工序。因此，实现模块化以后，无论是分割各个生产流程，向不同的企业采购，还是专业化生产特定的模块，都已变得轻而易举"。① 青木昌彦认为，"'模块'是指半自律性的子系统，通过和其他同样的子系统按照一定的规则相互联系而构成的更加复杂的系统或过程。而且，将一个复杂的系统或过程按照一定的联系规则分解为可进行独立设计的半自律性的子系统的行为，我们称为'模块分解化'。按照某种联系规则将可以进行独立设计的子系统（模块）统一起来，构成更加复杂的系统或过程的行为，我们称为'模块集中化'"。②

20 世纪 90 年代以来，模块化生产方式之所以盛行并引起人们的广泛关注，其原因主要表现在以下三个方面：①随着科学技术的进步，产品构造变得更加精密和复杂，即分解复杂的系统所得到的模块本身就是一个复杂的系统。在亚当·斯密时代，尽管制针可以分为抽丝、拉直、截断、削尖、装针头等多个工序，但每一道工序都是极其简单的作业，因而无法进行模块化生产。相反，笔记本电脑可以分解为驱动系统、液晶显示屏、操作系统、沟通装置等模块，而每个模块都是一个复杂的子系统，可以进一步分解为更小的活动单元。而且，相当复杂的操作能够组成一个封闭的模块，是因为各种模块的操作主体的信息处理能力和操作能力有了很大的提高。这说明，模块自身的复杂化是与信息技术共同进化发展的。②模块的联系规则不断进化发展。在鲍德温和克拉克研究的 IBM/360 型电脑的设计中，系统设计的模块化和每个模块的设计所必须遵循的联系规则是"中央集权"式设计出来的，即整体系统都是事先（Exante）构思好的，每个模块的设计都必须严格遵循"中央"的要求。由于"中央集权"式设计无法完全预测各个模块在设计过程中可能发生的不确定性和相互联系产生的外部效果，上级系统的设计者和个别模块的设计者之间、各个模块的设计者之间需要加强信息交流，从而对系统联系规则进行不断的修正和调整。③由于模块

---

① 关志雄：《模块化与中国的工业发展》，日本经济产业研究所网站，2002 年 8 月 16 日，http: // www. rieti. go. jp/users/kan - si - yu/cn/c020816. html。

② ［日］青木昌彦：《产业结构的模块化理论》，载青木昌彦、安藤晴彦编：《模块时代：新产业结构的本质》，周国荣译，上海远东出版社 2003 年版，第 3 - 25 页。

化生产网络有关产品的技术规格作为"看得见的设计规则"是公开的，而设计每个模块所必需的信息处理过程能够包含在模块内部，即每个模块的设计信息都被"隐藏起来"（Hidden）或被"浓缩化"（Eneapsulated）了，成为"隐形的设计规则"。

模块化生产方式保证了各模块设计者的创新自由度，只要符合设计规则，就可以把制造过程按照模块化设计原理进行编码化分类（如"看得见的设计规则"和"隐形的设计规则"）。企业通过外包模块或从市场上向不同的企业采购相同的部件来及时满足特定的市场和顾客需求，可以采用任何方法或模块组合产品，这就为价值链上增加了新的自然断点，使得价值链可以分解为一系列不连续的生产阶段，而不必把产品的所有生产工序都集中于一个企业内部进行。对生产工序进行模块化分解，企业便可以专业化于产品生产过程中某一部件、组件的批量生产，例如，个人电脑的组件包括硬盘、显示器、声卡、显卡、键盘等，依据不同部件要素配置比例的不同，按照不同的块在不同的地点组织生产，最后将各部分统统集中到某地进行组装实现最终产品的生产，而且，将各个工序加以分割，组成企业之间的生产网络，生产效率会更高。随着大规模生产方式向模块化生产方式的演变，工业时代传统的假设、原则和价值观念的主体已经过时。知识和信息在知识时代成为主要的生产要素，它们不同于物质资产最大的一个特点就是所有权可以和生产者、所有者相分离，是"可分离的信息资产"，可用于交易。① 在信息技术革命背景下，数字化生产技术和模块化技术分解了生产过程，创造了新的生产方式，使企业可以专注于自己有优势的或关键的生产模块，而将其他生产模块置于生产成本较低或有这方面生产优势的国家进行。模块化的出现与发展，使得越来越多的跨国公司将资源集中在产品价值链中收益高的上游环节和下游环节（研究与开发、销售与市场等），而将收益低的中间环节（生产制造、加工装配）转移到发展中国家的企业进行，这一过程的结果就是发展中国家开始逐渐参与到产品国际生产的过程中，从而增加了可贸易的维度，诱发了国际生产网络的形成。

① 信息资产可以分为两类：一类是不可分离的信息资产，即固化在人身上的信息加工技能，不能和个人分开，通常指人力资本。另一类是可分离的信息资产，如软件、数码内容、发明等。它们的所有权可以和它们的生产者相分离，用于交易。当然，这些信息产品交易的前提是确定其所有权，否则就不可能进行交易。参见青木昌彦：《比较制度分析》，周黎安译，上海远东出版社2001年版，第122页。

二、交通与信息技术进步降低联系成本

随着交通、信息技术的不断进步，生产者服务业的快速发展使电信、物流、保险等服务行业所提供服务产品的价格不断降低，而服务范围和质量却在逐渐提高，这就使得连接产品生产的各个模块的服务链成本不断下降，从而促进了高效的产品价值链全球布局的形成，并且最终推动全球生产网络的出现与发展。

（一）交通技术进步与运输成本降低

在国际生产网络中，大量的零部件、中间品将在多个国家或地区之间多次流转甚至是反复流转，频繁的远程运输将产生高额的运输成本。萨缪尔森（Samuelson）深入分析了运输成本对国际贸易的影响，并创造性地提出了冰山成本（Iceberg Cost）的概念。[①] 萨缪尔森认为，由于空间距离的存在，货物的空间转移是需要耗费成本的，这相当于货物在国家之间运输时，有一部分货物没有到达目的地，这一部分没有到达的货物就像冰山在运输过程中被融化了一样。随后，大量的经济地理学和空间经济学模型均把距离因素处理为"冰山融化"式运输成本。

下面我们用一个简单的冰山成本模型来分析交通技术进步对东亚区域生产网络的影响。假定：①运输 1 单位的货物，到达目的地的部分为 g（其中，$0 < g < 1$），其他部分 $1 - g$ 在运输途中被损耗掉。g 越小，说明国家之间的距离越远，运输技术水平越低；反之，g 越大，说明国家之间的距离越短，运输技术水平越高。②一个产品的生产分为 $n + 1$ 个阶段，即中间品和零部件需要在国家之间运输 n 次。此时，每生产 1 单位的最终产品，运输成本为 $f(n, g) = 1 - g^n$。显而易见，$df(n, g)/dn > 0$，即随着分工阶段 n 的增加，运输成本不断增加；$d^2f(n, g)/dn < 0$，即随着分工阶段 n 的增加，运输成本增加速度降低；$df(n, g)/dg < 0$，即随着交通技术的进步或运输距离的缩短，运输成本不断降低。在真实世界中，各国之间的空间距离是既定的，因而运输成本的降低主要源于交通技术的进步。

一般来说，零部件、中间品流转的次数越多，运输成本相应越高。因

---

① Samuelson, P. A., "The Transfer Problem and Transport Costs: The Terms of Trade When Impediments Are Absent", *The Economic Journal*, Vol. 62, 1952, pp. 278 - 304.

此，交通技术进步将会产生运输成本的多重降低效应，并促进国际生产网络的形成与发展。目前，运输工具主要包括三种类型，分别为海洋运输、陆路运输和航空运输。其中，对国际分工和国际贸易发挥关键作用的是海洋运输和航空运输。

海洋运输又称"国际海洋货物运输"，是使用船舶通过海上航道在不同国家和地区的港口之间运送货物的一种方式。随着船舶制造技术的快速发展，加上全球特有的地理条件，海洋运输成为国际贸易中最重要的运输方式，货物运输量占全部国际货物运输量的比例在 80% 以上。朗德格仁（Lundgren）研究了炭、谷物和铁矿三种干燥大宗物品（Dry Bulk Commodities）的海洋运输成本变动情况，认为当代海上运输技术进步使平均运费成本降低了 65% ~ 70%，其革命意义可与 19 世纪汽船替代帆船相比，堪称海洋运输的"第三次革命"。[①]

实际上，当代海洋运输效率提高不仅表现为运价降低，还表现为运输质量的提高，特别是以集装箱为载运工具的国际海运货物数量快速增长，集装箱化运输成为运输领域的一场革命。如图 4 - 3 所示，世界集装箱货运总量从 2000 年的 66 百万标准集装箱增加到 2008 年的 143 百万标准集装箱，增长了 117%。集装箱货运量的快速增长极大地缩短了远洋运输的时间。从 20 世纪 60 年代后期和 70 年代开始的集装箱化运输方法，使远洋运输船队速度平均加快一倍，到 1998 年远洋运输平均每次货物运输时间缩短到 20 天左右。[②] 海运速度的提高大幅度降低了运输时间成本，使得大宗商品的运输变得更为便利，促进了国际生产网络的形成与发展。

一般而言，海运时间相对较长，不利于运输对时间要求较高的商品。而航空运输与其他运输手段相比，可以大大缩短运输时间，而且随着技术的进步，空运成本下降很快。赫梅尔斯（Hummels）从两个方面考察了航空运输成本的变化情况：①按照世界航空运输统计（World Air Transport Statistics，WATS）提供的"平均每吨公里运费收入"（Average Revenue Relative to Ton - Kilometers）指标，从 20 世纪 50 年代到 90 年代中期，每吨货物每公里的运费收入下降了 90%。②按照国际民用航空组织（International Civil

---

① Lundgren, N. G., "Bulk Trade and Maritime Transport Costs: The Evolution of Global Markets", *Resources Policy*, Vol. 22, 1996, pp. 5 - 32.

② Hummels, D., J. Ishii and K. M. Yi, "The Nature and Growth of Vertical Specialization in World Trade", *Journal of International Economics*, Vol. 54, 2001, pp. 75 - 96.

Aviation Organization，ICAO）提供的"国际航空运输票价和运费调查"指标，1973～1980年，每公斤运输价格年均上升了0.73%，但是按照价值计算的运费年均下降了7.41%；1980～1993年，每公斤运输价格年均下降了2.73%，按照价值计算的运费年均下降了1.3%。航空运输提高了货物运输的速度，改善了运输的效率。从贸易商评价角度看，制成品贸易平均节省一天时间，相当于降低0.8个百分点从价税。因此，航空运输手段可以缩短运输的时间成本，促进国际生产网络的形成与发展。

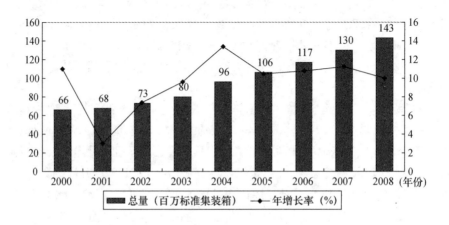

图4-3　世界集装箱贸易量的变化情况

资料来源：根据Clarkson研究公司相关数据整理而得。

（二）信息技术进步与信息成本降低

世界范围的信息流动是形成国际生产网络的重要驱动力，而信息技术是信息传递的载体。信息技术（Information Technology，IT）是用于管理和处理信息所采用的各种技术的总称，它主要是应用计算机科学和通信技术来设计、开发、安装和实施信息系统及应用软件。信息技术也常被称为信息和通信技术（Information and Communications Technology，ICT），主要包括传感技术、计算机技术和通信技术。

20世纪90年代以来，计算机、互联网、移动通信等信息技术取得了重大突破，以信息高速公路的建立与应用为特点的信息技术革命大幅度降低了远距离信息交流的成本，改变了传统的生产组织方式，把世界各国的经济社会活动紧密地联系在一起，预示着人类社会真正进入了经济全球化时代。当代信息革命及信息成本大幅度降低，既是当代经济全球化的表现，又是促进国际分工深化的重要推动因素，其主要体现在以下三个方面：①电话、电视等近代已出现的传统通信手段的普及和改进；②以计算机、互联网、移动电话为代表的全新通信方式的出现和发展；③新旧通信手段之间相互渗透和融合，其中尤其以第二点变革最具有当代含义。[1] 从某种意义上来看，电话的资费标准变化可以反映信息传递成本的降低情况。电话在 19 世纪 70 年代就已出现，1927 年开通连接大西洋两岸的无线电国际电话业务，当时通话价格是每 3 分钟 15 英镑，换算为 1990 年美元价格则高达每 3 分钟 250 美元左右。1956 年敷设第一条跨越大西洋的专门电话电缆，1957 年敷设第一条专门跨越太平洋的电缆，最初这两根电缆提供不到 100 条声音线路。到 1986 年，跨越大西洋的声音线路达到 10 万条，跨越太平洋的声音线路达到 41000 条；到 1996 年，跨越大西洋的声音线路超过 200 万条，跨越太平洋的声音线路将近 110 万条。20 世纪 90 年代后期，跨越大西洋的电缆声音线路的资本成本约为 0.01 美分/分钟，加上其他成本大约为 25 美分/分钟。[2] 随着互联网的普及与发展，互联网电话迅速兴起，充分显示了互联网整合不同通信方法的强大功能。目前，国外互联网电话市场上，15 美元左右资费能够购买到 400～600 分钟国际通话时间，约合 2.5～3.75 美分/分钟，仅是常规电话的零头。[3]

在信息经济时代，电子商务用电子单证代替传统的纸面单证，减少了单证的重复录入，简化了业务流程，使贸易双方的交易更为便捷，提高了工作效率。据相关统计资料显示，使用 EDI 处理单证的费用是使用书面形式所需费用的 1/10，文件传递速度提高了 81%，文件处理成本降低了 38%，因差错造成的损失减少了 40%。[4] 现代信息工具的出现及广泛运用，使买卖双方可以通过网络直接交流，无须贸易中介的参与，参与交易的各方只需支付较低的网络通信和管理费用就可获得、存储、交换和处理信息，

---

① 卢锋：《产品内分工：一个分析框架》，No. C2004005，北京大学中国经济研究中心，2004 年。

② 戴维·赫尔德、安东尼·麦克格鲁、戴维·戈尔德布莱特、乔纳森·佩拉顿：《全球大变革：全球化时代的政治、经济与文化》，杨雪冬、周红云、陈家刚、褚松燕译，社会科学文献出版社 2001 年版，第 479 页；Cairncross, F., *The Death of Distance*: *How the Communication Revolution Will Change Our Lives*, Boston, Ma: Harvard Business School Press, 1997, pp. 27 - 31.

③ 卢锋：《产品内分工：一个分析框架》，No. C2004005，北京大学中国经济研究中心，2004 年。

④ 王有刚、龚映梅：《论电子商务对国际贸易带来的影响》，《商业研究》2004 年第 18 期，第 177 - 178 页。

这不仅大大便利了贸易商之间的相互沟通，有效地提高了协调地理上和组织上分散的价值链的可能性，同时大幅度降低了信息成本，从而显著地降低了"服务联结成本"，为国际生产网络的形成创造了有利的条件。

三、WTO/GATT 推动贸易与投资自由化

WTO 是当代最重要的国际经济组织之一，旨在建立一个完整的，包括货物贸易、服务贸易及相关投资、知识产权等内容的，更具活力更持久的多边贸易体系，促进贸易与投资自由化和便利化，并为 WTO 各成员提供一个公平、公正解决经贸纠纷的场所，被誉为"经济领域的联合国"。

（一）WTO/GATT 与国际贸易自由化

在国际生产网络中，上游生产环节与下游生产环节的协作需要通过国际贸易形式来完成。在完成最终产品之前，大量的零部件、中间品将在多个国家或地区流转，这一方面导致贸易额急剧增长，另一方面使得关税等贸易壁垒产生多重效应。一般来说，零部件、中间品跨境贸易的次数越多，贸易壁垒对国际生产网络的影响越大。

第二次世界大战结束后，为了解决复杂的国际经济问题，制定国际贸易政策成为各国面临的重要任务。1947 年 10 月 30 日，中国、美国、英国、法国等 23 个国家在日内瓦签署了《关税及贸易总协定》（General Agreement on Tariffs and Trade，GATT）。从性质上来看，GATT 是一个政府间缔结的有关关税和贸易规则的多边国际协定，旨在通过削减关税和其他贸易壁垒，消除国际贸易中的差别待遇，促进国际贸易自由化，以充分利用世界资源，扩大商品的生产与流通。由于未能达到 GATT 规定的生效条件，GATT 一直通过《临时适用议定书》的形式产生临时适用的效力。在近半个世纪的历程中，GATT 的内容经过多次修改、充实，缔约方也由初始时的 23 个增加到 1994 年底的 125 个，缔约方之间的贸易额在全球贸易额中所占的比例不断增加，并达到 90% 以上。

由于 GATT 只是一个"临时性"协议，不具有严格的法律基础地位，也未经各缔约国立法机构的审议和批准，因而对缔约方不具有严格的法律约束力，这也影响了 GATT 在推动多边国际合作方面的权威性和公正性。1994 年 4 月，在摩洛哥的马拉喀什市举行的 GATT 乌拉圭回合部长会议决定成立更具全球性的世界贸易组织。1995 年 1 月 1 日，具有独立法人资格的

WTO 正式成立，与联合国等国际组织处于平等地位。WTO 的职责范围除了 GATT 原有的组织实施多边贸易协议以及提供多边贸易谈判场所和作为一个论坛之外，还负责定期审议其成员的贸易政策和统一处理成员之间产生的贸易争端，并负责加强国际货币基金组织和世界银行的合作，以实现全球经济决策的一致性。WTO 继承了 GATT 的基本原则，并在所管辖的服务贸易、与贸易有关的知识产权以及与贸易有关的投资措施等新的领域中予以适用和发展，从而形成 WTO 的九大基本原则[①]，期望通过达成互惠互利的安排，切实降低关税和其他贸易壁垒，建立一个完整的、更具活力和持久性的多边贸易体系。WTO 自 1995 年成立以来，总体运行状况良好，克服了 GATT 的许多先天不足，建立了一套可供遵循的世界贸易法律体系，为各成员发展贸易、消除误解、增进了解和解决争端提供了机制和场所。在 WTO 的推动下，贸易自由化进程不断加快，关税水平稳步降低。其中，工业国家对进口制成品所征收的平均关税从 1980 年的 10% 降到目前的 3% 左右；同期，发展中国家的平均关税由 25% ~30% 降至 13% 左右。

在国际生产网络中，由于大量零部件、中间品将会多次进出海关，即便是稍微高一点的关税也可能大大阻碍全球垂直专业化分工生产网络的建立，所以参与国际生产网络的企业需要把总体关税水平控制在 5% 以内。[②]汉森、马塔罗尼和斯洛特（Hanson，Mataloni & Slaughter）利用美国跨国公司的有关数据，分析了关税水平对国际生产网络的影响，结果显示，关税水平是决定垂直专业化程度的重要因素，其弹性系数介于 2 和 4 之间。[③] 从一定程度上来看，WTO/GATT 推动了国际贸易自由化与便利化进程，特别是关税的下降会通过多重关税削减效应，降低零部件、中间品的贸易成本，使其能够更自由地流通，从而推动了国际分工的深化，促进了国际生产网络的形成与发展。

（二）WTO/GATT 与国际投资自由化

大型跨国公司是国际生产网络的主导者，其如何有效整合全球资源、

---

① WTO 的九大基本原则分别为无歧视待遇原则，最惠国待遇原则，国民待遇原则，透明度原则，贸易自由化原则，市场准入原则，互惠原则，对发展中国家和最不发达国家优惠待遇原则，公正、平等处理贸易争端原则。

② Venables, A. J., "Fragmentation and Multinational Production", *European Economic Review*, Vol. 43, 1999, pp. 935 – 945.

③ Hanson, G. H., R. J. Mataloni and M. J. Slaughter, "Vertical Production Networks in Multinational Firms", NBER Working Paper No. w9723, 2003.

提高生产效率将对全球财富的分配和各国的经济活动产生重大影响。与此同时，各国政府的投资措施将会影响跨国公司的发展战略和经营方式，进而影响国际生产网络的发展进程和形态。所谓投资措施，是指一个政府为了贯彻本国的外资政策，针对本国的投资项目或外来投资所采取的鼓励与限制措施的总称。第二次世界大战以来特别是 20 世纪 70 年代以来，伴随着国际投资活动日趋频繁，投资国与东道国之间围绕直接投资问题的矛盾与纠纷与日俱增。东道国尤其是发展中国家，一方面提供一些优惠政策，鼓励外国资本的进入；另一方面会对外国资本设定一些限制性条件，使其仅能进入特定的领域和地区，不利于外国投资者实现利润最大化。因此，国际投资规则的确立不仅有利于消除各国政府单独采取国际投资政策造成的扭曲，而且有利于缓解跨国公司与国家之间的冲突，促进国际生产网络的形成与发展。

为了促进国际投资自由化，GATT 于 1986 年 6 月在乌拉圭回合谈判把国际投资问题纳入多边谈判议程，并最终达成了《与贸易有关的投资措施协议》（Agreement on Trade – Related Investment Measures，TRIMs）。TRIMs 明确规定，凡不符合《关税与贸易总协定》中国民待遇原则或禁止数量限制原则的投资措施，各成员国应禁止使用。实际上，TRIMs 是多方妥协的产物，并且采用列举法来规制成员国的投资措施，这意味着，TRIMs 不是全面协调国际投资关系的协议，对消除扭曲的贸易和投资行为带有很强的局限性，甚至有学者认为，TRIMs 非但不是 GATT 规则的进步，反而是 GATT 规则的倒退，因为它确认了某些国家违反 GATT 的规则，但留给它们时间，并在有商讨余地的条件下让它们改正。但必须看到，如果没有 TRIMs，那么很多投资措施目前可能还不在禁止之列。TRIMs 的达成至少代表了一种遵守规则的承诺，从国内政策来讲，它代表某些单边管制政策的放松。TRIMs 给了 WTO 成员向 TRIMs 提出质疑的权利，为它们提供了一条新的挑战贸易与投资壁垒的途径。① 如图 4 – 4 所示，20 世纪 90 年代以来，除 2001 ~ 2003 年和 2008 ~ 2009 年以外，世界利用 FDI 的情况呈现明显上升趋势。其中，2009 年，发展中经济体利用 FDI 达到 4783.49 亿美元，接近发达经济体的 5658.92 亿美元。莫兰（Moran）比较了通过贸易自由化所获得的福利和通过贸易与投资的自由化所获得的福利，结果显示，后者带来的福利是前者

---

① 盛斌：《WTO 与多边投资协议》，天津大学出版社 2003 年版，第 125 页。

的 10~20 倍,① 因为以 FDI 和贸易为纽带的国际生产网络能更加充分发挥各国的动态比较优势。总体而言,TRIMs 客观上推动了国际投资自由化进程,为国际生产网络的形成与发展创造了有利条件。

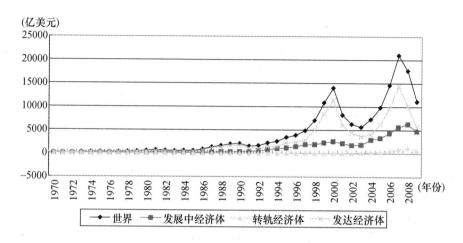

图 4 - 4 世界利用 FDI 的流量变化情况
资料来源:联合国数据库 (http://unctadstat.unctad.org/)。

第三节 东亚区域生产网络形成的内部动因

东亚区域生产网络之所以能够迅速发展,并且比北美区域生产网络、中东欧区域生产网络更加成熟,主要得益于东亚地区特有的多样性现实。其中,东亚地区的经济发展水平存在梯度差异、全球经济重心正在向东亚地区转移、东亚地区奉行出口导向型发展战略、东亚区域合作的多层次性和开放性、中国改革开放与新型周边关系构建为东亚区域生产网络的形成与发展创造了内部条件。

---

① Moran, T. H., "Strategy and Tactics for the Doha Round: Capturing the Benefits of Foreign Direct Investment", Asia Development Bank Working paper, December, 2002.

一、东亚地区的经济发展存在梯度差异

科学技术进步一方面促使产品生产分散化与模块化，另一方面使得跨国运输、通信和协调管理的成本大幅度降低，加之世界贸易组织推动了贸易与投资自由化进程，由此使得国际分散化生产不仅可能而且经济，即将一种产品的整个生产过程分解为若干个部分或环节，并根据各部分或环节的不同特点将其配置到最有优势的区位。由此可以看出，各经济体之间的发展水平存在梯度差异，由此产生的贸易互补性是形成国际生产网络的基本前提。而东亚地区独特的区位特点以及各经济体之间的贸易互补性恰好为跨国公司在该地区进行分散化生产、构建区域生产网络创造了有利条件。①

20 世纪 50 年代到 80 年代末，东亚地区经济发展基本遵循了"雁行模式"，即以技术资本密集型产业为主的日本是"雁头"，以资本密集型产业为主的亚洲"四小龙"为"雁身"，以劳动密集型产业为主的东盟四国是"雁尾"。日本首先进入发达国家之列，其产业结构调整和升级带动了亚洲"四小龙"经济的起飞；亚洲"四小龙"随后在产业结构调整和升级时期，把一些劳动密集型产业进一步转移到劳动力更低廉的东盟四国，带动了东盟四国经济的起飞。到了 20 世纪 90 年代，受多种因素影响，"雁行模式"走向崩溃。

当然，东亚各经济体的相继起飞并不意味着相互之间梯度差异的消失。如图 4 - 5 所示，按照 2000 年不变价格计算，日本、美国的人均 GDP 分别从 1985 年的 27012 美元、25264 美元增长到 2008 年的 40481 美元、38205 美元，处于第一梯队；同期，韩国、新加坡、中国香港的人均 GDP 分别从 4572 美元、10866 美元、14545 美元增长到 15447 美元、27991 美元、34587 美元，处于第二梯队；中国、印度尼西亚、马来西亚、菲律宾、泰国的人均 GDP 分别从 290 美元、474 美元、2161 美元、811 美元、925 美元增长到 1963 美元、1083 美元、5155 美元、1225 美元、2645 美元，处于第三梯队。

与此同时，"雁行模式"的崩溃并不意味着东亚发展模式的终结，而是促使东亚地区分工不断深化，各经济体之间的贸易互补性进一步提升。贸易

---

① 李淑娟：《东亚区域内贸易发展的特点及成因》，《当代亚太》2006 年第 1 期，第 36 - 42 页。

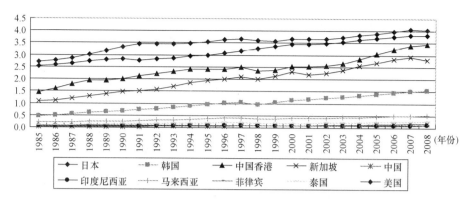

图4-5　东亚主要经济体的人均GDP变化

注：按2000年不变价格计算，单位为万美元。

资料来源：世界银行WDI数据库（World Bank WDI Database）。

互补指数（Trade Complementarity Index，TCI）是衡量一个国家或一组国家的出口商品与其他国家的进口商品之间匹配程度的指标，主要用来考察两个经济体之间的贸易互补性。贸易互补指数的计算公式为：

$$TCI_{ij} = 100 \left[1 - \sum \left(|m_{ki} - x_{kj}| \div 2 \right) \right]$$

其中，TCI_{ij}为i国与j国的贸易互补指数；m_{ki}为i国k商品的进口在其进口总额中所占的比例；x_{kj}为j国k商品的出口在其出口总额中所占的比例。TCI_{ij}越大，说明贸易双方之间进出口商品的一致程度越高，贸易互补性越强。如果$TCI_{ij}=100$，则说明双方的进出口商品结构完全相匹配，即一方的出口商品结构正好与另一方的进口商品结构完全一致。如表4-3所示，20世纪80年代中期以来，东亚地区的贸易互补指数迅速提高，其中东亚发展中经济体之间的贸易互补指数从1985年的51.2上升到2001年的67.3，东亚发展中经济体和日本之间的贸易互补指数从1985年的51.9上升到2001年的65.4，均超过了东亚发展中经济体与区域外的北美自由贸易区和欧盟15国之间的贸易互补程度，这说明东亚区域内的贸易潜力大于东亚与区域外的贸易潜力；贸易互补程度的上升，说明东亚区域内生产分工在不断深化。

综上所述，东亚各经济体之间的发展水平梯度差异，以及由此产生的贸易互补性为跨国公司将不同的生产环节配置在拥有不同区位优势的经济体创造了有利条件。建立在分散化生产基础上的东亚区域生产网络使各经济体的比较优势实现了最佳组合并得以充分利用，是一个"多赢"的生产模式。

表4-3　东亚地区贸易互补指数的变化

贸易方	1985 年	1995 年	2001 年
东亚发展中经济体之间	51.2	65.2	67.3
东亚发展中经济体—日本	51.9	60.1	65.4
东亚发展中经济体—北美自由贸易区	53.8	63.0	61.4
东亚发展中经济体—欧盟 15 国	56.4	59.2	59.8

注：这里的东亚发展中经济体分别为中国、中国台湾、中国香港、韩国、新加坡、印度尼西亚、马来西亚、菲律宾、泰国、越南、文莱、柬埔寨、老挝、蒙古。

资料来源：Ng, F. and A. , Yeats, "Major Trade Trends in East Asia：What Are Their Implications for Regional Cooperation and Growth?" World Bank Policy Research Working Paper No. 3084, 2003, p. 25.

二、全球经济重心正在向东亚地区转移

"跨空间交易会带来成本，生产中有规模经济"，"因为规模经济，生产者有激励将每种产品或服务的生产限制在数量有限的几个地区。因为远距离交易有成本，单个生产商都偏爱需求大或者投入品供应特别方便的地区——这些地区一般也是其他生产商选择的地区"。[①] 规模经济和运输成本相互作用产生的内在集聚力将会对经济活动产生重要的影响。作为世界最具经济活力的地区之一，东亚地区的经济发展状况迎合了国际生产网络的需要。全球经济重心不断向东亚地区转移，众多产业不断向东亚地区集聚，由此产生了巨大的规模经济效应和范围经济效应，从而为跨国公司在东亚地区构建生产网络创造了有利条件。

20 世纪 80 年代中期以来，经济全球化的进程不断加快。在此背景下，国际贸易得到了快速发展，其增长速度一直高于全球 GDP 的增长速度，成为推动世界经济增长的重要动力之一。据世界银行相关统计资料显示，全

---

① [美] 保罗·克鲁格曼：《地理与贸易》，张兆杰译，北京大学出版社、中国人民大学出版社 2002 年版，第 94－95 页。

球 GDP 总量从 1985 年的 12.41 万亿美元上升到 2008 年的 60.59 万亿美元，增长了 3.88 倍，而全球商品贸易出口总额从 1985 年的 1.91 万亿美元上升到 2008 年的 16.13 万亿美元，增长了 7.46 倍，世界各国的贸易依存度均有不同程度的增强。同期，东亚地区表现更为突出，东亚的 GDP 总量从 1985 年的 1.96 万亿美元增长到 2008 年的 11.48 万亿美元，增长了 4.86 倍，而东亚地区商品贸易出口总额从 1985 年的 0.30 万亿美元增长到 2008 年的 3.54 万亿美元，增长了 10.66 倍。由此可以看出，东亚贸易增长速度 > 全球贸易增长速度 > 东亚 GDP 增长速度 > 全球 GDP 增长速度，全球的经济重心与贸易重心正在向东亚地区转移，东亚已经并将继续在世界经济与贸易发展中发挥越来越重要的作用。

全球贸易的发展与东亚地区贸易的扩张均表现出了明显的阶段性，且两者基本同步。如图 4-6 所示，1985~1995 年，全球贸易处于高速增长期，商品贸易出口总额增长了 171.26%，而东亚地区在全球出口总额中所占的比重从 1985 年的 15.91% 增长到 1995 年的 19.88%，增长了近 4 个百分点；1995~1999 年，全球贸易增速缓慢，商品贸易出口总额从 1995 年的 5.17 万亿美元增长到 1999 年的 5.71 万亿美元，仅增长了 10.47%，而东亚地区在全球出口总额中所占的比重基本在 19% 左右小幅度波动，其中，受亚洲金融危机影响，1998 年东亚地区对外出口总额有所下降；进入 21 世纪以后，全球贸易迎来了新的高速增长期，商品贸易出口总额从 2001 年的 6.19 万亿美元增长到 2008 年的 16.13 万亿美元，增长了 160.46%，而东亚

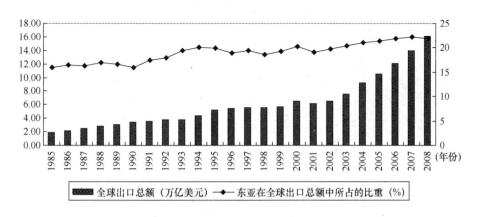

图 4-6　东亚在全球出口中的地位变化

资料来源：根据世界银行数据库（WB Online Database）相关数据整理和计算得出。

地区再次进入贸易扩张时期，在全球出口总额中所占的比重从 2001 年的 19.13% 增长到 2008 年的 21.93%。

　　具体而言，1985 年以来，东亚各经济体在出口贸易方面的表现不尽相同。如图 4-7 所示，1985~1995 年，东亚各经济体的商品贸易出口总额均呈现出快速增长的趋势，其中，东盟五国表现最为突出，其商品贸易出口总额从 1985 年的 0.03 万亿美元增长到 1995 年的 0.10 万亿美元，增长了 2.39 倍。其主要原因是，随着日本、亚洲"四小龙"经济的相继起飞，其在劳动力等方面的成本优势不断丧失，进入了产业结构调整的阶段。而印度尼西亚、马来西亚、泰国、菲律宾等国为了改变和摆脱初级产品出口易受国际市场供求关系制约，进而影响经济发展的状况，在 20 世纪 80 年代中期起推行"第二次出口导向"战略，利用国际产业转移的机会，在不放弃利用本国资源优势来发展重化工基础产业的同时，大力引进外资和先进技术设备，力求通过产业调整来提高本国经济在国际产业分工中的层次和出口结构。到 20 世纪 90 年代中期，印度尼西亚、马来西亚、泰国、菲律宾等国的工业制成品贸易快速发展，甚至部分产品在国际市场上已经取代亚洲"四小龙"的地位。1997 年的亚洲金融危机前后，东亚各经济的出口贸易发展缓慢。进入 21 世纪以后，东亚各经济体的商品贸易出口总额再次呈现出快速增长的趋势，其中，中国表现最为突出，其商品贸易出口总额从 2001

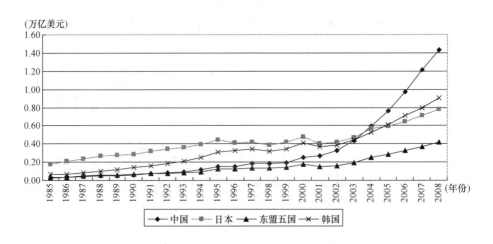

图 4-7　东亚各经济体的商品贸易出口总额变化

资料来源：根据世界银行数据库（WB Online Database）相关数据整理和计算得出。

年的 0.25 万亿美元迅速增长到 2008 年的 1.43 万亿美元，增长了 4.73 倍。其主要原因是中国为了扭转缺资金、缺技术、缺市场的不利局面，积极吸引外商直接投资，大力发展加工贸易，实行"三头在外"（原料、技术、市场）的发展道路，利用"三来一补"，加工出口，进行了"滚雪球"式的扩大发展。[①] 特别是 2001 年以来，中国成功加入 WTO，进一步融入全球经济，并成为东亚区域生产网络中的重要一环，对外贸易迅速扩张，并于 2004 年超越日本，成为东亚地区第一大出口国。

三、东亚地区奉行出口导向型发展战略

GDP 是衡量一个国家或地区经济活动的重要指标，核算 GDP 通常采用生产法、支出法和收入法。按照支出法，GDP 的核算公式为：

GDP = C + I + (X − M)

其中，C 为消费[②]，是指居民和政府购买货物和劳务的支出；I 为投资，是指增加或更换资本资产（包括厂房、住宅、机械设备及存货）的支出；X 为出口，M 为进口，则（X − M）就是净出口。由此可以看出，消费、投资、净出口是一个国家或地区 GDP 的基本组成部分，被看作拉动经济增长的"三驾马车"。

对于发展中国家来说，居民收入偏低，政府财政吃紧，严重约束了消费支出；资金和技术短缺，进一步约束了投资支出。因此，吸引外商直接投资，大力发展加工贸易成为拉动经济增长的重要选择。就东亚地区而言，各经济体政府普遍实行出口导向型经济发展战略，并不断调整本国政府干预经济的手段，确保了出口导向型经济发展战略的有效实施，为东亚区域生产网络的形成与发展提供了政策支持。

首先，降低贸易保护程度，对零部件、中间品、资本品的进口给予特殊对待。20 世纪 80 年代以来，东亚国家进口的关税水平都有了大幅度的下降。自 1994 年以来，东亚地区的关税平均降低了 50% 以上，目前仅占进口价值的 5% 左右；而同期拉美地区的关税水平实际上还略有提高，这与东亚

---

① 张蕴岭：《坚定不移地走对外开放与和平发展的道路》，《世界经济与政治》2009 年第 11 期，第 8 − 12 页。

② 这里的消费包括居民消费、政府购买。

形成了鲜明的对比。[①] 其中，韩国 1984～1988 年的平均未加权关税为
21.0%，到 1994～1998 年已降为 8.5%，同期非关税措施的使用频率也已
由 53.6% 下降至 31.3%；泰国平均未加权关税由 1984～1988 年的 41.2% 下
降至 1994～1998 年的 23.2%，同期非关税措施的使用频率由 36.5% 下降至
17.5%。[②] 另外，为使本国或地区成功融入东亚区域生产网络，东亚各经济
体普遍对原材料、中间品和资本品的进口关税予以免征或退回。例如，印
度尼西亚政府出台了减免税等优惠政策，以鼓励设备和原材料进口；泰国
政府对加工贸易实施海关退税制度、保税仓库制度和出口加工区制度。

其次，对 FDI 提供税收优惠，逐渐放宽对 FDI 的限制。东亚发展中经济
体在制定 FDI 政策的过程中面临着艰难的抉择，因为发展出口导向型产业要
求低保护，而发展进口替代产业则要求高保护。为此，它们对 FDI 政策实行
"双轨制"，即既利用外资创造和支持出口导向产业，也利用外资培养和发
展进口替代产业，如化工、汽车、医药、食品加工等。从一定程度上来说，
东亚各经济体早期主要给予 FDI 减免所得税、加速折旧、返还增值税、出口
退税等财税激励措施，后期则逐渐放宽对 FDI 的限制，包括放松产品国产成
分的比例要求、放松出口限制、放松对外资资格的限制以及逐步消除对高
利润和敏感部门的进入壁垒等。其中，马来西亚和泰国在 1985～1986 年，
菲律宾、印度尼西亚和中国在 1991～1992 年分别对外资实行从投资地域到
投资领域的全面开放政策。[③] 与此同时，东亚各经济体还致力于建立和完善
道路、机场、水电供应、电子通信等基础配套设施；对 FDI 提供便利化服
务，减少行政程序。当然，仅凭以廉价的劳动力为基础的比较优势并不能
决定一个国家的竞争力。实际上，南亚和撒哈拉沙漠以南非洲国家的劳动
力成本低于中国，但这些国家没有几个能大量向美国出口产品。究其原因，
一方面，这些国家的教育程度和其他要素水平较低；另一方面，这些国家
不能像中国那样为外国投资者提供有吸引力的环境，或是没有支持大宗国
际贸易所必需的基础设施。例如，印度仍然对 FDI 施加许多限制，对基础设

---

① 李娇、陆晓丽：《从国际生产网络视角考察东亚贸易模式转变》，《亚太经济》2008 年第 3 期，第
  3－9 页。
② 世界银行编：《东亚的复苏与超越》，朱文晖、王玉清译，中国人民大学出版社 2001 年版，第 70
  页。
③ Ando，M. and F. Kimura，"The Formation of International Production and Distribution Networks in East
  Asia"，NBER Working paper No. 10167，2003.

施的投资额也只有中国的 1/7。①

四、东亚区域合作的多层次性和开放性

虽然 WTO 是推动贸易自由化和经济全球化的主要力量，但由于自身庞大，运作程序复杂，根据 WTO"一揽子接受"方式，其成员对各项议题的谈判只有在一致同意的基础上才能进行，从而注定了短时间内所有成员达成共识和消除矛盾并非易事。因此，区域性合作组织成为 WTO 的必要补充。按照合作程度从高到低排列，分别有优惠贸易安排、自由贸易区、关税同盟、共同市场和经济同盟，具体情况如表 4-4 所示。

表 4-4　区域性经济合作组织的类型和特点

类型	内部取消关税	统一对外关税	生产要素自由流动	统一经济政策
优惠贸易安排				
自由贸易区	○			
关税同盟	○	○		
共同市场	○	○	○	
经济同盟	○	○	○	○

按照关税同盟理论，建立关税同盟会产生两种效应，分别为"贸易创造"和"贸易转移"。所谓贸易创造，是指在关税同盟内部取消成员国之间的关税后，国内生产成本高的商品被成员国中生产成本低的商品所取代，来自成员国的低价进口商品替代了昂贵的国内生产商品，成员国之间的贸易被创造出来；所谓贸易转移，是指对外实行统一关税、对第三国的歧视导致从外部进口减少，转为从同盟国进口，使贸易方向发生转变。因为贸易创造会增加世界福利，而贸易转移会恶化世界福利，所以区域经济合作对世界福利的影响并不明确，其能否促进贸易自由化进程存在较大争议。

---

① 伯格斯坦、吉尔、拉迪、米切尔：《账簿中国——美国智库透视中国崛起》，中国发展出版社
　2008 年版，第 102 页。

但 WTO 在原则上支持区域性经济合作的发展。《关税与贸易总协定》第 24 条规定，"通过自愿签订协议发展各国之间的经济一体化对扩大贸易的自由化是有好处的"，"本协议规定，不能阻止缔约各方在其领土之间建立关税同盟和自由贸易区"。

按照地理、经济重心和相互联系程度来看，世界上主要有三大区域：欧盟、北美和东亚。其中，欧盟起点较高，从六国①建立经济共同体开始，逐步实现扩大和深化，目前发展到 27 个国家②组成的经济和政治高度一体化的联盟，实现了统一的大市场、单一货币以及共同安全；北美以建立自由贸易区为目标，已经在美国、加拿大、墨西哥三国间实施了自由贸易协定，将来北美自由贸易区将会扩大到整个美洲，形成美洲自由贸易区；相对而言，东亚缺乏欧洲那样强烈的政治背景和意图，也没有像美国那样占主导地位的国家，东亚合作是从没有明确目标的务实需要开始的，只能走不同于欧美的"第三条道路"。③

20 世纪 60 年代，东亚地区有关区域合作的呼声渐起，最早主要是来自日本倡导的"亚太区域主义"，这是因为经济上崛起的日本需要与美国建立紧密的联系。后来亚太合作逐步得到澳大利亚、韩国、美国等国的支持。这股亚太区域合作思潮推动了一系列机制的建立，包括从 1980 年成立的太平洋经济合作委员会（Pacific Economic Cooperation Council，PECC）到 1989 年成立的亚太经合组织（Asia - Pacific Economic Cooperation，APEC）。从 APEC 的性质来看，它是成员间的经济合作机制，即各成员通过这个机制就符合自己和地区利益的活动进行协商对话，推动成员经济体自己采取行动，落实大家统一的目标和议程。由于 APEC 的议程和落实的成果不需要谈判，因此，它不可能搞一个独立的、对外封闭的区域市场，而是奉行"开放的地区主义"（Open Regionalism），即不搞内部优惠保护型的区域主义。④

---

① 欧盟的六个创始国分别为法国、意大利、联邦德国、荷兰、比利时、卢森堡。
② 截至 2009 年 1 月，欧盟 27 个成员国分别为英国、法国、德国、意大利、荷兰、比利时、卢森堡、丹麦、爱尔兰、希腊、葡萄牙、西班牙、奥地利、瑞典、芬兰、马耳他、塞浦路斯、波兰、匈牙利、捷克、斯洛伐克、斯洛文尼亚、爱沙尼亚、拉脱维亚、立陶宛、罗马尼亚、保加利亚。
③ 张蕴岭：《东亚与亚太地区合作之间的联系和矛盾》，载张蕴岭、赵江林编：《亚太区域合作的发展》，世界知识出版社 2003 年版，第 18 - 40 页。
④ 张蕴岭：《亚太经合组织的发展与前景》，载张蕴岭、赵江林编：《亚太区域合作的发展》，世界知识出版社 2003 年版，第 1 - 17 页。

东亚作为一个地区开展合作运动的历史不长。一般认为，马来西亚前总理马哈蒂尔在 20 世纪 90 年代初提出的"东亚经济集团"只是一个启蒙，而真正的实践是从 1997 年 12 月 15 日召开的东盟—中日韩领导人非正式对话合作会议开始的，因为它导致了"东盟 + 3"机制的启动。这个机制由对付突然爆发的大规模金融危机开始，后来合作功能和范围不断得到扩展。①

　　随后，东亚国家纷纷把建设 FTA 纳入本国的发展战略。据统计，截至 2010 年 1 月，全部亚洲国家和地区已实施 88 项 FTA，已签署待实施 24 项，另有 60 项已签署框架协议或正在进行谈判，以及 49 项正在进行可行性研究，共计 221 项。与 2000 年相比，已通告 WTO 的亚洲 FTA 数量从 15 项增加至 95 项，全部亚洲 FTA 则从 33 项增加至 221 项，亚洲经济一体化进程开始大幅加速。② 目前，东亚合作既存在 APEC、东盟、"东盟 + 3"、"东盟 + 1"等区域合作安排，又存在环日本海经济圈、环黄渤海经济圈甚至东盟北部增长三角、图们江增长三角等次区域合作安排，合作机制呈现出多层次性。另外，许多东亚经济体把 FTA 建设延伸到其他地区，合作范围呈现出开放性。

　　总体来说，与欧盟和北美自由贸易区相比，东亚区域合作尚处于较低水平，东亚地区的自由贸易区建设主要停留在双边层面，多种贸易自由化机制的并存导致了巴格瓦蒂所谓的"面条碗"效应，提高了进出口企业利用自由贸易区的成本，从而对东亚区域生产网络的促进作用可能比较有限。仅从中国企业对中国已经签订的 FTA 的利用情况来看，FTA 的利用率非常低。其中，利用 FTA 优惠出口达到或超过 50% 的企业比例仅为 8.8%；利用 FTA 优惠出口在 20% ~ 50% 的企业比例为 11.0%；没有利用 FTA 优惠出口的企业比例为 47.1%。当然，对于东亚区域生产网络来说，有区域合作安排要比没有好，其至少提供了一个磋商机制，有利于各经济体之间基础设置、通关手续的对接。从长远来看，东亚区域合作机制的整合和深化，将对东亚区域生产网络的形成与发展发挥更大的促进作用。

---

① 张蕴岭：《探求东亚的区域主义》，《当代亚太》2010 年第 12 期，第 3 - 7 页。
② 沈铭辉：《亚洲经济一体化——基于多国 FTA 战略角度》，《当代亚太》2010 年第 4 期，第 45 - 71 页。

五、中国改革开放与新型周边关系构建

一个国家的对外经贸关系很大程度上受该国外交战略的影响，良好的外交关系可以为经贸往来创造良好的外部环境，而对外经贸关系的深化可以进一步巩固和提升该国与其他国家之间的外交关系。作为东亚地区的大国，中国与周边国家关系的和谐发展，不但可以为中国的经济发展创造良好的外部环境，而且可以给周边国家的经济发展提供重要机遇，进而增强东亚地区的凝聚力。

从新中国成立到 20 世纪 70 年代中后期，中国基本处于被封锁、被动开放的局面。1949 年 6 月 30 日，毛泽东在《论人民民主专政》一文中明确提出，新中国倒向社会主义阵营一边。"一边倒"政策的提出及实施，基本奠定了 20 世纪 50 年代中国的外交格局，中国与邻国的关系也由此划分为东方与西方两个部分，这实际上也决定了中国对外贸易的发展路径。由于遭到以美国为首的西方资本主义阵营的经济封锁，中国主要与苏联等几个社会主义国家开展经济贸易活动。随后，中国加强了与第三世界国家的联系和经济贸易往来。在此期间，中国的出口贸易主要以对外援助为主。同时，通过中国银行在中国香港、中国澳门吸收外币存款和在对外贸易中使用延期付款的方式，从西方发达国家引进了我国经济建设急需的技术设备。20世纪 70 年代，伴随着中国在联合国合法地位的恢复，中国与西方发达国家全面建交，贸易伙伴迅速增多，贸易规模不断扩大。1950 年我国进出口额仅为 10 亿美元，占全球贸易额的 0.9%；1978 年我国进出口贸易总额达到206.4 亿美元，占全球贸易额的 0.78%。① 尽管中国的进出口贸易总额增长了近 20 倍，但其增长速度低于全球贸易平均增速，导致中国进出口贸易总额在全球贸易中所占比重有所下降。

1978 年，党的十一届三中全会召开，拉开了中国改革开放的序幕，标志着中国正式进入主动开放时期。中国通过建立经济特区、建立经济技术开发区、实行沿边沿江开放战略、建立浦东新区等重大举措，逐步建成了一个多层次、宽领域的开放格局，为我国利用外资、引进技术以及开展对

---

① 国家统计局：《从封闭半封闭到全方位开放的伟大历史转折——新中国成立 60 周年经济社会发展成就回顾系列报告之二》，载国家统计局网站（http：//www.stats.gov.cn/），2009 年 9 月 8 日。

外贸易创造了有利条件。1991 年，苏联的解体标志着冷战结束，两大阵营的对立局面不复存在，尽管大国之间依然存在着战略利益与政策方面的分歧，但通过对话、协商与合作的方式寻求建立伙伴关系成为比较普遍的做法。虽然美国仍然是超级大国，对全球事务具有主导性的影响力，但在全球与地区事务中出现了多"极"行为体，它们在维护相对稳定的全球和地区秩序方面可以起到积极的平衡作用。这为中国与周边国家构建新型伙伴关系提供了更为广阔和灵活的空间。① 这种新关系建立在三个新框架基础之上：其一，深化睦邻友好与合作，建立新的伙伴关系；其二，共处在紧密联系、相互依赖的经济网络之中，形成新的共生经济关系；其三，把发展区域合作、建立制度化联系机制作为中国与邻国发展与深化关系的一个重要战略。②

20 世纪 90 年代以来，日本经济增速放缓甚至出现负增长，而中国经济进入高速增长期，并成为东亚地区经济增长的发动机，为邻国提供了越来越多的机遇。从某种意义上来看，尽管中国尚未达到日本对东亚区域内分工的影响程度，但中国对区域生产网络的形成与发展具有举足轻重的作用，其在东亚区域生产网络的中心地位已使得周边经济体初步分享到了新型分工模式所带来的好处，区域经济共赢的局面正在形成之中。③

第四节 小结

从空间维度来看，国际生产网络是生产的分散化；从组织维度来看，国际生产网络是垂直一体化的分解。作为国际分工的高级形态，国际生产网络的形成与发展主要取决于两个方面的因素：各环节的制造成本和各环节之间的服务联系成本。这两个因素不仅影响国际生产网络的空间布局，而且影响国际生产网络的组织选择。就东亚区域生产网络而言，其之所以能够迅速发展，并且比北美区域生产网络、中东欧区域生产网络更加成熟，

---

① 张蕴岭：《构建中国与周边国家之间的新型关系》，《当代亚太》2007 年第 11 期，第 3－11 页。

② 张蕴岭：《中国与邻国的新关系》，《当代亚太》2007 年第 2 期，第 3 页。

③ 陈勇：《新区域主义与东亚经济一体》，社会科学文献出版社 2006 年版，第 159 页。

一方面离不开经济全球化的发展趋势，另一方面离不开东亚地区内部的有利条件。首先，科技进步促使生产分散化和模块化、交通与信息技术进步降低服务联系成本、WTO/GATT 推动贸易与投资自由化是东亚区域生产网络形成与发展的全球化背景。其次，东亚地区的经济发展水平存在梯度差异、全球经济重心正在向东亚地区转移、东亚地区奉行出口导向型发展战略、东亚区域合作的多层次性和开放性、中国改革开放与新型周边关系构建为东亚区域生产网络的形成与发展创造了内部条件。

第五章 东亚区域生产网络的
运行模式

20世纪60~80年代，日本主导了东亚地区国际分工体系的构建，引领了东亚地区经济的高速增长。然而，日本企业在技术转移方面具有明显的保守性，把专业技术牢牢控制在跨国公司内部，确保日本与其他经济体之间长期存在一定技术梯度。为了避免对日本专业技术的过度依赖，东亚其他国家或地区企业加强与美国、欧洲等世界发达国家或地区企业之间的交往和联系，从而在日本企业、美国企业和欧洲企业之间的竞争中寻求一种平衡，实现自身利益最大化。目前，东亚区域生产网络主要由三种类型的生产网络构成，分别为日本式国际生产网络、美国式国际生产网络、华商式国际生产网络。本章将从发展概况、治理模式、发展战略三个方面分析日本式国际生产网络、美国式国际生产网络、华商式国际生产网络的运行模式。其中，第一节分析日本式国际生产网络的运行模式；第二节分析美国式国际生产网络的运行模式；第三节分析华商式国际生产网络的运行模式。

第一节　日本式国际生产网络的运行模式

第二次世界大战以来，日本众多企业通过股权、债权、技术、信息、交易等多种纽带建立起庞大的企业网络，在日本经济社会发展过程中发挥了重要作用，正如美国管理学大师彼得·德鲁克所描述的那样，"在日本之前的英国、德国和美国都是通过技术上的领先地位而成为世界经济上的大国，在资本主义经济史中，只有20世纪的日本是通过经营管理上的领先地位成为经济大国"。①

一、日本式国际生产网络的发展概况

早在 20 世纪 50 年代，日本就形成了以一个或多个骨干企业为核心，以产权链接为基础，通过信贷、生产、销售、人事等各种纽带联合众多中小企业的经济联合组织——企业集团。从历史形成过程和组织形式差异等方面来看，日本的企业集团主要有两种类型：环型企业集团和锥型企业集团。

（一）环型企业集团

所谓环型企业集团，是指各大企业之间相互持股（Cross‐Share‐Holding）、相互交易，呈现出环状结构。一般来说，环型企业集团的成员主要包括大型工业公司、大银行、综合商社等大型企业，它们之间通过相互持股链接成一个庞大的经济联合体。本质上，环型企业集团是一个松散的联合体，各成员企业之间只是一种横向联合，主要是为了相互提携业务，集团本身不具有独立的法人地位。其中，大银行在企业集团中处于核心地位，被称作主银行制度；企业集团设有社长会，组织协调各成员企业之间的重大事务。日本企业集团以三井集团、三菱集团、住友集团、芙蓉集团、第一劝业银行集团、三和集团六大财团最为庞大，从而构成日本著名的六大财团型企业集团。按照企业集团形成的时间差异，日本六大企业集团可以进一步划分为旧财阀系企业集团和新兴银行系企业集团。

旧财阀系企业集团是指三菱集团、三井集团和住友集团三大企业集团，它们是在战后初期财阀产权改革的基础上，以一部分旧财阀系统企业为中心发展起来的。1951 年《旧金山和约》生效，美国放宽了对日本企业的限制，三菱银行、三井银行和住友银行分别通过系列贷款将原财阀所属企业纠集在一起，组建成企业集团。这些企业集团打破了金字塔状的垂直控制系统，通过环状持股下的经理会来维持集团成员的地位平等。

新兴银行系企业集团是指芙蓉集团、第一劝业银行集团、三和集团三大企业集团，它们是战后重新集结或崛起的企业集团，综合实力相对较弱。新兴银行系企业集团主要是以强大的城市银行为中枢，通过系列贷款的方式将战前的二三流财阀或地方财阀所属企业结合在一起，从而形成了相互

---

① 许军：《巨大的反差——20 世纪末的美国经济与日本经济》，商务印书馆 2006 年版，第 160 页。

持股的状态。20 世纪 60 年代中后期，新兴银行系企业集团相继成立了经理会，从而真正具备了企业集团的组织形态。

总体而言，环型企业集团都是以金融机构为核心形成的，是银行资本与工业资本的联合体，因而被称作金融资本型企业集团。六大企业集团在日本经济中具有非常重要的地位，如表 5－1 所示，1996 年日本六大企业集团的成员企业仅有 159 家，仅占日本企业总数的 0.0064%，而六大企业集团的资本金、总资产和销售额所占比例却分别高达 14.09%、11.43%、12.54%。在六大企业集团的成员企业中，制造业企业在日本制造业中的地位更加突出。据 1992 年日本公正交易委员会的统计资料显示，六大企业集团中制造业企业的资本金、总资产和销售额所占比例分别为 27.13%、22.65%、18.85%。

表 5－1　六大企业集团在日本经济中的地位

单位:%

项目	年份	三井	三菱	住友	财阀系	芙蓉	三和	一劝	银行系	合计
资本金	1981	2.17	2.61	1.59	6.37	2.90	3.07	3.90	8.20	14.57
	1987	2.15	2.73	1.80	6.68	2.83	3.21	3.93	8.51	15.19
	1988	2.51	2.93	1.95	7.38	3.40	3.83	4.26	9.86	17.24
	1992	2.34	2.52	1.72	6.60	3.05	3.37	3.88	8.85	15.29
	1996	2.43	2.28	1.57	6.29	2.81	3.21	3.72	8.41	14.09
总资产	1981	2.36	2.80	1.51	6.67	2.79	3.02	4.08	8.43	15.10
	1987	2.03	2.22	1.38	5.63	2.28	2.76	3.79	7.56	13.28
	1988	2.29	2.37	1.33	5.99	2.23	2.82	3.71	7.55	13.54
	1992	2.16	2.01	1.24	5.41	2.14	2.65	3.57	7.24	12.52
	1996	2.09	1.84	1.15	5.08	1.96	2.52	3.33	6.74	11.43
销售额	1981	2.65	2.86	1.87	7.38	2.76	2.74	4.44	8.40	15.78
	1987	2.51	2.16	1.79	6.46	2.40	2.77	4.65	8.22	14.68
	1988	2.81	2.33	2.23	7.38	2.65	3.13	4.93	8.85	16.23
	1992	2.38	2.09	1.69	6.15	2.36	2.62	4.11	7.70	13.79
	1996	2.37	1.96	1.53	5.86	2.19	2.43	3.58	6.90	12.54

资料来源：日本公正取引委员会：《企业集团の实态について第六次调查报告书》，1998 年版，第 143 页。转引自梁磊、王洪涛：《企业集团发展模式与运行机制比较》，机械工业出版社 2003 年版，第 25 页。

日本公正交易委员会总结了六大企业集团的共同点，并将其作为企业集团形成的标志：①由集团成员企业的经理组成总经理会，类似股东大会的性质；②集团成员之间呈环状相互持股状态；③互派高级职员担任重要职务；④大城市银行成员是企业集团的中心，它们联合其他金融机构对集团成员进行系列贷款融资；⑤以综合商社作为媒介，开展集团内部交易；⑥作为集团整体，共同向新事业领域扩展；⑦有统一的商标和标记符号。①奥村宏赞同日本公正交易委员会对企业集团的判定标准，并进一步提出日本企业集团的六项特征：①集团内各成员企业间环型持股。环型持股不同于西方国家的两家公司呈双向射线状的相互持股，而是多家企业之间的多向的相互持股；②集团代表旗下的企业进行共同投资；③集团由总经理会领导，总经理会的实质是日本企业集团内各企业的法人大股东的集会；④集团以大城市银行为核心，银行的总裁往往成为总经理会中的实权人物；⑤综合商社是日本企业集团的另一个重要中枢，是集团开展内外购销活动的中介；⑥其行业分布特征是以银行、综合商社为核心，以重工业、轻工业等第二产业为依托，向第一、第三产业大规模地扩张。②

（二）锥型企业集团

锥型企业集团是以大型制造企业（又称父企业、完成品厂家）为顶点，通过股份持有、资本参加、管理者派遣、长期交易、技术指导等方式，由子公司、关系公司、协力公司③等组成的企业分包系列，它们围绕某一商标产品的产生和销售，形成供、产、销紧密协作的企业群，又被称为产业型企业集团或独立系企业集团。

20 世纪 50 年代中期，日本进入由纺织工业为主向重点发展重化工业的产业结构调整时期，给旧财阀系企业集团造成了巨大的冲击。由于重化工业企业需要大量设备投资，仅靠原系列的银行贷款无法满足资金需求，必须采用数家银行协调贷款的方式筹措资金，从而导致部分企业脱离了原企业集团，并组建独立系企业集团。20 世纪 70 年代末以来，六大企业集团的

---

① ［日］公正交易委员会、垄断白皮书委员会：《国民の独占白皮书》，御茶の水房 1978 年版，第 16 页。

② ［日］奥村宏：《日本の六大企业集团》，ダイヤモンド社 1976 年版，第 20 - 23 页。

③ 在日本，一般将母公司持有 50% 以上股份的公司称为子公司；将股份持有比例介于 10% ~ 50% 的公司称为关系公司，而作为链接决算制度的使用对象企业则持有比率通常为 20% 以上；对于没有任何资本结合关系的成员称为协力公司。

发展基本处于停滞状态，越来越多的日本企业根据国内外经济形势的变化，纷纷调整产业结构，改革管理机构，转变经营战略，促使锥型企业集团快速发展。特别是 20 世纪 80 年代中期以后，日本企业纷纷建立子公司进行分社经营，其中，1987 年新增子公司达 1115 家，尽管 1988～1989 年新增子公司数量有所回落，但 1990 年新增子公司仍达 767 家。①

锥型企业集团的显著特点是分包制，如图 5－1 所示。"所谓分包，是指接受比该企业资本金雄厚，或职工人数多的企业（父企业）的委托，进行父企业产品所需的部件、附属品、原材料等的制造，或者父企业为了生产而使用的设备、器具、工具等制造或者修理。该企业与父企业之间的法律关系是委托加工合同、销售合同、修理委托合同，或者是它们的混合形式的契约关系等。但是，如果通过一般的流通渠道而能将企业的产品购入时，则该企业为非分包企业。成为'分包者'则需要父企业直接向该企业订货，并制定规格、质量、性能、形状、设计等。"②

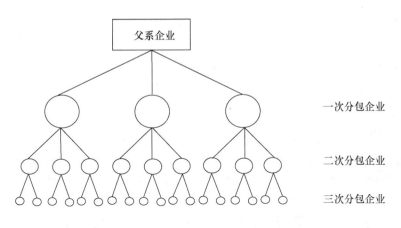

图 5－1 锥型企业集团结构

20 世纪 90 年代以来，越来越多的研究成果表明，日本锥型企业集团的成员企业之间并不都是像阶梯组织一样的金字塔结构，而是存在部分下层企业从属于多个上层企业的情况，甚至部分下层企业已经具有了一定的独

---

① 如果按新增关系公司的口径统计，1990 年内日本新增关系公司（持股 25％ 以上的公司）达 1229 家。

② 李非：《企业集团理论·日本的企业集团》，天津人民出版社 1994 年版，第 164－165 页。

立性。因此，与其称之为金字塔结构，不如称之为"山脉型结构"①，如图5-2所示。

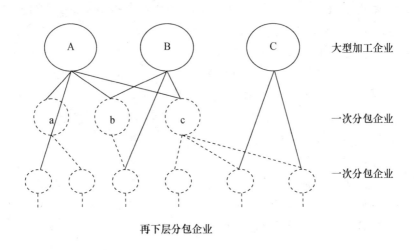

图5-2 山脉型企业集团结构

与六大企业集团相比，独立系企业集团的组织形态主要有以下特点：①以工业部门中的巨型公司为核心，而不是以银行为核心；②核心企业（母公司或控股公司）与集团所属的系列企业（即子公司、关联公司）之间形成纵向的控股、参股关系，从而形成庞大的金字塔型垂直控制结构；③集团虽然与银行等金融机构之间有一定的联系，但并不具有从属关系，而是保有其独立性，集团一般都拥有自己的金融机构，如财务公司等；④集团不设经理会，而由集团核心企业的董事会进行领导，并通过向子公司、关联公司派遣董事和管理人员进行控制；⑤集团所从事的产业多集中于重化学工业部门，并随着产业结构的变化开始向高科技领域发展，与此同时，集团也开始实施较广泛的多元化经营。②

（三）日本企业集团的国际化经营

日本企业大规模在海外投资设厂生产主要发生在20世纪80年代后期。日本企业的国际化经营不像欧美企业那样采用大型公司"单干式"扩张，

---

① 孙川：《日本中小企业与大企业关系研究》，人民出版社2006年版，第122页。
② 陈佳贵、黄速建编：《企业股份制改造概论》，经济管理出版社1999年版，第216页。

而是通过建立东道国的日本企业群体协作关系等方式来完成的，主要有五种基本形式：①工业企业（尤其是制造业）建立的母公司—子公司—孙公司的组合关系，在海外形成以开发当地原材料、调配生产零部件和组装加工为职能的海外工业实体。②制造业—商业—制造业等公司共同投资建立的海外子公司产销实体。③制造业—商业—商业等公司共同投资建立的海外孙公司产销实体。④商业—商业—制造业等公司共同投资建立的海外当地商业企业实体。⑤商业—商业—商业公司建立的当地化的产品销售网络。这些群体企业不仅各自是一个经济实体，而且相互建立配合和协作的联系，形成系列化的海外企业群体。

　　海外企业群的主导企业一般由日方以独资控股或绝对多数的股份予以控制，与主导企业紧密相联系的企业是中小承包企业，形成一个封闭的或基本封闭的原材料、中间品和最终制成品的筹供（Sourcing）链，使产、供、销的职能纳入一个完整的决策体系中。以日本电气公司为例，该公司生产的家庭电子机器，其零部件多在新加坡制造，键盘装配在马来西亚进行，而最后组装在美国的工厂进行，并在美国出售。日本电气公司在电话机和其他产品的生产上亦有其全球网络，该公司已成立国际筹供办公室，在美国、中国香港、英国、新加坡、中国台湾均设有办事处。当欧洲的日本电气公司的一家子公司急需某种产品或零部件时，国际筹供办公室便以最低价格（不管是市场价格或者是内部转移价格）购买或调度所需物品运往欧洲。另外，日本式国际生产网络越来越注重各个独立的日本跨国工业企业之间的横向联系，各大型企业之间相互提供财务、金融等多种服务，努力实现零件生产的标准化，从而实现各个大型企业在生产过程中的整合和对接。例如，汽车跨国企业之间都采用同一标准的零部件，当一家企业出现生产能力不足时，就可以将另一家公司的生产线转移过来，彼此之间建立起生产与协调的关系。

二、日本式国际生产网络的治理模式

　　日本企业主要以法人股东为基础，以内部董事为管理主体，生产网络主要利用隐含契约维系。

（一）以法人股东为基础的股权结构
日本企业的显著特征是法人持股，并以企业间相互持股的形式存在。20

世纪 30~40 年代，日本企业股权高度集中在少数财阀家族手中，财阀家族通过控股公司对其他企业进行层层控制，形成高度集中的"金字塔"式股权结构。第二次世界大战后初期，美国通过"经济民主化"手段迫使财阀家族出售公司的股票，日本企业股权结构曾出现分散化的趋势，个人股东持股比例最高时达到 70%，标志着日本进入大众持股的时代。然而，随着日本经济的恢复和发展，日本政府开始鼓励金融机构持股，放宽了金融机构和事业法人持股限制，特别是 20 世纪 60 年代中期发生"证券危机"之后，日本政府采取相关措施迫使日本银行贷款买入大量股票并将其冻结。后来日本股市复苏，为了防止外国公司通过购买股票吞并日本公司，被冻结的股票多数卖给国内稳定的法人股东，从而使法人股东取代个人股东成为企业股权结构的主体。

日本的法人股东主要有两种，分别为金融机构和事业法人。如表 5-2 所示，20 世纪 40 年代末 50 年代初，受 1947 年《禁止垄断法》的影响，个人股东在日本企业的股权结构中占绝对主导地位。以 1949 年为例，金融机构和事业法人所持股份在所有企业股份中所占的比例分别仅为 9.9%、5.6%，而个人股东所持股份在所有企业股份中所占的比例高达 69.1%，如果计入个人股东通过金融机构间接持股的情况，这一比例将会更高。20 世纪 60 年代以来，随着《禁止垄断法》的大幅度修改，法人股东持股比例迅速增长。1960 年，金融机构和事业法人所持股份在所有企业股份中所占的比例分别达到 23.1%、17.8%，法人股东累计为 40.9%；1970 年，金融机构和事业法人所持股份在所有企业股份中所占的比例分别达到 30.9%、23.1%，法人股东累计为 54.0%，超过个人股东而在日本企业股权结构中占据主导地位；1980 年，金融机构和事业法人所持股份在所有企业股份中所占的比例分别进一步上升到 37.3%、26.0%，法人股东累计高达 63.3%，在日本企业股权结构的主导地位得到巩固；1990 年，金融机构和事业法人所持股份在所有企业股份中所占的比例分别为 41.6%、23.6%，法人股东累计为 65.2%，在日本企业股权结构的主导地位基本保持稳定；到 1997 年，金融机构和事业法人所持股份在所有企业股份中所占的比例分别为 40.2%、24.1%，法人股东累计为 64.3%，尽管这一比例有所下降，但并不影响法人股东在日本企业股权结构中的主导地位。

表5-2　日本企业的股权结构变化情况

单位:%

年份	政府、地方、公共团体	金融机构（投信除外）	投资信托	证券公司	事业法人	私人	外国法人与私人
1949	2.8	9.9	—	12.6	5.6	69.1	
1950	3.1	12.6	—	11.9	11.0	61.3	—
1951	1.8	13.0	5.2	9.2	13.8	57.0	—
1952	1.0	15.8	8.0	8.4	11.8	55.8	1.2
1953	0.7	16.3	6.7	7.3	13.5	53.9	1.7
1954	0.5	16.7	7.0	7.1	13.0	54.0	1.7
1955	0.4	19.5	4.1	7.9	13.2	53.1	1.8
1956	0.3	21.7	3.9	7.1	15.7	49.9	1.5
1957	0.2	21.4	4.7	5.7	16.3	50.1	1.5
1958	0.3	22.4	4.4	4.4	15.8	49.1	1.5
1959	0.2	21.7	7.6	3.7	17.5	47.8	1.5
1960	0.2	23.1	7.5	3.7	17.8	46.3	1.4
1961	0.2	21.4	8.6	2.8	18.7	46.7	1.7
1962	0.2	21.5	9.2	2.5	17.7	47.1	1.8
1963	0.2	21.4	9.5	2.2	17.9	46.7	2.1
1964	0.2	21.6	7.9	4.4	18.4	45.6	1.9
1965	0.2	23.4	5.6	5.8	18.4	44.8	1.8
1966	0.2	26.1	3.7	5.4	18.6	44.1	1.9
1967	0.3	28.2	2.4	4.4	20.5	42.3	1.9
1968	0.3	30.3	1.7	2.1	21.4	41.9	2.3
1969	0.3	30.7	1.2	1.4	22.0	41.1	3.3
1970	0.3	30.9	1.4	1.2	23.1	39.9	3.2
1971	0.2	32.6	1.3	1.5	23.6	37.2	3.6
1972	0.2	33.8	1.3	1.8	26.6	32.7	3.5
1973	0.2	33.9	1.2	1.5	27.5	32.7	2.9
1974	0.2	33.9	1.6	1.3	27.1	33.4	2.5
1975	0.2	34.5	1.6	1.4	26.3	33.5	2.6

续表

年份	政府、地方、公共团体	金融机构（投信除外）	投资信托	证券公司	事业法人	私人	外国法人与私人
1976	0.2	35.1	1.4	1.4	26.5	32.9	2.6
1977	0.2	35.9	2.0	1.5	26.2	30.0	2.3
1978	0.2	36.6	2.2	1.8	26.3	30.8	2.1
1979	0.2	36.9	1.9	2.0	26.1	30.4	2.5
1980	0.2	37.3	1.5	1.7	26.0	29.2	4.0
1981	0.2	37.3	1.3	1.7	26.3	28.4	4.6
1982	0.2	37.7	1.2	1.8	26.0	28.0	5.1
1985	0.8	40.9	1.3	2.0	24.1	25.2	5.7
1989	0.7	42.3	3.7	2.0	24.8	22.6	3.9
1990	0.6	41.6	3.6	1.7	23.6	23.5	9.4
1995	0.6	39.3	2.1	1.4	23.6	23.5	9.4
1997	0.5	40.2	1.4	0.8	24.1	24.6	9.8

注："私人"包括没有法人资格的团体。

资料来源：笔者根据相关文献整理而得。详细情况参见奥村宏：《法人资本主义》，李建国等译，三联书店1990年版，第42－43页；崔如波：《公司治理：制度与绩效》，中国社会科学出版社2004年版，第118页。

综上所述，20世纪50年代以来，日本的法人股东特别是金融机构在企业股权结构中所处的地位迅速上升，而个人股东在日本企业股权结构中所处的地位迅速下降，两者形成鲜明的对比。小宫隆太郎认为，日本个人股东的地位之所以会下降，其原因主要体现在以下几个方面：①所有权人作为经营者的比重下降，这与遗产继承税、所得税的重课以及由于企业的迅速发展使得这些人解决不了增大了的自有资本需求等因素有关；②企业经营者方面开展了所谓的"稳定股东"工作；③个人投资者及资本家等偏好安全而有保障的银行存款和放款信托等，对股票不甚热心；④由于生命保险、养老金等的普及，法人投资者集聚了大量的资金；⑤企业之间母子公司关系增多，业务上有网络的公司之间持股的现象增多。①

① ［日］小宫隆太郎：《现代中国经济：日中比较分析》，北京大学现代日本研究班译，商务印书馆1993年版，第107－108页。

（二）以内部董事为主体的管理结构

日本大型企业的组织结构是按照三权分立原则设置的。从公司内部的机构设置来看，日本企业设有股东大会、董事会和执行机构。股东大会在形式上是公司的最高决策机构，根据《日本商法》规定，股东大会在董事会和监事会成员的任免、公司经营的大政方针等方面具有决策权。然而，股东大会实际上形同虚设，真正在日本企业中发挥决策作用的是公司董事会，重大问题均由董事会集体讨论决定。从董事会成员构成来看，有80%左右的董事会成员来自企业集团内部，其他董事则主要是由控股或参股的关系企业委派，外部董事较少。按照《日本商法》的安排，日本企业的董事会成员之间存在董事和董事代表之分。原则上董事是决策机关人员，董事代表是业务执行机关人员，然而日本没有这种区分，决策机关和执行机关融为一体，董事和董事代表之间只表现为身份和地位的差异，而不是表现为职能的差异。通常，日本企业形成董事长、社长、专务董事、常务董事和普通董事的金字塔式权力执行体系（并且董事长、社长可以由同一人担任），使董事会难以真正起到业务监督作用。一般来说，日本企业的董事会成员主要由公司各事业部长或分厂的领导兼任，这样就使得日本企业的高层领导机构（通常是由主要董事组成的领导委员会）具有双重职能，既是公司的决策机构，又是公司的执行机构，造成公司决策权与执行权融为一体，从而使企业经营者拥有很大的权力。

在日本企业里，社长是经营者权力的代表。日本企业经营者的任命一般是从企业内部选拔产生，通常是即将离任的社长在征求前任社长的意见并征询主银行的意见之后，提出信任社长的人选，然后由公司董事会表决。一般来说，新任社长的提名很少被拒绝，董事会表决只不过是履行一下法律程序而已。日本企业经营者的选聘虽然不是通过外部经营者市场，但新任社长是即将卸任的社长在企业管理人员中通过长期考核产生的，是企业内部长期而充分竞争的结果，因而它实际上是"外部经营者市场的内部化"。从董事产生的机制来看，在日本的公司中，董事由股东大会选举产生，董事会名义上也有权任免、领导和监督总经理，然而在实际中，日本许多大企业的董事由社长提出候选人，然后在股东大会上很自然地通过。这样就形成了由社长提名董事人选，再由董事会选举总经理的"循环选举"，经理选用董事，又由董事会选用经理，这无异于社长自己选自己。

在对经营者约束机制方面，日本企业对经营者的约束机制是多元化的，其顺序依次是监事会、董事会、股东大会、大股东、劳动组织等。当然，公司监事会和董事会对经营者的约束是比较弱的。日本对经营者的约束主要来自三个方面：一是大股东主银行对企业经营者的监督约束比较有力。主银行在日本企业发展中，既是最大的债权人，又是公司最大的股东，为了维护自己的经济利益，主银行一般都向公司派遣内部董事，加强对公司经营者的监督约束。二是经营者的自我约束。日本企业的终身雇佣制使企业经营者的产生和流动大多局限于企业内部，从而建立了在企业内部长期考核和选拔经营者的竞争机制。企业内部"经营者市场"的形成和内部晋升制度的建立，对日本企业的经营者构成了强有力的自我约束。三是企业员工组织的约束。日本企业实行终身雇佣制，公司一般不得轻易解雇员工，因而公司从业人员与公司利益紧密结合，使从业人员成为公司的主人，双方构成目标一致的利益共同体。因此，在公司生产经营过程中，公司从业人员通过相应的组织机构（如工会等）对企业经营者进行监督与约束。

（三）利用隐含契约维系生产网络

制度是一个社会的游戏规则，更规范地说，它们是决定人们相互关系的系列约束，主要功能在于通过建立一套人们相互作用的、稳定的（但不一定有效的）结构来减少不确定性。制度由非正式约束（道德的约束、禁忌、习惯、传统和行为准则）和正式的法规（宪法、法令、产权）组成。[①]在重复合作博弈的情况下，为了防止机会主义和降低交易成本，企业可以通过两种典型的方式做出反应：一是使用明确契约，详细规定交易双方在各种可能情况下的责任和义务；二是使用隐含契约，处于商业关系中的交易双方达成一种未明示的默契。明确契约和隐含契约之间的区别主要体现在以下两个方面：①两者的表现形式不同。明确契约是正式契约，具有标准的书写规范，它明文规定交易双方的责任和义务，并可以由第三方验证；隐含契约是非正式契约，没有明确的书写规范，甚至可以表现为一些默认或口头上的承诺，交易双方的权利和义务无法正式写明，或者可以写明但不能由第三方验证。②两者的执行约束不同。明确契约主要依靠第三方所强加的明文规定的惩罚来约束，即当交易双方发生纠纷时，可以交由法院等第三方部门进行仲裁并强制执行；隐含契约主要依靠交易双方的利益博

---

① ［美］道格拉斯·C. 诺思：《制度、制度变迁与经济绩效》，刘守英译，上海三联出版社 1994 年版，第 3 页。

弈来约束，即如果一方为了自己的利益违反隐含契约，那么它的行为可能会导致其损失未来的业务。[1]

受社会传统文化影响，日本是一个注重隐含契约的国家。[2] 在典型的汽车零部件厂与组装厂签订的契约中，英美式的契约考虑得十分仔细，尽可能准确地规定数量、价格、质量、期限以及在一些特定情况下一方对另一方负的责任，契约往往长达十几页。在契约期间，不论是契约的执行、调整，还是争执的解决，都是依靠契约本身。而日本企业集团内的供货契约只规定一些大的条款，一般只有 3～4 页。[3] 日本企业之所以选择隐含契约，主要出于长期交易的整体利益的考虑，以便随着时间和环境的变化，双方能根据需要灵活修改契约。

隐含契约作为维系长期交易的一种机制，优点在于其固有的灵活性。在相互信任和认识一致的前提下，隐含契约能使企业根据变化对契约做出迅速、灵活的调整，其目的是维持长期交易的互惠性本身，而非形式上的书面协定。这种灵活性使隐含契约比正式契约更能承受不利因素的冲击，从而维持交易关系的活力，特别是有利于激励相互之间的专用资产投资。对于日本企业来说，稳定的交易关系对公司的许多重要投资决策至关重要，当公司做出一项长期开发投资时，主要的供应商和承包商将积极进行相应的专用资产投资。

三、日本式国际生产网络的发展战略

日本企业非常重视长期利益，正如 1981 年日本《经济白皮书》中所指出的："我国（日本）与美国的企业相比，首先在经营目标上，美国的企业多重视投资效益和股票价格这种短期经营效果，而日本企业则重视市场占有率和新产品的开发等比较长期的关系到企业发展的目标。"[4] 实际上，日

---

① 未来利润流可以激励厂商保持现有的关系，参见 Klein, B. and K. B. Leffler, "The Role of Market Forces in Assuring Contractual Performance", *Journal of Political Economy*, Vol. 89, 1981, pp. 625 – 641.

② 李向阳：《企业信誉、企业行为与市场机制——日本企业制度模式研究》，经济科学出版社 1999 年版，第 41 页。

③ Kester, W. C., "Industrial Groups as Systems of Contractual Governance", *Oxford Review of Economic Policy*, Vol. 8, 1992, pp. 24 – 44.

④ ［日］奥村宏：《法人资本主义》，李建国等译，三联书店 1990 年版，第 113 页。

本企业的经营目标从根本上决定了日本生产网络的发展战略。

（一）转移性出口战略

20 世纪 70 年代，日本经历了长达 20 年的经济高速增长之后，步入发达国家行列，工业品的国际竞争力大大增强，对美国的贸易顺差不断扩大，致使日美贸易摩擦全面爆发，涉及纺织品、彩色电视机、钢铁、汽车、半导体等多种产品。以日美汽车贸易摩擦为例，20 世纪 50 年代初，日本汽车生产量只有 3 万辆，而同期美国汽车生产量达到了 800 万辆，日本的汽车产量不及美国的 0.4%；1967 年，日本轿车生产突破 700 万辆，居世界第二位；1980 年，日本轿车生产突破 1000 万辆，超越美国位居世界第一，并且把美国作为重要出口市场，当时美国的汽车在日本市场只占 1% 的份额，而日本汽车在美国却夺取了近 1/3 的市场；20 世纪 90 年代初期，日美的汽车贸易赤字已上升到美国对日本贸易赤字的 3/4；这引起了美国的强烈不满，迫使日本实行限制出口措施。

为了应对贸易摩擦和日元升值带来的压力，保卫原有的国际市场，日本企业加大了对外直接投资力度，日本跨国公司迅速崛起。1986 年日本对外直接投资超越美国，1989 年日本对外直接投资超过英国，一跃成为世界最大的对外直接投资国。表 5 - 3 反映了日本企业对外直接投资的地区分布情况。日本企业通过构建国际生产网络实现生产、销售、研究和开发、信息收集等活动在世界各地的最佳配置，扬长避短，通过广泛的国际协作，充分利用各地的人才资源和技术资源，从而将技术垄断优势、区位配置优势和经营资源互补优势集于一身。

表 5 - 3　日本企业对外直接投资的地区分布

单位:%

年份	1981	1982	1985	1989	1995	2003
亚洲	37.4	18.0	11.7	12.2	23.0	19.1
美国	26.4	35.5	44.2	48.2	46.7	41.1
欧洲	8.9	11.4	15.8	21.9	8.0	25.5
其他	27.3	35.1	28.3	17.7	18.2	14.3

资料来源：根据日本财务省《对外资本投资与外资投资状况》的资料整理而得。转引自周泽红：《日本应对贸易摩擦的经验及启示——以日美贸易摩擦为例》，《现代日本经济》2006 年第 1 期，第 25 - 29 页。

日本对亚洲（主要是东亚）各国或地区的直接投资是典型的建立海外出口基地型投资，通过亚洲生产基地的产业递次转移，一方面带动本国零部件、成套设备等资本品和中间品出口，以保障日本国内出口额的稳定增长；另一方面将亚洲变成日本进军国际市场特别是欧美市场的"出口加工地"和"海外集散地"，从而缓解日本直接向欧美市场出口引发的贸易摩擦，即日本将一部分出口能力转移到东亚国家，利用这些国家廉价的土地和劳动力资源而形成生产能力，通过这种"迂回"方式向欧美国家出口。这一点清楚地反映在日本跨国公司在亚洲子公司的原材料、零部件采购以及产品销售上。从原材料、零部件的采购情况来看，1975 年，日本跨国公司的亚洲子公司从日本采购的零部件和半成品所占比例高达 48.9%，1980年为 43.2%，1982 年为 35.2%；1975 年，日本跨国公司的亚洲子公司从东道国采购的零部件和半成品所占比例仅为 41.5%，1980 年为 43.6%，1982年为 51.9%；1975 年，日本跨国公司的亚洲子公司从第三国采购的零部件和半成品所占比例仅为 9.6%，1980 年为 13.2%，1982 年为 12.4%。从产品销售来看，东道国市场在日本跨国公司的亚洲子公司销售总额中所占的比例不断增加，1975 年为 57.4%，1980 年为 65.3%，1982 年为 65.5%；第三国市场在日本跨国公司的亚洲子公司销售总额中所占的比例呈现出扩大趋势，1975 年为 18.8%，1980 年为 24.8%，1982 年为 24.5%；返销日本的产品在日本跨国公司的亚洲子公司销售总额中所占的比例不断降低，1975 年为 23.8%，1980 年为 9.9%，1982 年为 10.0%。[①]

（二）低成本战略

与美国公司相比，日本公司的自主创新能力稍逊一筹，面对全球市场的激烈竞争，降低生产成本是日本公司到海外兴办子公司、构建国际生产网络的重要战略内容。

关满博（SEKI Mitsuhiro）强调，在考察日本企业向海外发展的情况时，人们更多的是关注日本的汽车制造厂商在美国的合作生产情况，但无论是从对整个日本产业的生产结构改革的影响来看，还是从地缘学的角度来考察日本产业的未来取向，都有必要特别注意日本向东亚地区的发展。20 世纪 80 年代以来，日本企业在海外的发展主要是以邻近的东亚各国和地区为中心，而成本低廉和批量生产的电子产品零部件组装部门是日本企业向东

---

① 樊勇明：《日本的投资与亚洲的崛起》，三联书店上海分店 1991 年版，第 25 - 26 页。

亚扩张的典型。作为向东亚地区发展的先锋,日本马渊电机公司的发展路径清晰地勾勒出了东亚与日本企业的关系网。马渊电机公司从生产玩具的专用马达起家,在家电产品等追求"短小轻薄"的潮流中,迅速成长为同行业中的最大厂家,在世界同类产品市场的占有率高达55%左右。20世纪60~70年代,马渊电机公司先后以独资或合资的形式进入中国香港和中国台湾。然而,随着中国香港、中国台湾经济的快速发展,劳动力严重不足,工资水平迅速提高,马渊电机公司不得不把生产工厂向劳动力成本低廉的中国沿海地区转移。①

20世纪80年代中期以来,随着日元升值和国内工资水平的上升,日本产品的价格优势不断下降,国内制造业不断萎缩,不得不向海外转移,以降低生产成本,寻求生存。1985年的《广场协议》促使日元快速升值,1989年日本制造业对外投资达到高峰。1993年底,日元再度升值,日本企业为降低成本,寻找廉价劳动力市场,又一次加快了对外投资的步伐。1995年,日元升值到1美元兑换79日元的历史最高点,同期以电子、机械为中心的制造业对外投资达1.82万亿日元,比1994年增长26.4%。1997年,日本通产省对日本投资亚洲的1200家企业进行调查发现,1996年东京附近企业工人的月平均工资在3000美元左右,而同期中国工人的月平均工资不超过100美元。巨大的工资成本差异和低廉的运输费用,推动日本制造业向亚洲国家转移,以钢铁、造船、化工、精密机械、汽车、家用电器和电子产品为主的制造业,在日本国内生产总值中所占比重已经从1985年的30%下降到1995年的22%。东南亚是日本产业转移的重点,该地区投资环境比较稳定,劳动力素质基本可以满足生产的需要,运输方便,消费增长迅速,新加坡、马来西亚、泰国、菲律宾、印度尼西亚已成为日本重要的加工地,1995年对亚洲制造业投资达7814亿日元。但近年来,东南亚国家劳务费用上升很快,平均每年增长10%以上,劳动力短缺问题日益严重,日本企业的投资开始流向劳动力成本更低的国家。②

综上所述,受国内工资水平提高、美元危机、石油危机、日元升值等多重因素影响,日本的制造厂商通过实行低成本、批量生产的战略将生产

---

① [日]关满博:《东亚新时代的日本经济——超越"全套型"产业结构》,陈生保、张青平译,上海译文出版社1997年版,第3-8页。

② 季铸:《"入世"前夕:看世界市场》,人民出版社2001年版,第121-122页。

据点逐步向韩国、中国台湾、中国香港、新加坡、泰国、马来西亚以及中国大陆转移。其中，电器、电子部件的组装环节向国外转移的情况十分突出。事实上，电器、电子零部件生产行业早有一条准则，即包括运费在内，如能降低成本20%以上，就到海外去生产。因此，日本大部分通用性的电气、电子零部件的生产很大程度上依赖于东盟。作为东盟各国核心，新加坡是公认的具有世界水平的电气、电子零部件的供应点，并成为世界电机制造业的国际采购中心。当前，日本企业的海外发展重心正在向中国、印度尼西亚、越南等国转移。由于采用了低成本战略，日本企业的生产据点不断在东亚各国和地区转移，人们形象地称之为"候鸟式迁徙"。

第二节　美国式国际生产网络的运行模式

得益于美国在经济、科技、教育等领域的世界领先地位，其国内众多大型跨国公司以商标和知识产权为基础，集中培育和巩固研发、销售等环节的竞争力，将零部件制造、产品组装等环节外包出去，在全球范围建立起庞大的企业网络。

一、美国式国际生产网络的发展概况

20世纪初，美国福特制生产模式适应了当时的工业化水平，大幅度提高了劳动生产率，促使美国经济迅猛发展。到了20世纪80年代中后期，随着信息技术的发展和个人电脑的普及，计算机产业市场竞争的游戏规则发生了改变，计算机等产业的生产模式迅速从福特制的垂直型结构走向温特制的水平型结构。

（一）福特制企业组织

19世纪末20世纪初，美国逐渐形成了以流水线作业和M型组织结构为特征的福特制生产组织，并在第二次世界大战后成为发达资本主义国家占主导地位的生产组织形式。福特制生产组织的主要特点是采用大批量流水作业，大幅度提高了生产效率。在福特建立大批量生产流水线之前，汽车工业完全是手工作坊型的，每装配一辆汽车要728个人工小时，而经过福特的简化设计，标准部件的 T 型车缩短为 12.5 个人工小时。在福特之前，轿车是富人的专利，是地位的象征，售价在 4700 美元左右，伴随福特流水线的大批量生产而来的是价格的急剧下降，T 型车在 1910 年销售价为每辆 780 美元，1911 年降到 690 美元，1914 年降到 360 美元。低廉的价格为福特赢得了大批平民用户，小轿车第一次成为人民大众的交通工具，福特公司也因此在美国汽车行业占据了绝对优势。

福特制得以产生并成为当时西方国家的一种主要生产组织方式，是因为在这期间的市场是卖方市场，市场相对稳定，产品寿命周期较长。在这种市场环境下，主要的竞争要素是产品的成本和供应的可靠性，采用福特制这种大批量流水线的生产组织方式可以有效地获得由规模经济带来的效率和成本优势，同时凭借大规模生产迅速获得较大市场份额，进而形成一定的市场垄断优势。此外，稳定的市场也需要稳定的供应，所以这期间的制造业多采取高度的垂直一体化生产组织形式，即研发活动、产品定位和设计、投入要素的供给、制造（或者服务的提供）、分销和支持及售后服务等所有环节都被集中于一个大企业中。福特制生产组织结合了高度专业化和大规模生产的优点，在面对统一的标准化市场需求时曾经获得了巨大的成功。钱德勒（Chandler）指出，在 19 世纪后期，垂直一体化的现代大型工商企业逐渐取代了传统的家庭和工场企业，企业规模迅速扩张，到 1917 年，一体化的工商企业已经成为美国经济中最有力的机构，20 世纪美国经济的成功也要归功于垂直一体化的现代企业的兴起。[1] 在追求高度垂直一体化生产的时代，企业扩张方式主要是兼并，正如美国诺贝尔经济学奖获得者施蒂格勒（George J. Stigler）在《通向垄断和寡占之路——兼并》中所说的那样："一个企业通过兼并其竞争对手的途径发展成巨型企业，是现代经济史上一个突出的现象"，"没有一个美国大公司不是通过某种程度、某种方式的兼并而成长起来的，几乎没有一家大公司主要是靠内部扩张成长起来的。"[2] 直到 20 世纪 80 年代之前相当长的一段时期，垂直一体化成为主导美国、德国、英国等西方发达国家产业的主要产业组织形式。[3]

[1] ［美］钱德勒：《看得见的手——美国企业的管理革命》，商务印书馆 1987 年版，第 1 - 21 页。
[2] G. J. 施蒂格勒：《产业组织与政府管制》，上海人民出版社、上海三联书店 1996 年版，第 3 页。
[3] Livesay, H. C. and P. G. Porter, "Vertical Integration in American Manufacturing, 1899 - 1948", *The Journal of Economic History*, Vol. 29, 1969, pp. 494 - 500; Maddigan, R. J., "The Measurement of Vertical Integration", *The Review of Economics and Statistics*, Vol. 63, 1981, pp. 328 - 335.

（二）温特制企业组织

20世纪60年代，日本汽车制造厂商采用"精益"生产方式，以更低的资源投入、更短的产品创新时间实现了更低的成本、更高的产品质量以及更多样的产品种类，对美国、德国、英国等的大规模生产和管理范式企业带来了严峻的挑战。为了扭转不利的局面，美国企业发展了一种新的战略竞争模式——温特制（Wintelism）生产组织形式。温特制企业组织是基于美国企业不断采用的"商务型生产"战略，这一战略使其通过强化新产品的研发环节和销售环节来获得更广泛的最终消费者，而不是局限于通过垂直产业链的整合来实现价格的降低。其中，美国的电子产业把温特制生产组织形式发挥得淋漓尽致，并通过主要软件系统（Windows）和主要微处理器制造商（Intel）的组成迅速占据了全球电气产业的制高点。美国半导体企业提出的这一战略核心就是生产地理的调节和控制。起初，美国的半导体工业高度集中在两个地方：波士顿沿线128通道、马萨诸塞州以及加利福尼亚州的圣克拉拉峡谷——"硅谷"。接着，硅谷迅速成为美国重要的电子工业基地，也成为世界最为知名的电子工业集中地，其特点是以附近一些具有雄厚科研力量的美国一流大学如斯坦福、伯克利和加州理工等为依托，以高技术的中小公司群为基础，并拥有思科、英特尔、惠普、朗讯、苹果等大公司，融科学、技术、生产为一体。迈克尔·鲍瑞斯（Michael Borrus）强调："通过将芯片技术尽可能广泛地传播，商务性生产商促进了电子价值链中其他专业化生产者的发展。为摆脱IBM主导模式，并回应日本的崛起，出现了新生产战略。当然，其中的先锋是个人电脑。但是，随着技术的突飞猛进和不断提高的性价比，微电子产品变得越来越普遍。到20世纪80年代中期，新电子市场已经开始整合，其整合的基础是低成本、技术通用、可联网的微处理器的系统，其中个人电脑只是一个标志性的产品。这样的系统使产品品质发生巨变：由原来的专有的、完全开放或封闭标准的系统转变为温特制时代的有限制标准的、开放但专有的系统。"①

20世纪90年代以来，越来越多的美国企业将原来在企业内部交易的许

---

① Borrus, M., "The Resurgence of US Electronics: Asia Production Networks and the Rise of Wintelism", in Borrus, Ernst and Haggard, eds., *International Production Networks in Asia: Rivalry or Riches?* Routledge, pp. 57 – 79.

多功能外包给专业化的合同制造商，而专注于自己更擅长的部分，企业组织呈现出垂直非一体化，即垂直一体化的企业将原来在企业内部纵向链条上的生产过程分离出去，或者说从价值链体系的某些阶段撤离出来，转而依靠外部供应商来提供所需的产品、支持服务或者职能活动。"硅谷"式企业组织形式成为"网络"型企业组织形式的代名词，其特征主要表现为以下几个方面：第一，"网络"型企业组织形式突破了"金字塔"式企业营销的直线运动方式，要素配置形式趋于立体化，新产品的开发速度大大加快；第二，风险资本的出现减少了企业筹措资金的环节，大大缩短了企业筹措资金的时间；第三，生产性服务行业发展迅猛，它不仅使"网络"型企业生长环境的质量得到明显的改善，而且使营销的费用大大节省了；第四，B2B、B2C电子商务模式减少了产销的多余环节，提高了营销效率；第五，在"网络"型企业里，企业成员的地位是平等的、非固定的，每个工作单元都是一个信息接收和处理中心。美国温特制生产模式改变了传统企业点状分布的信息系统格局，可以及时应对市场的变化。[①]

（三）美国企业的国际化经营

随着模块型生产网络的形成与发展，美国企业开始在东亚地区寻找合适的供应商，以东亚为产品制造基地的生产网络成为美国分工协作体系的延伸。与传统的福特制跨国公司相比，新型跨国生产体系的突出特征是跨国界企业之间的非股权合作关系，使价值创造过程的很大一部分都在主导企业之外完成，甚至整个企业的经营功能都可以通过外包的方式获得，主导企业出现"虚拟化"，主要控制着销售渠道、市场标准以及最终价值的实现。

东亚供应商的成长在美国电子、汽车等产业发展的过程中发挥了至关重要的作用。从一定程度上来说，没有东亚地区企业之间的紧密联系，并形成跨境生产网络，美国的温特制企业组织也不能如此成功。[②] 迪肯（Dicken）认为，美国式国际生产网络的形成与发展经历了三个阶段：第一阶段是20世纪60年代到70年代晚期，美国企业寻找低成本生产区域，选择东

---

① 许军：《巨大的反差——20世纪末的美国经济与日本经济》，商务印书馆2003年版，第151－152页。

② Borrus，M.，"The Resurgence of US Electronics：Asia Production Networks and the Rise of Wintelism"，in Borrus，Ernst and Haggard，eds.，*International Production Networks in Asia：Rivalry or Riches?* Routledge，pp. 57－79.

亚作为生产基地，将产品销售到亚洲以外的先进国家市场。第二阶段是1980～1985年，美国所有的海外生产线技术平台升级，进入范围更广的生产阶段（如从简单的芯片生产线发展到复杂的测试阶段）。同时，美国在东亚的分厂通过本地组建的外包，建立并发展了本地联系。第三阶段是1985年到20世纪90年代早期，美国企业很明显地关注新产品的定义和设计，它们进一步升级了东亚生产公司。东亚的本地企业承担了更多的制造责任，在选择关键组件、原料等方面获得了更大的自主性。[①] 美国新型跨国生产体系的形成与发展，使美国企业与日本企业的实力对比发生了深刻的变化。20世纪80年代，日本企业凭借日本政府、产业政策、企业之间的关系及独特的文化孕育出来的协作精神，将福特制生产方式的优势发挥得淋漓尽致；但到了20世纪90年代，美国公司却借助全球化，重构了一套包括电子商务和全球供应链管理在内的温特制、水平式跨国生产体系，在超强的政治和军事力量的帮助下，美国企业得以整合全球资源和市场。如果说日本企业是用全国的力量（组建日本企业集团）战胜了基本处于单纯企业形态的美国企业，那么美国企业是用全球化的力量战胜了盛极一时的日本企业集团。[②]当然，美国企业与日本企业之间不是单纯的竞争对手，有时也是合作伙伴，随着市场竞争的加剧，美国式国际生产网络将与日本式国际生产网络走向融合。

二、美国式国际生产网络的治理模式

美国企业主要以个人股东为基础，以外部董事为管理主体，生产网络主要利用明确契约维系。

（一）以个人股东为基础的股权结构

美国企业最突出的特点是股权高度分散，个人股东占据优势地位。美国个人股东的覆盖率极高，基本达到了大众持股的状态，金融机构作为所有者持有的股份很少，但是金融机构作为代理人却持有较高的股份。20世纪70年代，美国个人持股率高达70%以上，虽然80年代个人持股比例有

① ［英］彼得·迪肯：《全球性转变——重塑21世纪的全球经济地图》，刘卫东等译，商务印书馆2007年版，第363–364页。
② 江小涓等：《全球化中的科技资源重组与中国产业技术竞争力提升》，中国社会科学出版社2004年版，第257页。

所下降，但在 1990 年仍为 56%。由于个人股东数量众多，导致股权高度分散，以美国电话电报公司为例，该公司有 300 万股东，没有一人所持股份超过全部股份的 1%。1982 年，美国直接持有公司股票的人数为 3200 万人，加上间接持股，持股人数达 1.33 亿人，约占美国总人口的 60%。① 实际上，美国自然人在通过直接持股成为企业股东的同时，还可以从金融机构为中介对企业进行投资，这使得银行信托、养老基金、互助基金、人寿保险和共同基金等法人股东在美国企业中占有的股份越来越多，持股率呈上升趋势。据统计，美国的金融机构投资者在 1955 年持有的普通股占全部上市普通股的比例为 23.7%，1965 年为 28.9%，1975 年上升到 37.9%，1980 年为 33.8%，20 世纪 90 年代中期大约为 40%。与此同时，金融机构投资者的资产也迅速上升，1990 年达到 58000 亿美元。尽管金融机构投资者已经成为大公司最重要的股东，但它们自有资本很少，主要是运用客户的资本进行投资活动，因此，这些金融机构投资者实际上代表了私人投资者的利益。

　　表 5-4 清晰地反映了美国企业与日本企业、德国企业的股权对比情况。1990 年，美国的个人股东所持的股份在企业总股份中所占的比重高达 30.5%，而日本、德国的个人股东所持的股份在企业总股份中所占的比重分别仅为 22.4%、3.0%；在美国，作为资产代理者的金融机构所持的股份在企业总股份中所占的比重高达 53.1%，而在日本、德国，作为资产代理者的金融机构所持的股份在企业总股份中所占的比重分别仅为 9.5%、3.0%；在美国，作为资产所有者的金融机构所持的股份在企业总股份中所占的比重仅为 2.0%，而在日本、德国，作为资产所有者的金融机构所持的股份在企业总股份中所占的比重分别高达 38.5%、33.0%；美国非金融企业所持股份在企业总股份中所占的比重仅为 7.0%，而日本、德国非金融企业所持股份在企业总股份中所占的比重分别高达 23.9%、42.0%。从一定程度上来说，作为资产代理者的金融机构所持的股份本质上是个人股东的间接持股，如果将其计入个人股东范畴，那么美国的个人股东所持的股份将高达 83.6%，远远高于日本和德国。综上所述，美国企业的融资结构主要建立在数量庞大的个人股东基础上。

① 金晓斌：《现代银行与工商企业关系论》，上海三联书店 1997 年版，第 59 页。

表 5 – 4 美国、日本、德国公司制企业的股权结构对比情况（1990 年）

单位:%

公司制企业股权结构	美国	日本	德国
个人股东	30.5	22.4	3.0
金融机构（作为代理者）	53.1	9.5	3.0
金融机构（作为所有者）	2.0	38.5	33.0
非金融企业	7.0	23.9	42.0
外国	3.4	3.0	13.0
政府	0.0	0.7	3.4

资料来源：Prowse, S., "Corporate Governance in an International Perspective: A Survey of Corporate Control Mechanisms among Large Firms in the U.S., U.K., Japan and Germany", *Financial Markets, Institutions and Instruments*, Vol. 4, 1995, pp. 1 – 63.

从法规和监管的角度来看，美国的法律一般禁止金融机构以所有者的身份持有企业的股份。早在 1933 年，《格拉斯—斯蒂格尔法案》就曾明令禁止银行拥有任何一个单个公司 5% 以上的股份，即使持有少数的股份也不得参与股利分配，银行信托部门虽然可以代客户（受益人）持有股份，但是不能将其受托资金的 10% 以上投资于任意单个公司，并且有其他的法律鼓励信托机构持股进一步分散。除银行以外，其他金融机构在公司股份方面的投资也受到法律的限制，例如，纽约州保险法规定，任一人寿保险公司可以投资于其他公司股份的资产不得超过本公司总资产的 20%，并且投资于单个公司股份的资产不得超过本公司资产的 2%，此外，美国法律也限制非金融企业持有其他企业的股份。从总体上来看，美国的公司类型可以说是股东主权模式[①]，即在公司的经济运行中，股东的意志得以较多地体现，股东的力量相对强大。在利益最大化目标的驱使下，股东倾向于以自身利益取向来影响公司经营，由此造成股东关注短期盈利。

（二）以外部董事为主体的管理结构

按照国际公认的分类，各国的公司治理结构可分为"单会制"（或单委员会制）和"双会制"（或双委员会制）两种。所谓"单会制"，是指企业组织中只设董事会，不设监事会；所谓"双会制"，是指企业组织中分别设

---

① 金晓斌：《现代商业银行与工商企业关系论》，上海三联书店 1997 年版，第 63 页。

有董事会和监事会。美国企业的治理模式是典型的单会制。

按照美国的法律规定，股东大会是一个公司的最高权力机构，定期或不定期召开大会，但每年至少召开一次。股东大会选举产生公司董事会，决定公司经营政策和财务政策，讨论并确定公司的分红方案等。然而，由于美国企业的所有权高度分散，个人股东往往比较注重短期的股票收益率，对企业实施监督诉诸于股票市场，采用"用脚投票"的方式来影响企业经营者的行为。一旦收益率下降或上升，股东就会有进行股票交易的需求，以至于美国股票交易市场十分发达，特别是法律上明确禁止股东之间形成某种稳定、排他性的资本契约以抵御外部竞争性资本的进入，这使美国企业的产权流动保持较高的完整性、竞争性和流通性。克拉克（Clark）从三个方面对其进行了解释：一是理性的冷漠问题（Rational Apathy Problem），即股东对公司决策赞成与否进行投票决定之前，为做出理性的判断而获得信息的成本要大于因投票而获得的利益；二是"免费搭车"问题（Free Rider Problem），即在股权分散、股东各自独立的情况下，每一个股东都希望其他股东积极行使监督权而使自己获利，其结果是无人行使监督权；三是公平问题（Fairness Problem），即如果某些股东，尤其是大股东为自己的利益积极行使了股东权，因此获利的将是全体股东，积极行使股东权的股东为此耗费自己的成本，而使另一些股东不劳而获，这种不公平也妨碍了股东积极行使投票权。因此，美国企业为维护广大个人股东的利益，从强化董事会的监督职能和引入有治理能力的机构投资者等方面进行了公司治理的变革。① 在这种状况下，股东大会就将其决策权委托给一部分大股东或有权威的人来行使，由这些人组成董事会。股东大会与董事会之间的关系实际上是一种委托—代理的关系，即股东将公司日常决策的权力委托给了董事组成的董事会。

从董事会成员的构成来看，美国企业特别重视外部董事在企业治理过程中发挥的作用，这是与日本企业最大的区别。20 世纪 70 年代以来，美国企业外部董事的比例呈现出不断上升的趋势。外部董事以其在董事会的较大权力，在必要时能对公司的人事安排做出重大调整。外部董事由于在利益上独立于公司经营者，因而有利于增强董事会的独立性，加强对公司经营者的监督，从而提高公司的治理绩效。如表 5 - 5 所示，美国企业的外部

---

① Clark, R. C., *Corporate Law*, Boston: Little Brown and Company, 1986.

董事在董事会成员中所占的比例高达80%左右。

表5-5　美国大型企业中外部董事所占比例（1997年）

公司名称	通用汽车 （GM）	通用电气 （GE）	默克 （Merck）	国际商业机器 （IBM）	美国电话电报 （AT&T）	杜邦 （Dupont）	宝洁 （P&G）
外部董事在 全体董事中 所占比例	14/16	10/14	12/13	9/11	8/10	9/13	13/17

资料来源：杨胜刚：《公司治理结构的主要模式和国际比较》，《国际金融研究》2001年第9期，第59-63页。

（三）利用明确契约维系生产网络

在美国，降低交易中不确定性的方式主要是通过建立严格的法律，明确交易双方的责任和义务，加强对契约执行的监督，保证交易能够公正地得到履行。因此，美国式国际生产网络主要依靠明确契约来维系，而隐含契约发挥的作用越来越小。当然，这并不是说美国的经济活动中不重视信誉，只是美国倾向于尽可能地把责任和义务置于法律保护的范围内，这从美国法律相关人员的从业情况就可以得到验证。美国人口大致是日本的一倍，公司数量比日本多40%，而它的注册律师却是日本的30倍。日本企业的法律部被委婉地称为档案部，其中通晓公司法律事务的专业人员大多不足10人。这个部门的主要工作不是为了打官司，而是为了使公司避免卷入法律诉讼之中。当公司无法避免地卷入法律诉讼事务时，再到公司外聘请辩护律师或法律教师。[1]

从20世纪80年代后期开始，美国企业为了降低运营成本，还将其内部的一些非核心部门分离出去变成独立的供应商，一种全新的生产组织方式——模块化生产网络迅速兴起。在模块化生产网络中，一条完整的价值链是由许多高度专业化的节点组成的。各节点上的活动具有高度一体化的特征，节点内部各种活动之间的联系以默会的知识（Tacit Knowledge）为基

---

[1] Kester, W. C., *Japanese Takeovers: The Global Contest for Corporate Control*, Boston, Ma: Harvard Business School Press, 1991.

础，而节点之间联系的基础则是经过编码的信息（Codified Information）。①

在模块化生产网络中，成本节约是领导厂商进行业务外包的根本动力。斯特恩和莱斯特（Sturgeon & Lester）研究发现，将非核心业务外包给合同制造商，可以使成本降低10%~15%。② 然而，尽管领导厂商可以通过业务外包获得成本节约，但同时会面临巨大的风险。首先，合同制造商可能利用领导厂商提供的信息和技术开发自己的产品，从而与领导厂商在市场上展开竞争。其次，几乎所有的大型合同制造商都承包多个领导厂商的业务，这使得某个领导厂商的关键信息和技术有可能外泄给其竞争对手。因此，领导厂商会与合同制造商签订明确契约来规避上述风险。

雷斯曼（Raysman）在探讨外包合同问题时指出，从发包商和承包商共同的角度来看，一份完美的外包合同的最关键问题是要在合同中对外包工作做出清楚的界定，同时支付安排要保证精确和无异议。从承包商的角度看，合同中关键的问题主要有两个：第一个是责任有限性条款，即承包商必须对此条款仔细谈判并准确规定，以确保在遭受重大灾难性打击时，不致遭到致命打击以至于退出该行业；第二个是要对外包工作进行精确的界定，如果外包工作定义模糊，许多未来的相关服务会被发包商认为包括在合同中，而实际上承包商在合同订立时并未将这些服务考虑在内。同样，从发包商的角度看，合同中关键的问题也主要有两个：第一个是支付安排，即支付安排要对发包商认为应得到的服务进行精确的定义，如果支付安排不精确，未来的一些服务可能会被当作新的或增加的服务而额外收取费用；第二个是为发包商提供生产和服务的员工的能力状况，即发包商希望能够得到承包商方面最好的员工来为其提供生产和服务，如果员工需要从发包商派遣到承包商，那么关键的问题就是人力资源的用人计划，同时发包商要确保它的员工在承包商那里得到合理的对待，能够得到与承包商自己的员工同等的养老金和其他的福利。因此，发包商与承包商在展开业务合作之前，双方要签订明确的契约，内容涉及外包关系的界定、业务的内容和标准、协议的期限、知识产权的使用和授让、特殊情况的解决方式、违约

① Sturgeon, T., "Modular Production Networks", *Industrial and Corporate Change*, Vol. 11, 2002, pp. 451–496.

② Sturgeon, T. J. and R. K. Lester, "The New Global Supply-Base: New Challenges for Local Suppliers in East Asia", MIT-IPC-03-006, 2003.

的惩罚措施等诸多方面。①

三、美国式国际生产网络的发展战略

在新的国际经济政治环境下，美国企业一方面通过实施知识产权战略巩固其在科技创新、管理现代化等方面的优势，另一方面通过实施归核化战略维持其在全球价值链高端的地位，从而获得越来越大的竞争优势。

(一) 知识产权战略

美国企业在技术创新方面一直保持着巨大优势，特别是美国众多的高新技术企业具有雄厚的技术实力。因此，美国企业知识产权战略管理的目标就是对技术创新成果实施知识产权保护，将丰富的技术创新潜力转化成为知识产权资源优势和市场竞争优势。为实现这一战略目标，美国企业首先加强了对技术创新过程的知识产权监控，大力支持产权的开发和保护。从 20 世纪 80 年代以来，美国全面加强了对本国企业知识产权的保护，鼓励企业通过创造和利用知识产权，形成市场竞争优势。知识产权保护的加强促进了美国高新技术企业和跨国知识产权贸易的迅速发展，以专利为核心的知识产权已经成为美国企业最重要的资产和国际竞争的战略手段。

美国跨国公司强大的经济和科技实力决定了其知识产权战略总体上是以进攻型战略模式为主。进攻型模式的基本条件是企业能够创造大量的具有强劲技术优势的知识产权特别是专利技术。美国跨国公司投入了大量研究开发经费用于技术开发，产生了大量的技术成果。为了使这些成果在国内外获得有效的法律保护，美国跨国公司重视专利战略运用，以基本专利为主，辅以外围专利，构建立体化专利保护网络。美国跨国公司通过实施专利战略等形式，不仅有效地保护了国内外技术优势，使技术优势转化为市场优势，而且实施专利战略本身具有促进技术进步和创新的目的与功效。许多美国企业通过知识产权交易将其拥有的高质量知识产权许可给其他需要的企业，并在实质产权管理监控下获得高额知识产权许可费，同时牢牢地控制被许可企业的研究开发成本和产品成本。知识产权强保护制度下的知识产权许可交易帮助美国企业实现了技术优势企业和市场优势企业的知

---

① [美] 罗伯特·克莱珀（Robert Klepper）、温德尔·O. 琼斯（Wendell O. Jones）:《信息技术、系统与服务的外包》，电子工业出版社 2003 年版，第 176－183 页。

识产权合作和优势互补，加速了技术扩散速度，缩短了创新型企业的盈利周期。[①] 目前，美国企业界已经成功建立了基于"R&D 投资—知识产权—许可收入（控制竞争对手成本）—R&D 投资"动态过程，以利润创造为核心的知识产权许可战略模式。

通过专利许可等知识产权战略，美国企业不仅获得高额经济回报，弥补或收回了研究开发成本，而且通过再次投入新的研究开发，进一步促进了技术进步和创新。另外，美国众多企业之间通过实施交叉许可战略和技术联盟战略，一方面获得了更多所需要的技术，另一方面降低了企业开发成本，分散了企业开发风险，加快了企业技术进步的步伐。特别是通过在其他国家设立研究开发机构等形式，实现了国际专利为企业市场开拓保驾护航的目的。20 世纪 90 年代，美国 IBM、英特尔、惠普、咔哒、得州仪器、摩托罗拉、施乐等跨国公司专利开发的国际化程度不断提高，它们在海外研究开发要获得专利的数量占公司专利总量的比例 1980 年为 5.3%，1990 年达到 10.2%，2000 年则达到 12.3%，呈稳步增长态势。[②]

（二）归核化战略

在美国的经济史上，大公司和大企业一直是企业组织的主流，它们通过纵向兼并、横向兼并、混合兼并等手段实现了企业规模的不断扩大和经营的多元化。然而，到了 20 世纪 70 年代后期，在复兴的欧洲大企业和新兴的日本大企业的两面夹击下，美国企业在若干领域节节败退。20 世纪 80 年代以来，美国工商界和学术界开始对美国企业的经营战略进行反思，形成了一股归核化思潮。

1990 年，马凯兹（Markides）在其博士论文《归核化与经济绩效》中首次提出了归核化（Refocusing）的概念，并于 1995 年在《多元化、归核化与经济效绩》一书中进一步建立了战略归核化的理论体系。所谓归核化战略，是指企业把非核心业务剥离出去，因为这些业务大多处于亏损或微利状态。归核化战略的理论命题主要有三个：①每一个公司都有自己多元化的极限，这个极限取决于企业特征（尤其是其专用的、不可转移性的资产）和外部环境两方面的要素；②一些企业的多元化超出了这一极限，它们的

---

① 包海波：《试析专利许可交易的内在机制》，《浙江省委党校学报》1998 年第 6 期，第 45 - 49 页。

② Patel, P., *Competitive Advantage and Through Informaton Technology*, New York：Mcgraw - Hill, 1996, pp. 65 - 69.

盈利能力与市场价值将会下降；③主要受市场压力以及组织学习能力的影响，这些过度多元化的企业将降低其多元化程度，以回归到其应有的平衡状态，此时，企业的收益水平和市场价值都会提高。①

如表5－6所示，马凯兹对219家美国大企业的战略变化进行了统计分析，结果显示：1949～1987年，美国大企业的发展战略以选择维持现状为主，但呈现出下降的趋势；20世纪80年代以后，把多元扩张作为发展战略的美国大企业所占比例大幅度下降，相对而言，把归核化作为发展战略的美国大企业所占比例大幅度提高。这意味着，20世纪80年代以来，美国大企业发展战略的新趋势主要表现为归核化战略。以美国通用电气为例，20世纪80年代初期，韦尔奇接管通用电气之后，决定将公司业务战线缩短，集中资源于那些有发展前景的行业。在确定保留哪些企业或部门时，韦尔奇确定了两个标准，即"机构方面最精悍、开支方面最节省、优质产品或优质服务方面在世界上名列第一或第二；它们必须有技术上的优势，必须在市场中占有有利地位"。②

表5－6 美国大企业的发展战略变化 单位:%

时间	多元扩张	归核化	维持原状
1949～1959	21.7	1.3	77.0
1959～1969	25.0	1.1	73.9
1981～1987	8.5	20.4	71.1

资料来源：Markides, C. C., *Diversification, Refocusing, and Economic Performance*, Cambridge, Ma: MIT Press, 1995, p.47.

随着越来越多的美国企业实施归核化战略，它们凭借专利技术、营销服务等方面的优势占据全球价值链的高端，并获得越来越大的竞争优势。20世纪80年代中期以后，美国对外直接投资的产业构成发生了显著的变化。1990年，美国对外直接投资的产业类别中，初级产业、制造业和服务业所占的比例分别为12.27%、39.53%、48.20%。1990～1999年，美国服务业

---

① Markides, C. C., *Diversification, Refocusing, and Economic Performance*, Cambridge, Ma: MIT Press, 1995, p.47.

② ［美］罗伯特·斯莱特：《通用电气公司复仇记》，贾文浩、贾文渊译，中国对外翻译出版社1995年版，第100－111页。

对外直接投资总额高达 4255.6 亿美元，是 1982～1989 年美国服务业对外直接投资的 5.4 倍，占美国对外直接投资总额的 53.7%，大大超过同期占31.2% 的制造业，取代制造业成为美国对外直接投资最多的行业，投资的产业结构呈现出高级化的趋势。[①]

第三节　华商式国际生产网络的运行模式

作为东亚区域生产网络的典型代表，华商网络是以海外华商群体为特定主体，以家族、族群、地区、行业、社团等为基础，以"五缘"为重要纽带，以共同利益为核心，以泛商业活动为特征的网络系统。就其功能而言，华商网络是华商所在国家或地区经济发展的助推器，是区域经济的整合力量，更是海外资本、技术、信息、人才等资源进入中国大陆的重要渠道。[②]

一、华商式国际生产网络的发展概况

华人企业主要是通过"滚雪球"的方式实现原始资本积累，并且早期的原始资本积累主要是商业资本，直到第二次世界大战后才真正实现商业资本向产业资本的转化。另外，西方列强的殖民掠夺严重破坏了华商企业赖以生存的环境，从而使华商式国际生产网络的形成和发展历经了漫长而艰辛的过程。

第二次世界大战后，东南亚各国相继独立，摆脱了西方资本主义国家的殖民统治，外国资本的独占地位逐渐被削弱，国内民族资本（包括华人资本）的发展条件和环境发生了重大变化。尤其是东南亚国家推行工业化政策，促使东南亚各国的华人资本从商业资本形态向产业资本形态转化，资本规模和经营领域不断扩大。以印度尼西亚的华商企业集团为例，20 世纪 70 年代，华商企业集团不到 20 家；20 世纪 80 年代初以后，华商企业集

① 郑飞虎：《全球生产链下的跨国公司研究》，人民出版社 2009 年版，第 29 页。
② 林善浪、张禹东、伍华佳：《华商管理学》，复旦大学出版社 2006 年版，第 286 页。

团迅猛发展；1991 年，印度尼西亚最大的 200 家私人企业集团中，华商企业集团高达 167 家，其中，前 11 家最大的企业集团均为华商企业集团，最大的 20 家华商企业集团的营业额为 65 亿盾（约合 325 亿美元），占 200 家企业集团营业额的 55.3%。[①] 与此同时，日本与亚洲"四小龙"由于货币的大幅度升值，对东南亚地区的资本流入迅速增加。华商企业集团充分利用上述有利的国际国内环境，一方面，加强与外资的合作，成为外资在东南亚的主要合作和合资伙伴，使企业规模迅速壮大；另一方面，通过承担大型建设项目，取得大型工程的经营权，实现资本积累的急剧扩张，并通过收购、兼并、参股等形式，大大扩大了经营领域和范围，发展成为多元化经营的跨国企业集团。

中国香港在华商企业集团中的地位比较特殊。一方面，由于东南亚国家政局不稳，香港扮演着东南亚华人资本"避风港"的角色；另一方面，在中国实行改革开放政策的过程中，香港成为维系东南亚华商企业与中国内地之间投资与贸易的纽带。20 世纪 50 年代，香港制造业发展迅速，后来又撤销了外汇管制，加之政局比较稳定、地理位置适中、交通电信等社会基础设施较好，从而使其成为理想的投资场所，历来为东南亚华商所看好。他们或者在香港进行长期投资，或者在香港暂居寻求发展机会，每当东南亚国家出现政局动荡或经济衰退，大量华人资金就会流入香港。20 世纪 70 年代，香港正逐渐成为东南亚华人资本走向国际舞台的"核心"，特别是东南亚华资大财团多已在香港投下巨额资金，并将其作为开拓海外业务的"旗舰"，这在一定程度上促使香港成为一个国际性的商业、贸易和金融中心。20 世纪 70 年代末，中国实行改革开放政策，并与大部分东南亚国家实现了关系正常化。中国良好的经济发展环境，为东南亚华商提供了重要的投资目的地。为了避免东南亚国家对华人资本外逃的指责，绝大多数华商都在香港设立自己的海外经营机构，利用香港的资本市场筹集资本并向中国大陆投资。

中国台湾地区是最为典型的"地方化生产基地"。20 世纪 70 年代，台湾经济已经形成一种独特的"二元分工"组织结构，其突出表现是：公营企业集中在上游的原材料和基础设施领域（如台湾电力），中间品则依靠私

---

① [印尼]《经济新闻》，1992 年 4 月号。转引自汪慕恒：《东南亚华人企业集团研究》，厦门大学出版社 1995 年版，第 3 页。

营大企业提供（如台塑），而面向国际出口市场的最终产品和服务则留给由成千上万的中小企业所组成的网络来完成。在以中小企业为绝对主体的出口导向型生产网络的构建中，就台湾而言，起到"网络组织者"作用的，既不是像日本那样的综合商社或大型制造企业，也不是像"第三意大利"地区那样的中介组织或中小企业联合体，而是数量众多的进出口贸易商。20世纪80年代以后，大量海外工程师和科学家从美国硅谷等地回到台湾，从而给台湾电子产业的发展注入了活力。1997年，新竹工业园内接近半数的公司都是有美国教育背景的工程师创办的。台湾的计算机厂商迅速构建了一种新型的"地方化生产 + 全球供应网络"生产和分工模式，并取得了巨大的成功。究其原因，李新春认为：首先，台湾建立起了一个包括众多生产商和贸易商在内的以市场协调为主的"关系网络"；其次，台湾贸易商提供了许多中小企业无力承担的"互补性活动"，特别是跨国营销与信息网络；最后，台湾厂商之间的协调分工产生了巨大的网络优势，即通过贸易商组织的中小企业生产商网络实现了单个企业难以达到的规模经济与范围经济。① 20世纪80年代末，台湾厂商开始把生产基地向中国大陆延伸，加速了海峡两岸经济的融合。台湾对中国大陆的投资始于1983年，但在1988年以前几乎一直是停滞不前。1988年以后，台湾在大陆的投资比任何外资的增长速度都要快（除了中国香港）。1992年，中国大陆实际利用台资10.5亿美元，中国台湾仅次于香港而成为中国大陆第二大外资来源地，远远超过日本和美国。

20世纪90年代以来，华商生产网络在世界经济中的地位不断提升，并引起了西方学者的高度关注。美国未来学家约翰·奈斯比特（John Naisbitt）认为，海外华人经济已经成为全球第三大经济势力，其所拥有的资产至少高达2万~3万亿美元，根据他的统计：①如果将全球华人当作一个国家来计算，他们的经济实力仅次于美国和日本；②除了韩国和日本，华人控制了所有东亚地区的贸易和投资；③中国香港、台湾地区及新加坡的华人，在亚洲的投资超过日本；④华人（而不是日本人）成为泰国、马来西亚、印度尼西亚、菲律宾与越南的最大外来投资者；⑤中国内地80%的外资来自华人。与此同时，华人在亚洲新兴国家中握有的巨额财富远超过他们的人数比例，其中，在印度尼西亚，占4%的华人拥有70%的经济实力；在泰

---

① 李新春：《企业联盟与网络》，广东人民出版社2000年版，第115–136页。

国，约占3%的华人拥有60%的经济实力；在菲律宾，占3%的华人拥有70%的经济实力。这项估计与日本东京富士通总会研究所的调查大致相符，根据他们的调查，亚洲六个主要国家的上市公司，绝大部分由华人拥有，其中，在泰国占81%、在新加坡占81%、在印度尼西亚占73%、在马来西亚占62%、在菲律宾占50%。①

随着华人经济势力的上升以及日本人经济势力的下降，亚洲当前的大趋势是生机蓬勃的华人经商网络将逐渐取代日本国家的经济实力，成为亚洲地区经济发展的主要动力。② 鲍瑞斯（Borrus）进一步强调，20世纪90年代早期美国电子行业之所以发生令人吃惊的转变，在很大程度上是得益于位于大中华圈、新加坡和韩国的以亚洲为基地的生产商在技术精密度和竞争力方面的日益提高。美国企业在精密零部件和关键技术方面越来越依赖日本企业，因而失去了竞争力。为了扭转不利的局面，美国公司决定在基础技术方面对华人网络中的公司更加开放，并逐渐把自己在亚洲的生产网络从简单的装配分厂变成能够同日本人进行有力竞争的生产企业。③ 卡赞斯坦（Katzenstein）认为，美国生产网络与华商生产网络的融合将会降低美国企业与亚洲当地供应商对日本生产商的过度依赖。在未来几十年里，该行业的领导厂商很可能会从日本和美国公司变成亚洲当地的生产商，尤其是位于中华圈的企业。④

二、华商式国际生产网络的治理模式

华商企业主要以家族企业为主，企业所有权和经营权相结合，生产网络主要利用"关系"维系。

---

① ［美］约翰·奈斯比特：《亚洲大趋势》，尉文译，外文出版社、经济日报出版社、上海远东出版社1996年版，第9~14页。

② 参见《专访约翰·奈斯比特：华商作用将超越日本》，载香港《亚洲周刊》1996年11月4~10日，第48~52页。

③ Borrus, M., "Left for Dead: Asia Production Networks and the Revival of U. S. Electronics", in Barry Naughton, eds., *The China Circle: Economics and Electronics in the PRC, Taiwan, and HongKong*, Brockings Institution, pp. 139–163.

④ ［美］彼得·卡赞斯坦：《地区构成的世界：美国帝权中的亚洲和欧洲》，秦亚青、魏玲译，北京大学出版社2007年版，第118–119页。

（一）企业的所有权和经营权相结合

对于华商企业来说，家族不仅是企业的创造者、所有者，而且是企业的经营者、管理者，家族利益往往是企业发展的灵魂和目标。早期，华商企业规模较小，大都为夫妻店、父子店等家庭式的作坊与店铺，家庭和家族成员是其从事经济活动的主要力量。随着企业规模的扩展，华商企业积极发展股份制公司和上市公司，但是仍然保留着家族或同族的经营色彩，即企业的经营管理权和所有权依然掌握在家族手中，集团的核心领导层由家族成员担任，正如英国《经济学家》的评论所指出的，"许多最大的华人商行，像中国香港的李嘉诚帝国和泰国的差伦·波克凡（Charoen Pokphand），他们成功地吸收结合了职业经理，但从不以削弱家族控制为代价"。①

卡尼（Carney）在考察华商企业的治理模式时发现，华商家族企业选择家族控制型公司的治理路径主要是对政治和文化环境的依赖。从历史上看，大部分的海外华商家族企业多数是诞生在充满敌意的政治文化环境中：一是殖民地环境，如我国台湾地区（日本殖民时期）和香港特别行政区（英国殖民时期）；二是充满排挤和敌视的政治文化环境，如印度尼西亚（历史上多次出现排华活动）。这些敌视的政治文化环境导致华商家族企业纷纷将家族的资产分割成多家企业并分别上市，但这些上市公司的所有权都控制在某个注册在一个便利的离岸地区（如中国香港、美国等）的私人公司手中。这种将巨大的家族企业不停地切割成很小部分的做法，其主要目的在于降低家族企业的"可视性"，并有助于其在一个充满敌意的环境中生存。②

董事会是现代企业内部最重要的治理机制，它既是企业的决策机构，也是企业的监督机构。20世纪80年代以来，越来越多的华商企业开始设置董事会，但其主要是一种象征性的机构，与现代企业的代理制有本质的区别。华商企业的董事长人员主要由所有者（控股股东）自己或委托代表出任，控股股东通常都是心照不宣的董事长候选人，当控股股东由于某种原因不想或不能担任董事长时，通常会由控股股东提名，指定"自己人"担任董事长。即使控股股东不担任董事长，也通常担任"名誉董事长"或

① 参见《海外华人——往无前的力量》，陈潮译，载丁日初编：《近代中国》（第四辑），上海社会科学院出版社1994年版，第112页。原文载英国《经济学家》周刊，1992年7月18日。

② Carney，M.，"A Management Capacity Constraint? Obstacles to the Development of the Overseas Chinese family Dusiness"，*Asia Pacific Journal of Management*，Vol. 15，1998，pp. 137 – 162.

"终身董事长"。① 以恒基集团为例，董事会共 19 名董事，其中执行董事 12 人，非执行董事 2 人，独立非执行董事 5 人。董事会有 6 名家族成员，其中 5 人为执行董事，他们依次是：李兆基为董事局主席兼总经理；李家杰（李兆基大儿子）、冯李焕琼（李兆基胞妹）、李宁（李兆基女婿）、李家诚（李兆基次子）为董事局副主席；李达民（李兆基胞弟）为非执行董事；另外，李佩雯（李兆基女儿）为市场营销部总经理。从 1994 年开始，香港联交所要求上市公司必须有两名独立董事，但这并不能从实质上淡化华商企业的家族控制色彩。②

（二）利用"关系"维系生产网络

华商网络是海外华商在非政治的、形态不拘的联系中，凭借"五缘"文化③纽带，基于经济利益而形成的商业网络。"五缘"分别为亲缘、地缘、文缘、商缘、神缘。其中，亲缘是指以家族、亲族、宗族关系认同而形成的血缘性关系网络；地缘是指以祖籍地认同而形成的地域性关系网络；文缘是指以文化性关系认同而形成的关系网络；商缘是指以商业活动为媒介，以经济利益为基础而形成的商业性关系网络；神缘是指以共同的神灵信仰认同而形成的宗教性关系网络。正是由于强大的"五缘"网络的存在，使一个个相对封闭的家族企业与外部世界保持了密切的信息、技术、资本、商品等方面的交流，保证了其在一定范围内的发展和进步。美国学者把华商生产网络称为"竹网"，或誉为企业界的"互联网"，他们为这种神秘而高效的网络化经营而惊叹。④

中国传统文化重视"人情"、重视"面子"、重视"礼尚往来"、重视"六亲和睦"、重视差序格局，这实际上构成了华商企业经济活动的规则。华商企业之间的业务往来，与其说是经济活动，不如说是关系联络。曾庆

---

① 林善浪、张禹东、伍华佳：《华商管理学》，复旦大学出版社 2006 年版，第 94 页。

② 刘亚才：《中国家文化与华人企业治理模式》，博士学位论文，华东师范大学，2002 年，第 37 页。

③ 关于"五缘"的内容，相关学者曾做出不同的概括。1986 年，苏东水在福建泉州调研时首次提出了"六缘"的概念，分别为血缘、地缘、人缘、文缘、商缘和神缘，后来进一步概括为"五缘"，分别为亲缘、地缘、文缘、商缘、神缘（参见苏东水：《泉州发展战略研究》，复旦大学出版社 1999 年版）；1992 年，林其锬再次阐述了"五缘"的内容，分别为亲缘、地缘、神缘、业缘和物缘（参见林其锬：《五缘文化的传承与变异》，载林文豪、朱天顺、吕良弼编：《海内学人论马祖》，中国社会科学出版社 1992 年版，第 51 – 60 页）。

④ 苏东水编：《管理学》，东方出版中心 2001 年版，第 92 页。

辉把这种华人经济活动所特有的规则称作"关系资本主义",即华商企业之间重视信用、讲道理,较少签订合约或意向书之类的文件,即使双方之间发生纠纷时,以前的解决方法是通过第三者做仲裁,较少通过法律途径。[①]华人企业之所以不通过法律途径,原因主要在于以下三个方面:首先,法律程序过于复杂,且需要很长的时间,这无形中提高了企业之间的交易成本。其次,华人企业的经营重视做人做事的道理及中国伦理道德观(口头信用),不太重视文件的签署,而商业的诉讼则往往凭据有关文件判定。信守诺言是东方人的特色。爱德华·荷(Edward T. Hall)将世界各民族的不同文化根据其复杂性分为低内涵(Low Context)与高内涵(High Context)两个极端,低内涵文化的民族注重合约与条文,而高内涵文化的民族则注重口头信用。爱德华·荷将美国人归纳为低内涵文化民族,将中国人与日本人归纳为高内涵文化民族,法国人则在二者之间。[②] 最后,华人企业双方均有许多商业经营的秘密,如果在法庭诉讼,则须和盘托出,会使有关人士处境难堪,因此双方均不愿意通过法庭来解决。由第三者仲裁则不同,许多商业事项无须公开。仲裁者可能是双方均信任的当地华籍商人或有地位的"侨领"。如果发生纠纷的企业所有人双方是同乡,则可能通过同乡会会长或理事或彼此信任的同乡做仲裁。20世纪90年代以来,华商企业也越来越重视商业契约的签订,而且较多采取法律途径解决商业纠纷,特别是牵涉到庞大的金额以及较复杂的案件。至于与外商间的商业贸易往来,由于文化背景不同,一般外商都要求签订契约以作保障,很少只做口头协议。

三、华商式国际生产网络的发展战略

由于华商企业的规模较小,技术水平比较落后,人力资源管理经验不足,华商生产网络还处于较低的发展层次。华商生产网络在发展过程中主要奉行"借船出海"战略,即华商企业通过合资或代工的方式融入大型跨国公司的生产网络,实现自身竞争力的提升,同时逐步构建自己的生产

① 曾庆辉:《从后冷战时期区域性经济合作探讨中国的经权管理对华人经济圈发展之影响》,载萧效钦、李定国编:《世界华侨华人经济研究——世界华侨华人经济国际学术研讨会论文集》,汕头大学出版社1996版,第160-171页。
② 有关文化的分析,参见 Terpstra, V., *The Cultural Environment of International Business*, Southwestern Publishing Co., 1978, pp. 543-616.

网络。

首先，与外商合作，建立合资企业。对于外商来说，由于华商具有较好的经济基础、良好的资信和经营网络以及同当地政府的密切关系等方面的优势，外商很愿意选择华人作为其代理商、推销商和合作伙伴；对于华商来说，华商企业可以通过与外商开展合作，从而利用外商的资金、技术、渠道和管理来提高华商企业的能力。正如澳大利亚华人问题专家理查德·罗比森所说，"将军和国际资本都为华人资本所吸引，因为华人资本家拥有必要的企业、资本与相应的销售网，以及获取利润所不可缺少的企业'精神'"。① 华商企业在用心经营合资合作企业的同时，更全力发展组配件及周边产业，进而主动向各新兴产业进军。华人资本逐渐从商业资本形态向产业资本形态转化，华商企业经营规模和经营领域不断扩大，逐步走向集团化。例如，印度尼西亚有数十家华人企业集团就是通过这种方式产生、成长起来的，如阿斯特拉集团（日本丰田汽车）、金轮集团（日本三菱电器及薄玻璃板）、哈拉班集团（日本雅马哈摩托车）、现代摄影集团（日本富士彩色胶卷及器材）、太平洋漆业集团（丹麦的油漆）。

其次，开展代工工业，成为跨国公司的供应商。在通常以供应商为主导的经济发展模式中，供应商或者通过满足跨国企业在当地分公司的需求来不断提升自己的能力，或者通过远距离地向发达国家的领先企业提供产品和服务来提升自己的能力。在这两种情况下，如果模式得到进一步发展，那么很有可能当地企业会通过培养它们自己的设计能力来支持其在分工网络中的地位。这些设计能力不仅为它们提供了新的收入来源，而且也使这些企业最终能够形成自己的产品系列，甚至可能成为发达经济体的领先企业的直接竞争对手。升级的进程可以逐步完成，从简单的组装开始，部件和设计都由国外的买方提供，即所谓的"原始设备制造"（OEM）；接着企业在制造功能的基础上增加了后概念化的设计服务，即所谓的"原始设计制造"（ODM）。一旦设计能力成熟了，供应商就能够在市场上设计、开发和制造产品，并将其抢先推向市场。最初是借助客户的商标，以后就用它自己的商标来销售产品。在这种时候，当地企业就成为了人们常常论及的"原始品牌制造"（OBM）。在这个完整的供应商主导的升级路上，当地企业

---

① ［澳］理查德·罗比森：《印尼华人资本家阶层的出现》，刘晓民译，《南洋资料译丛》1991 年第 1 期，第 71 - 80 页。

最终将完全脱离供应商的角色，凭借自身的实力成为领先的企业。目前，中国香港的肇丰集团和伟易达（Vtech）、中国台湾的宏碁等华商企业已经构建了属于自己的生产网络，并在西方以及亚洲市场上树立了自己的品牌。OBM 模式在整个东亚地区尤其在中国台湾很有影响力，例如，宏碁作为台湾电脑产业的旗舰厂商，已经成功地完成了从 OEM 向 OBM 的转变。在论及品牌制造所面临的挑战和益处时，一家既提供品牌产品又生产 OEM 产品的香港厂商指出，"贴上商标，你将面对一系列的挑战。它就像一个不断成长的婴儿。如果你仅仅做 OEM 的工作，仅仅为其他企业打工，那么你只要接受指令就可以了。你仅处于次要的地位上，而没有坐在决策者的位置上"。[1]

第四节　小结

本章主要从微观层面分析了东亚区域生产网络的组织结构，并将其分为日本式国际生产网络、美国式国际生产网络、华商式国际生产网络三种类型。当然，这三种生产网络之间并不是相互隔离的，而是相互融合的，并一直处于动态调整的过程中。由于各国在经济发展水平、企业制度和社会文化等方面具有较大差异，这三种生产网络的运行模式也存在明显区别。

日本式国际生产网络属于领导型网络。从股权结构来看，日本企业的特点是法人持股，并且以企业间相互持股的形式存在，股权结构比较集中，股东相对比较稳定；从管理结构来看，日本企业的经营者一般从企业内部选拔产生，社长是经营者权力的代表。这使得日本企业的经营者更注重长远利益，把市场占有率和利润最大化作为经营目标。另外，日本生产网络主要依靠隐含契约来维系，即企业之间在开展生产经营活动时要达成一种默契，并以法人持股和派遣职员等方式为基础，从而导致日本生产网络比较封闭。因此，日本企业主导的生产网络通常把高附加值的生产环节保留在日本，把低附加值的生产环节和组装环节转移到东亚其他发展中国家，从而一方面拉动日本对东亚其他国家的出口，另一方面推动东亚其他国家对美国的出口。

---

[1] Berger, S. and R. Lester, *Made by Hong Kong*, Oxford: Oxford University Press, 1997, p. 39.

美国式国际生产网络属于模块型网络。从股权结构来看，美国企业的股权高度分散，个人股东占据优势地位，美国基本达到了大众持股的状态；从管理结构来看，美国企业的最高权力机构实际上是董事会，其中外部董事占主导地位，这些董事主要反映了个人股东的意愿。这使得美国企业的经营者更注重短期利益，把股票价格的上涨和分红派息率的上升作为经营目标。另外，美国式国际生产网络相对比较开放，各成员之间的关系主要依靠明确契约来维系，即企业之间在开展生产经营活动时要签订完备的契约合同。因此，美国企业专注于附加值高的研发、营销等环节，而把生产环节外包给合同制造商。随着大量生产能力转移到东亚地区，东亚地区日益成为美国企业的产品供应基地。

华商式国际生产网络属于关系型网络。华商企业主要分布在中国大陆、中国香港、中国台湾以及东南亚国家。对于华商企业来说，家族不仅是企业的创造者、所有者，而且是企业的经营者、管理者，家族利益往往是企业发展的灵魂和目标。华商生产网络主要依靠"五缘"关系来维系，华商企业之间的业务往来，与其说是经济活动，不如说是关系联络。由于企业的所有权和经营权牢牢控制在家族内部，企业在资金、技术、管理经验方面比较欠缺，企业的规模较小，创新能力相对较弱。这使得华商企业在东亚区域生产网络中处于附属地位，一方面通过合资或代工等方式与发达国家的跨国公司建立联系，以提高自身的技术水平和管理经验；另一方面努力打造自己的品牌，构建自身的生产网络。

总体而言，日本式国际生产网络比较封闭，决策更加慎重和注重实利，不愿意与其他国家或企业分享技术；美国式国际生产网络不如华商式国际生产网络基础深厚，但更易于促进技术交流。东亚多种生产网络相互交织，促进了各种网络之间的技术流动，日本的企业网络并未达到一手遮天的统治地位。华商式国际生产网络更加开放、迅捷并富于灵活性，对技术专利的保护较弱，更愿意向当地企业转让技术，部分华商生产网络从 20 世纪 80 年代中期开始与美国生产企业展开合作。①

---

① ［美］阿里吉、［日］滨下武志、［美］塞尔登编：《东亚的复兴：以 500 年、150 年和 50 年为视角》，马援译，社会科学文献出版社 2006 年版，第 286－287 页。

第六章 东亚区域生产网络的贸易格局

　　国际生产网络是在国际分工不断演进和深化过程中形成的一种新型跨国生产体系。从微观层次来看，国际生产网络强调企业内部各部门之间、企业与企业之间的生产协作，即国际生产网络是在跨国公司主导下建立起来的企业内部各部门之间、企业与企业之间的跨国生产协作（包括技术环节、制造环节和销售环节）关系；从宏观层次来看，国际生产网络强调国家之间的国际分工与贸易，即国际生产网络是在国际分工不断深化的过程中，多个国家以要素禀赋等方面的差异为基础，以FDI和贸易为纽带建立起来的产品内分工关系。因此，国际生产网络一方面促使不同国家的企业之间密切合作、协调共生，建立起相互依存的生产协作关系；另一方面促使世界各国的生产活动不再孤立地进行，而是成为全球化生产体系的有机组成部分。目前，世界上主要存在三个区域性国际生产网络，分别为美国与墨西哥之间的北美区域生产网络、德国与东欧国家（如捷克、匈牙利）之间的中东欧区域生产网络以及东亚各经济体之间的东亚区域生产网络[①]。其中，东亚区域生产网络发展得更为完善，且特点非常鲜明，主要反映在一般机械、电子机械、运输设备、精密仪器等机械制造领域。本章将研究东亚区域生产网络的贸易格局，着重考察相关经济体在东亚区域生产网络中发挥的作用。其中，第一节是基于SITC第7类商品的实证研究；第二节是

---

① Ando, M. and F. Kimura, "The Formation of International Production and Distribution Networks in East Asia", NBER Working Paper No. w10167, 2003；李向阳：《东北亚区域经济合作的非传统收益》，《国际经济评论》2005年第5期，第26–30页。

基于 SITC 第 8 类商品的实证研究。[①]

第一节　东亚区域生产网络的贸易格局
——基于 SITC 第 7 类商品的考察

国际生产分工与国际贸易是辩证统一的关系。一方面，国际生产分工是国际贸易的基础，国际生产分工方式的变化决定国际贸易格局的变化；另一方面，国际贸易是国际生产分工的外在表现形式，国际贸易的发展促进国际生产分工的深化。相对于传统的国际生产分工方式，国际生产网络最突出的特点是一个最终产品分成若干环节，并分散在最有效率和成本最低的国家或地区完成，这在国际贸易中主要表现为零部件贸易的兴起与贸易流向的变化。为此，本书将通过分析零部件贸易流向、最终产品贸易流向的变化来对东亚区域生产网络进行实证研究。20 世纪 90 年代以来，国际生产网络引起了学术界的广泛关注，相关学者分别采用中间投入品贸易、零部件贸易、企业内贸易、垂直产业内贸易、垂直专业化等多种方法对国际生产网络进行了测度。[②] 本书将采用零部件贸易的测度方法对东亚区域生产网络进行实证研究。

吴和叶慈（Ng & Yeats）在分析东亚区域生产网络时，根据《国际贸易标准分类（第二次修订）》（SITC Revision2）的五位码提出了一个零部件的代码清单，即把《国际贸易标准分类（第二次修订）》中含有 "……的零部件" 的商品代码筛选出来。[③] 具体而言，《国际贸易标准分类》中的零部件

---

① 按照联合国公布的《国际贸易标准分类》（Standard International Trade Classification，SITC），国际贸易商品可以分为 10 类：0——食物和活动物；1——饮料和烟草；2——非食用原料（不包括燃料）；3——矿物燃料、润滑剂及有关原料；4——动植物油、脂和蜡；5——未列明的化学品和有关产品；6——主要按原料分类的制成品；7——机械及运输设备；8——杂项制品；9——未另分类的其他商品和交易。其中，第 0～4 类为初级产品，第 5～9 类为工业制成品。实际上，形成国际生产网络的产品主要是工业制成品，特别是第 7 类、第 8 类商品。

② 姚枝仲曾对这些测度方法进行了详细的总结和评述，参见姚枝仲：《国际生产网络：理论与问题》，载李向阳编：《国际经济前沿问题（上）》，社会科学文献出版社 2007 年版，第 1～38 页。

③ Ng, F. and A. Yeats, "Major Trade Trends in East Asia: What Are Their Implications for Regional Cooperation and Growth", The World Bank Policy Research Working Paper 3084, 2003.

主要包含在第 7 类、第 8 类商品中。① 因此，本书对东亚区域生产网络的实证研究主要考察第 7 类、第 8 类商品的零部件和最终产品的贸易流向。

一、日本在东亚区域生产网络中的作用

日本是东亚地区最早加入世界"富人俱乐部"——经济合作与发展组织（OECD）的国家，也是东亚地区最发达的国家。日本凭借资金、技术等方面的优势，不仅主导了东亚地区的"雁行模式"，而且在东亚区域生产网络的形成与发展过程中发挥了重要的作用。

（一）日本零部件贸易的流向分析

如表 6 - 1 所示，20 世纪 80 年代初，日本在机械及运输设备方面的零部件贸易较少，传统的最终产品贸易占据支配地位。20 世纪 80 年代中后期，受国内劳动力成本提高、美元升值、日美贸易摩擦等多种因素的影响，日本开始把一般零部件的制造和组装环节向外转移，从而导致零部件贸易迅速提升。

从零部件的出口方向来看，美国一直是日本零部件贸易的重要出口市场，这实际上是日本应对日美贸易摩擦的重要方式之一，即日本跨国公司把部分组装环节和销售环节设在美国，向美国出口零部件并在当地组装，从而绕过贸易壁垒实现最终产品在美国的销售。20 世纪 90 年代以后，韩国和东盟五国在日本零部件出口市场中的地位迅速提升，分别从 1990 年的 24.34 亿美元、64.42 亿美元增加到 1995 年的 44.50 亿美元、169.97 亿美元，分别增长了 82.83%、163.85%，而同期对美国的出口仅增长了 47.61%。进入 21 世纪以后，日本的零部件出口方向开始向中国转移，从 2000 年的 59.35 亿美元增加到 2008 年的 225.84 亿美元，增长了 280.52%，远远高于同期对美国、韩国、东盟五国的出口增长率。从零部件的进口来

---

① 按照吴和叶慈（Ng & Yeats，2003）提供的 SITC 零部件清单，第 7 类商品中零部件的编码分别为 7119，71319，71331，71332，7139，7149，7169，71889，72119，72129，72139，72198，72199，7239，72449，72469，72479，7259，72689，7269，72719，72729，72819，72839，72849，7369，73719，73729，74149，7429，7439，74419，7449，74519，74523，74999，759，764，77129，772，77579，77589，77689，77819，77829，77889，784，78539，78689，79199，7929；第 8 类商品中零部件的编码分别为 82119，82199，87429，88119，88121，88129，88411，88529，88949。

源来看，随着东亚新兴经济体的技术进步与产业升级，其在日本零部件进口中的地位不断提升。其中，中国的表现尤为突出，并在 2003 年超过美国，成为日本最大的零部件进口来源国。

表 6－1　日本零部件贸易的出口方向与进口来源（SITC－7）

单位：亿美元

年份	日本—中国		日本—韩国		日本—东盟五国		日本—美国	
	出口	进口	出口	进口	出口	进口	出口	进口
1976	1.04	—	3.40	0.61	6.38	0.12	—	—
1977	0.21	—	5.80	0.57	8.09	0.15	—	—
1978	0.68	—	8.52	0.55	10.23	0.19	—	—
1979	1.12	—	9.19	0.74	11.46	0.29	—	—
1980	2.80	0.01	7.56	0.85	15.49	0.34	—	—
1981	4.81	0.01	7.94	0.86	18.07	0.31	37.63	13.73
1982	1.81	0.02	7.69	0.75	17.51	0.29	36.96	15.42
1983	2.43	0.03	10.22	0.86	21.03	0.30	52.42	15.58
1984	3.58	0.03	12.19	1.38	22.00	0.54	79.49	17.14
1985	6.78	0.06	11.96	1.61	18.25	0.71	91.09	18.32
1986	9.26	0.06	21.18	2.40	23.66	0.62	126.66	19.61
1987	9.91	0.09	25.97	3.86	32.74	1.13	154.89	24.03
1988	14.63	0.20	29.18	5.87	39.97	2.32	175.77	30.48
1989	10.56	0.58	26.41	7.02	48.55	4.27	191.06	38.97
1990	8.63	1.13	24.34	7.46	64.42	7.09	194.05	47.00
1991	13.41	1.95	30.19	8.32	75.58	10.95	197.93	47.83
1992	16.15	3.10	27.66	7.72	83.52	12.53	209.24	47.41
1993	23.22	6.19	29.32	7.12	107.35	14.81	237.97	48.63
1994	30.90	9.78	37.54	8.84	139.96	23.32	279.98	55.07
1995	37.04	17.37	44.50	12.06	169.97	31.70	286.44	69.44
1996	35.33	25.34	42.87	12.28	157.15	37.11	264.30	84.65
1997	37.58	31.30	36.52	11.15	155.94	36.82	254.83	93.44
1998	41.60	30.38	24.20	9.82	99.69	32.43	246.95	95.61
1999	44.09	34.00	34.31	11.98	116.53	39.92	258.65	92.50
2000	59.35	47.59	41.61	17.54	147.71	51.53	288.03	103.76
2001	58.74	54.07	33.19	16.72	119.08	45.18	237.64	89.67

续表

年份	日本—中国		日本—韩国		日本—东盟五国		日本—美国	
	出口	进口	出口	进口	出口	进口	出口	进口
2002	70.65	63.78	37.95	18.46	121.35	39.62	225.18	71.73
2003	116.62	81.01	44.95	23.17	130.10	50.22	234.60	69.85
2004	140.82	110.73	54.02	34.39	151.03	61.15	266.58	68.23
2005	155.94	135.50	50.79	34.25	155.19	60.36	275.23	72.44
2006	180.45	150.09	51.42	36.54	153.75	61.34	275.27	80.82
2007	199.94	178.36	52.51	40.81	163.26	69.70	269.61	86.37
2008	225.84	204.35	57.58	43.37	175.98	74.72	261.76	85.89
2009	216.61	171.24	47.91	35.85	140.54	51.91	198.36	66.84

资料来源：根据联合国贸易和发展会议数据库（UNCTAD Database）相关数据计算得出。

（二）日本最终产品贸易的流向分析

如表6－2所示，20世纪80年代初，日本在机械及运输设备方面的最终产品基本都出口美国市场。20世纪80年代中后期，日本开始扩大了对东亚经济体的出口，努力实现出口市场多元化，从而减轻对美国市场的过度依赖，这实际上也是日本应对日美贸易摩擦的重要方式之一。1985～2008年，日本对中国、韩国、东盟五国在最终产品方面的出口分别从60.66亿美元、22.18亿美元、44.45亿美元增加到403.24亿美元、164.68亿美元、331.16亿美元，分别增长了564.75%、642.47%、645.02%，而同期对美国的出口从417.96亿美元增加到766.31亿美元，仅增长了83.35%。在日本的最终产品进口方面，20世纪90年代以来特别是进入21世纪以后，中国和东盟五国发挥了越来越重要的作用，其主要原因是日本向中国和东盟五国出口零部件，经后者加工成最终产品并把一部分返销日本。

表6－2　日本最终产品贸易的出口方向与进口来源（SITC－7）

单位：亿美元

年份	日本—中国		日本—韩国		日本—东盟五国		日本—美国	
	出口	进口	出口	进口	出口	进口	出口	进口
1976	2.77	0.01	6.44	1.75	24.90	1.24	—	—
1977	1.81	0.01	11.64	1.75	27.84	0.79	—	—
1978	5.34	0.01	20.43	1.62	37.85	0.93	—	—

续表

年份	日本—中国		日本—韩国		日本—东盟五国		日本—美国	
	出口	进口	出口	进口	出口	进口	出口	进口
1979	9.27	0.01	18.28	1.87	37.24	1.21	—	—
1980	17.58	0.03	13.79	2.40	54.18	1.86	—	—
1981	17.86	0.37	12.94	2.54	66.85	2.76	228.74	34.18
1982	7.93	0.05	12.20	1.99	63.11	1.89	219.44	29.95
1983	9.95	0.08	16.80	2.10	64.43	2.01	265.67	37.98
1984	23.84	0.08	21.20	2.77	59.57	3.32	376.06	42.58
1985	60.66	0.10	22.18	2.68	44.45	2.32	417.96	46.63
1986	37.10	0.25	34.58	3.45	44.77	2.87	523.34	48.28
1987	27.25	0.46	46.68	5.82	61.87	4.05	515.66	54.37
1988	34.49	1.08	55.87	10.46	93.82	6.02	535.61	77.40
1989	29.47	2.43	61.96	12.91	119.02	10.64	552.69	87.16
1990	20.49	3.44	67.69	12.24	154.73	14.96	522.08	111.37
1991	30.08	5.29	81.01	13.02	174.68	24.81	528.36	111.12
1992	50.35	6.55	67.51	12.55	184.09	29.01	554.16	109.37
1993	74.46	9.43	73.56	17.18	229.82	38.52	609.61	121.92
1994	79.17	14.72	94.49	28.00	280.83	54.69	667.48	156.71
1995	82.31	28.96	119.49	46.76	367.51	96.30	671.53	199.63
1996	83.61	40.06	116.74	37.75	343.79	116.25	606.55	217.63
1997	75.36	46.27	98.33	33.11	310.92	113.41	643.13	210.82
1998	63.71	46.48	52.32	26.91	192.87	99.70	648.46	190.69
1999	72.94	57.76	84.01	46.49	216.96	124.08	721.75	187.25
2000	94.91	82.09	117.24	63.25	294.22	170.60	800.23	191.22
2001	98.22	96.61	86.09	52.27	218.44	152.79	688.59	154.17
2002	140.68	126.31	99.00	49.98	215.87	137.68	693.81	154.94
2003	206.53	175.28	121.66	59.76	235.55	142.42	649.35	153.62
2004	257.11	228.78	148.00	63.81	273.67	164.05	695.29	168.23
2005	253.46	270.61	144.46	64.51	276.52	157.98	743.34	169.54
2006	304.34	294.63	149.88	69.79	263.12	157.77	841.11	184.25
2007	360.17	310.79	156.99	76.79	292.20	155.14	824.04	183.40
2008	403.24	353.49	164.68	74.92	331.16	157.29	766.31	171.70
2009	337.37	311.41	116.85	51.09	253.72	126.82	466.17	133.21

资料来源：根据联合国贸易和发展会议数据库（UNCTAD Database）相关数据计算得出。

二、韩国在东亚区域生产网络中的作用

20 世纪 70 年代初，韩国通过利用外资和开展对外贸易，积极融入东亚国际分工体系，促进了国内经济的快速发展，并创造了"汉江奇迹"。20 世纪 90 年代以后，韩国的大型跨国公司成长迅速，成为东亚区域生产网络的重要组成部分。

（一）韩国零部件贸易的流向分析

如表 6 - 3 所示，20 世纪 90 年代以后，韩国在机械及运输设备方面的零部件贸易发展迅速，但主要是从日本、美国进口大量零部件，其原因是韩国与日本、美国存在技术上的差距。进入 21 世纪以后，随着韩国技术的进步和跨国公司的成长，韩国迅速成为零部件的净出口国，出口方向主要是美国和中国，特别是对中国的出口增长迅速，从 2000 年的 20.58 亿美元增长到 2008 年的 183.03 亿美元，增长了 789.36%。

表 6 - 3　韩国零部件贸易的出口方向与进口来源（SITC - 7）

单位：亿美元

年份	韩国—中国		韩国—日本		韩国—东盟五国		韩国—美国	
	出口	进口	出口	进口	出口	进口	出口	进口
1976	—	—	0.75	3.00	0.07	0.06	—	—
1977	—	—	0.56	4.54	0.08	0.05	—	—
1978	—	—	0.60	6.78	0.10	0.10	—	—
1979	—	—	0.60	7.85	0.20	0.10	—	—
1980	—	—	0.77	6.51	0.26	0.15	—	—
1981	—	—	0.82	7.61	0.23	0.18	2.35	6.31
1982	—	—	0.70	7.48	0.31	0.37	2.73	8.81
1983	—	—	0.82	9.32	0.44	0.36	4.72	10.99
1984	—	—	1.45	11.71	0.61	0.43	4.83	11.02
1985	—	—	1.68	11.31	0.61	0.36	5.86	9.75
1986	—	—	2.58	18.91	0.82	0.63	9.22	10.36
1987	—	—	3.52	24.99	1.64	1.23	13.66	13.51
1988	—	—	5.84	32.43	2.52	1.59	14.72	16.69

年份	韩国—中国		韩国—日本		韩国—东盟五国		韩国—美国	
	出口	进口	出口	进口	出口	进口	出口	进口
1989	0.85	1.37	6.88	29.02	3.69	1.38	14.95	17.26
1990	0.79	1.39	7.07	28.65	4.88	1.59	13.93	19.60
1991	0.28	0.18	7.69	34.04	4.81	1.81	14.06	20.40
1992	0.61	0.42	7.38	33.48	5.41	2.17	15.24	21.50
1993	1.67	0.93	6.95	37.18	8.26	3.30	19.34	24.41
1994	2.42	1.49	8.39	44.93	11.96	4.51	26.29	34.74
1995	4.87	3.46	10.86	52.04	17.81	5.03	36.66	40.04
1996	8.11	5.81	10.09	47.32	16.36	4.84	28.54	42.82
1997	10.42	6.65	8.16	41.52	14.03	5.01	19.59	40.31
1998	8.74	5.04	6.60	27.70	7.41	4.24	21.83	22.70
1999	12.51	8.75	12.34	39.56	13.56	9.81	41.52	30.51
2000	20.58	12.94	25.27	51.97	25.49	18.35	81.07	43.50
2001	26.12	16.71	17.40	41.51	26.48	10.11	70.48	30.82
2002	52.50	21.91	17.67	43.13	36.14	9.43	72.71	29.20
2003	88.59	27.79	20.11	49.78	40.35	9.74	83.54	26.11
2004	119.97	37.18	26.93	57.57	46.63	11.58	119.47	26.81
2005	131.86	50.83	22.57	56.00	39.98	12.92	108.07	30.77
2006	149.90	69.41	26.42	58.43	43.59	14.30	110.32	33.31
2007	170.55	83.78	27.79	58.11	44.01	17.53	129.56	36.82
2008	183.03	92.06	32.90	66.77	44.54	18.64	152.73	35.44
2009	179.55	77.57	29.74	54.25	35.47	17.76	140.83	31.75

资料来源：根据联合国贸易和发展会议数据库（UNCTAD Database）相关数据计算得出。

（二）韩国最终产品贸易的流向分析

如表6-4所示，20世纪80年代初，韩国在机械及运输设备方面的最终产品基本都出口美国市场。20世纪90年代初以来，韩国的出口方向先后向东盟五国、中国调整，特别是2007年以后，中国超过美国、东盟五国，成为韩国最终产品的首要出口市场。从最终产品的进口来源来看，日本和美国一直是韩国最终产品进口的重要来源国，而中国和东盟五国地位的提升主要始于 21 世纪初，其主要原因是韩国向中国和东盟五国出口零部件，经后者加工成最终产品并把一部分返销韩国。

表 6-4 韩国最终产品贸易的出口方向与进口来源（SITC-7）

单位：亿美元

年份	韩国—中国		韩国—日本		韩国—东盟五国		韩国—美国	
	出口	进口	出口	进口	出口	进口	出口	进口
1976	—	—	1.76	9.14	0.39	0.08	—	—
1977	—	—	1.68	11.25	0.40	0.11	—	—
1978	—	—	1.75	22.96	0.70	0.18	—	—
1979	—	—	2.36	22.15	1.22	0.39	—	—
1980	—	—	3.13	18.86	1.69	0.82	—	—
1981	—	—	3.24	18.56	1.59	0.35	11.77	9.18
1982	—	—	3.40	15.19	2.75	0.40	15.48	9.50
1983	—	—	2.91	19.32	4.04	1.20	23.88	9.63
1984	—	—	6.60	24.31	4.19	1.84	31.86	12.83
1985	—	—	6.65	25.44	6.18	4.07	30.75	13.18
1986	—	—	4.69	38.69	3.79	0.82	46.24	11.54
1987	—	—	9.96	49.71	7.66	2.14	67.94	15.45
1988	—	—	14.95	56.31	12.55	3.09	87.51	31.16
1989	4.87	3.69	18.79	66.15	15.14	4.63	79.23	46.39
1990	4.34	3.71	22.05	74.77	19.24	5.59	69.71	45.32
1991	1.63	0.87	16.59	83.99	29.82	6.79	74.97	61.65
1992	3.21	1.25	15.77	74.63	35.54	14.13	76.10	62.09
1993	13.15	1.83	18.43	74.12	35.20	10.10	81.28	53.69
1994	11.79	2.96	27.71	98.38	47.06	12.93	101.62	68.98
1995	15.73	4.41	45.12	127.23	72.65	19.96	132.23	106.99
1996	20.42	7.40	37.04	127.77	78.48	24.65	121.74	122.30
1997	19.63	10.48	36.07	107.33	87.92	26.55	123.75	112.53
1998	16.95	10.64	30.75	56.72	77.95	22.75	118.72	81.19
1999	22.65	17.41	41.51	88.21	88.77	36.64	160.21	107.65
2000	35.65	25.32	58.42	120.89	86.79	58.43	191.05	122.29

年份	韩国—中国		韩国—日本		韩国—东盟五国		韩国—美国	
	出口	进口	出口	进口	出口	进口	出口	进口
2001	31.31	26.24	45.78	94.78	57.57	55.16	146.88	79.74
2002	51.40	34.58	45.32	108.69	61.32	60.34	164.75	86.03
2003	82.59	49.58	53.55	136.36	71.87	68.29	173.43	93.86
2004	122.26	72.89	62.95	165.14	78.81	71.05	204.43	111.18
2005	166.49	97.84	61.53	157.09	90.03	80.47	179.06	120.79
2006	175.43	125.49	62.94	159.45	108.46	82.92	178.58	136.26
2007	207.11	163.33	73.57	178.33	134.20	95.28	168.55	135.70
2008	206.06	198.53	68.11	179.83	143.27	103.72	162.13	113.97
2009	194.14	175.97	50.58	130.21	123.67	96.90	132.26	82.35

资料来源：根据联合国贸易和发展会议数据库（UNCTAD Database）相关数据计算得出。

三、东盟五国在东亚区域生产网络中的作用

20世纪70年代，东盟五国先后选择了出口导向型发展战略，通过降低进口关税税率、放开外汇管制、设立出口加工区等手段吸引外商直接投资，大力发展劳动密集型出口加工工业，迅速成为外国跨国公司生产体系的重要组成部分。

（一）东盟五国零部件贸易的流向分析

如表6-5所示，20世纪80年代以来，东盟五国在机械及运输设备的零部件贸易方面一直是净进口国，这说明东盟五国基本处于东亚区域生产网络的低端。20世纪90年代以来，随着外商直接投资的增加和当地供应商的成长，东盟五国的零部件出口快速增加，但主要出口方向是美国，2006年达到最大值209.83亿美元，超过对中国、日本、韩国出口的总和。东盟五国在零部件方面的进口主要来自日本、美国，从中国进口的快速增长主要始于2004年。值得注意的是，东盟五国在机械及运输设备的零部件贸易方面对美国长期存在较大逆差，这与东亚其他经济体形成鲜明的对比。

表6-5　东盟五国零部件贸易的出口方向与进口来源（SITC-7）

单位：亿美元

年份	东盟五国—中国		东盟五国—日本		东盟五国—韩国		东盟五国—美国	
	出口	进口	出口	进口	出口	进口	出口	进口
1976	—	0.02	—	2.10	—	0.01	—	—
1977	—	0.01	0.02	4.51	0.05	0.03	—	—
1978	—	0.03	0.06	6.80	0.06	0.09	—	—
1979	0.20	0.14	0.35	12.53	0.26	0.21	—	—
1980	0.26	0.26	0.66	16.11	0.28	0.27	—	—
1981	0.15	0.25	0.81	20.84	0.23	0.30	8.81	24.82
1982	0.11	0.29	0.91	20.96	0.27	0.33	9.89	28.02
1983	0.10	0.36	0.86	25.02	0.30	0.45	14.46	26.72
1984	0.13	0.19	0.94	25.24	0.31	1.50	16.49	28.83
1985	0.14	0.20	1.24	21.02	0.48	1.22	15.73	28.44
1986	0.18	0.25	1.15	27.69	0.86	1.01	18.82	32.47
1987	0.22	0.40	1.72	38.80	1.18	2.22	20.44	42.07
1988	0.53	0.42	1.98	54.41	1.52	3.18	26.48	52.37
1989	0.64	0.57	5.34	68.12	1.87	4.03	33.66	54.38
1990	0.73	0.96	8.78	86.68	2.98	4.77	36.97	59.73
1991	0.87	1.33	14.12	98.35	3.39	5.61	40.46	67.73
1992	1.73	1.97	14.26	104.60	3.52	7.42	53.38	71.32
1993	3.24	3.16	16.37	132.78	4.30	8.55	62.13	86.34
1994	3.11	5.54	22.89	171.74	5.74	10.11	84.81	102.17
1995	5.19	10.29	30.94	215.67	6.88	12.83	95.32	144.53
1996	8.98	15.50	40.38	219.84	7.77	15.21	100.63	172.53
1997	13.47	23.03	41.64	199.74	8.25	17.52	104.78	194.79
1998	18.03	27.44	46.29	138.70	7.34	11.28	117.27	164.60
1999	18.40	29.92	55.08	148.82	12.80	17.94	134.16	170.96
2000	27.42	40.69	76.17	191.42	18.65	25.40	161.70	197.86
2001	34.39	46.77	65.38	165.18	15.46	30.90	131.46	172.85
2002	39.10	64.72	57.61	172.19	14.04	46.03	134.23	205.49
2003	41.42	86.73	61.26	181.25	14.97	46.79	138.21	222.96

续表

年份	东盟五国—中国		东盟五国—日本		东盟五国—韩国		东盟五国—美国	
	出口	进口	出口	进口	出口	进口	出口	进口
2004	54.68	130.64	71.40	201.97	18.89	49.50	155.13	222.67
2005	72.56	163.79	73.12	215.62	24.50	51.25	178.54	255.07
2006	88.56	209.89	77.93	199.00	28.56	57.90	209.83	250.14
2007	99.77	235.10	87.21	208.01	33.56	53.98	196.59	241.40
2008	100.38	254.22	97.61	241.98	33.61	62.26	171.73	278.36
2009	84.55	217.25	71.41	183.30	30.07	46.30	130.00	213.47

资料来源：根据联合国贸易和发展会议数据库（UNCTAD Database）相关数据计算得出。

（二）东盟五国最终产品贸易的流向分析

如表6－6所示，20世纪80年代，东盟五国在机械及运输设备的最终产品贸易方面发展缓慢。到了20世纪90年代，随着东盟五国零部件进口的快速增加，零部件出口相应快速增长，其贸易伙伴主要是日本和美国，这说明东盟五国已经成为日本、美国等跨国公司生产体系的重要组成部分。2004年以来，东盟五国与韩国、中国在机械及运输设备的最终产品贸易方面发展迅速。具体而言，东盟五国对韩国存在较大贸易逆差，对中国的贸易基本处于平衡状态，其主要原因在于除新加坡之外的东盟成员国与中国同属于发展中国家，而韩国已经进入发达国家行列，在机械及运输设备的制造方面具有较强的技术优势。

表6－6　东盟五国最终产品贸易的出口方向与进口来源（SITC－7）

单位：亿美元

年份	东盟五国—中国		东盟五国—日本		东盟五国—韩国		东盟五国—美国	
	出口	进口	出口	进口	出口	进口	出口	进口
1976	—	0.05	0.01	3.66	0.04	0.02	—	
1977		0.05	0.06	8.07	—	0.05		
1978	—	0.12	0.36	16.23	0.01	0.19		
1979	0.37	0.58	1.52	38.05	0.16	0.67		
1980	0.99	1.04	1.48	56.10	0.16	1.14	—	
1981	0.29	1.18	1.86	66.12	0.18	1.03	16.71	25.44

续表

年份	东盟五国—中国		东盟五国—日本		东盟五国—韩国		东盟五国—美国	
	出口	进口	出口	进口	出口	进口	出口	进口
1982	0.23	1.12	2.07	64.08	0.20	1.45	18.18	31.57
1983	0.22	1.20	2.80	67.24	0.32	2.82	28.25	36.01
1984	0.36	1.42	3.93	66.42	0.47	1.84	34.71	35.75
1985	0.87	0.48	4.06	50.86	0.36	2.60	31.08	24.46
1986	1.32	0.67	5.17	48.67	0.61	3.83	36.31	22.08
1987	1.60	1.16	6.02	65.43	1.58	5.06	55.35	22.81
1988	2.66	1.67	8.99	94.92	2.95	9.00	69.32	38.48
1989	2.08	3.04	15.63	119.79	3.97	11.46	95.64	54.90
1990	1.71	4.69	20.79	157.90	5.70	16.45	104.73	72.27
1991	1.77	6.12	31.91	191.47	5.62	18.84	118.83	83.86
1992	2.03	6.90	34.88	199.25	5.18	23.08	139.17	98.83
1993	4.59	9.51	46.30	236.85	7.64	28.84	169.61	115.56
1994	6.55	13.51	65.47	293.58	12.01	45.39	215.75	135.31
1995	10.07	20.01	105.85	359.63	17.62	71.29	272.38	145.10
1996	11.72	24.75	125.67	340.99	23.11	72.42	296.97	172.08
1997	11.44	30.64	119.05	307.82	22.94	66.83	319.92	178.94
1998	14.71	26.63	104.07	190.11	18.82	57.31	319.60	150.10
1999	21.13	32.20	119.93	206.25	33.30	66.31	330.20	134.88
2000	31.02	41.38	152.58	278.66	47.14	69.19	350.55	145.47
2001	33.11	47.07	142.30	213.28	44.36	44.65	279.21	153.62
2002	47.32	70.57	139.68	201.62	55.37	55.82	294.70	131.51
2003	84.68	84.01	147.03	221.60	59.29	65.48	285.87	121.20
2004	127.36	118.81	188.86	272.53	67.75	86.16	334.22	147.43
2005	178.95	161.87	188.51	282.01	71.60	95.21	352.62	146.33
2006	233.79	204.26	197.67	267.40	71.09	124.50	378.68	206.89
2007	280.45	233.35	192.97	286.28	86.28	141.58	347.84	209.88
2008	264.69	269.51	191.07	321.52	93.34	143.03	308.41	210.61
2009	270.94	250.15	163.47	247.88	104.16	135.88	251.49	175.19

资料来源：根据联合国贸易和发展会议数据库（UNCTAD Database）相关数据计算得出。

四、中国在东亚区域生产网络中的作用

改革开放以来，为了扭转缺资金、缺技术、缺市场的不利局面，中国积极吸引外商直接投资，大力发展加工贸易，实行"三头在外"（原料、技术、市场）的发展道路。由于中国在劳动力成本、规模经济及基础设施条件等方面具有优势，劳动密集型的制造和组装环节迅速向中国集聚，从而使中国扮演了"世界加工厂"的角色。

（一）中国零部件贸易的流向分析

在机械及运输设备方面，中国加入东亚区域生产网络可以追溯到20世纪80年代末，而真正发挥关键性的作用主要发生在21世纪以后，其中一个重要的原因是中国在2001年成功加入WTO。如表6-7所示，20世纪90年代以后，中国选择了出口导向型经济发展模式，努力融入东亚地区的国际分工体系，从而导致其机械及运输设备的零部件高度依赖进口，而进口主要来自东亚地区各经济体。2004年以后，中国在零部件制造方面取得突破性进展，出口数量快速增加，出口方向以美国为主。以2007年为例，中国对日本、韩国、东盟五国出口的零部件分别为130.81亿美元、78.11亿美元、155.90亿美元，而同期对美国的出口高达362.97亿美元。值得注意的是，在零部件贸易方面，中国对日本、韩国一直存在贸易逆差；对东盟五国的贸易长期处于基本平衡状态，但2004年以后开始出现大量贸易顺差，这实际上反映了双方经济发展水平和技术水平的差距；而对美国的贸易经历了由小幅度逆差向大幅度顺差的转变，其原因是美国凭借技术和管理等方面的优势专注于产品研发和销售，不断将制造环节向外转移。

表6-7 中国零部件贸易的出口方向与进口来源（SITC-7）

单位：亿美元

年份	中国—日本		中国—韩国		中国—东盟五国		中国—美国	
	出口	进口	出口	进口	出口	进口	出口	进口
1987	0.37	13.25	—	—	0.29	0.45	0.48	5.39
1988	0.72	16.61	—	0.06	0.44	1.48	0.85	5.45
1989	1.97	15.36	0.16	0.18	0.95	1.33	1.61	7.35

续表

年份	中国—日本		中国—韩国		中国—东盟五国		中国—美国	
	出口	进口	出口	进口	出口	进口	出口	进口
1990	2.44	13.61	0.59	0.21	2.22	2.29	1.95	8.64
1991	3.85	19.77	1.12	0.67	2.90	3.40	2.48	8.82
1992	2.51	24.66	0.46	0.90	1.47	0.77	2.63	12.19
1993	6.88	38.58	1.18	2.51	2.55	2.29	9.32	16.31
1994	10.38	45.69	1.73	3.94	3.99	3.55	14.66	15.37
1995	15.28	53.06	3.04	6.12	7.29	7.16	16.58	20.70
1996	19.93	50.56	4.86	9.41	9.39	10.35	21.00	20.32
1997	23.80	53.53	5.63	11.90	13.27	17.33	24.01	22.96
1998	25.48	55.38	4.27	9.69	14.59	25.65	29.92	30.00
1999	28.69	63.61	6.53	14.47	17.58	21.53	35.16	33.62
2000	36.41	77.85	8.92	20.05	29.18	33.08	46.39	39.85
2001	43.91	81.33	13.86	23.99	38.33	35.42	57.74	48.30
2002	55.07	95.56	17.94	50.70	48.58	37.34	87.06	37.74
2003	68.84	142.51	21.64	77.90	60.23	45.45	122.23	36.35
2004	89.44	173.52	34.46	95.95	90.32	57.58	186.21	45.70
2005	97.96	182.41	44.19	118.93	116.29	68.65	247.71	52.97
2006	112.82	212.90	62.00	144.54	146.79	83.61	329.36	65.11
2007	130.81	225.86	78.11	154.33	155.90	98.56	362.97	69.11
2008	153.99	250.17	122.94	152.68	166.76	106.66	376.49	74.43
2009	126.05	236.77	116.83	153.44	128.24	91.63	300.80	64.74

资料来源：根据联合国贸易和发展会议数据库（UNCTAD Database）相关数据计算得出。

（二）中国最终产品贸易的流向分析

20世纪90年代以来，随着中国融入东亚国际生产体系并成为东亚区域生产网络的重要组成部分，中国在机械及运输设备方面的最终产品贸易急剧扩张。如表6-8所示，1990～2008年，中国对日本、韩国、东盟五国、美国的出口分别从0.97亿美元、0.26亿美元、3.53亿美元、2.99亿美元增加到297.85亿美元、167.02亿美元、324.51亿美元、863.75亿美元，分别增长了306.06倍、641.38倍、90.93倍、287.88倍。同期，中国的进口也迅速扩张，但增长不及出口显著，并且进口主要来自东亚地区。从国际收支来看，20世纪90年代末以来，中国在机械及运输设备方面最终产品贸易的不平衡状况日渐突出，主要表现为对东亚各经济体的逆差不断扩大，而对美国的贸易顺差不断增加。这说明中国在汽车、电子产品等产品的制造方面处于弱势地位，并成为东亚地区向美国出口的平台。

表6-8 中国最终产品贸易的出口方向与进口来源（SITC-7）

单位：亿美元

年份	中国—日本		中国—韩国		中国—东盟五国		中国—美国	
	出口	进口	出口	进口	出口	进口	出口	进口
1984	0.14	36.00	—	—	1.54	0.41	0.88	11.32
1985	0.03	25.17	—	—	0.21	0.32	0.23	9.31
1986	0.07	31.48	—	—	0.10	0.64	0.45	11.58
1987	0.18	33.68	—	0.04	0.79	1.11	0.49	14.68
1988	0.31	35.23	—	0.94	1.20	1.86	1.01	12.75
1989	0.60	32.70	0.09	1.29	2.05	1.59	2.02	16.32
1990	0.97	22.53	0.26	1.59	3.53	1.02	2.99	15.96
1991	2.16	28.39	0.43	2.16	3.76	0.98	4.11	20.35
1992	3.15	51.47	0.54	3.63	5.13	1.31	8.68	25.26
1993	9.58	96.94	0.84	8.63	7.12	3.76	22.28	42.20
1994	15.17	111.77	1.88	13.38	10.63	5.32	34.53	62.69
1995	28.49	105.13	3.67	17.39	18.56	11.83	45.28	42.33
1996	33.95	107.31	6.92	22.45	20.85	13.03	50.42	51.07
1997	37.40	95.16	9.23	23.14	23.59	14.79	67.36	49.88
1998	39.42	92.25	10.62	23.00	25.00	18.37	87.70	52.28
1999	44.00	116.25	13.36	31.18	30.71	32.90	103.17	64.41
2000	60.61	150.64	20.84	51.51	41.70	57.62	136.57	69.12
2001	74.69	161.29	22.53	52.51	40.98	68.54	142.27	89.72
2002	99.84	218.57	26.58	71.55	56.70	115.29	199.75	99.57
2003	142.62	305.72	39.67	112.50	76.81	207.46	307.47	106.83
2004	180.39	381.36	67.31	173.15	106.96	288.38	429.51	144.00
2005	213.60	381.66	81.42	232.61	133.55	377.05	550.61	159.12

续表

年份	中国—日本		中国—韩国		中国—东盟五国		中国—美国	
	出口	进口	出口	进口	出口	进口	出口	进口
2006	237.00	449.45	94.96	280.38	181.95	447.82	688.19	219.46
2007	268.57	529.87	127.53	335.52	249.51	531.62	795.23	240.77
2008	297.85	569.89	167.02	352.83	324.51	529.77	863.75	256.64
2009	259.25	482.39	145.20	326.65	324.49	461.91	799.85	246.24

资料来源：根据联合国贸易和发展会议数据库（UNCTAD Database）相关数据计算得出。

五、美国在东亚区域生产网络中的作用

尽管美国不是东亚地区的国家，但美国在经济、外交、区域合作等诸多方面对东亚地区产生巨大的影响。特别是 20 世纪 80 年代中期以来，越来越多的美国企业选择了温特制生产模式，它们凭借专利技术、营销服务等方面的优势占据全球价值链的高端，并获得越来越大的竞争优势。与此同时，随着模块型生产网络的形成与发展，美国企业开始在东亚地区寻找合适的供应商，以东亚为产品制造基地的生产网络成为美国分工协作体系的延伸。

（一）美国零部件贸易的流向分析

20 世纪 80 年代中期以来，美国凭借技术和管理等方面的优势专注于产品研发和销售，不断将制造环节向外转移，从而导致制造业在美国国民生产总值中的比重不断下降，对外出口增长速度低于世界平均水平。如表 6-9 所示，美国在机械及运输设备方面的零部件越来越依赖于进口。具体而言，20世纪 80~90 年代，美国的进口来源主要是日本，其原因主要是日本部分企业为了缓解日美贸易摩擦，开始在美国投资建厂，拉动日本的零部件出口，在美国加工成最终产品并在当地销售。进入 21 世纪，中国、韩国、东盟五国也逐步成为美国零部件进口的重要来源国，特别是 2004 年以后，中国超过日本成为美国零部件进口的首要来源国。从零部件贸易的出口方向来看，美国相继把日本、东盟五国作为重要的出口市场，而美国在具有优势的高科技产品方面实行对华出口管制政策，阻碍了美国企业对中国的出口，这实际上也是中美贸易不平衡的重要原因之一。

表6-9　美国零部件贸易的出口方向与进口来源（SITC-7）

单位：亿美元

年份	美国—中国		美国—日本		美国—韩国		美国—东盟五国	
	出口	进口	出口	进口	出口	进口	出口	进口
1981	0.82	0.04	26.48	43.12	10.22	1.85	34.94	5.18
1982	1.10	0.18	24.15	47.83	11.82	2.40	40.21	6.31
1983	3.41	0.11	27.41	60.09	12.48	4.36	41.35	13.14
1984	3.73	0.16	27.33	96.99	12.98	5.61	44.31	20.57
1985	10.83	0.24	33.59	110.96	10.62	7.74	21.61	18.68
1986	7.06	0.46	39.30	136.87	9.32	10.54	22.37	22.16
1987	8.12	1.17	43.15	164.01	11.62	13.09	26.81	28.68
1988	7.24	2.35	53.56	195.51	18.64	15.39	31.67	42.38
1989	6.84	4.42	50.79	200.81	16.27	13.20	32.56	26.10
1990	6.41	6.20	58.01	196.98	17.41	12.64	36.04	29.45
1991	8.78	8.53	59.39	198.71	21.08	11.49	37.34	31.37
1992	10.47	11.16	55.94	201.94	19.75	14.30	41.64	38.70
1993	15.18	16.92	55.71	229.53	21.58	18.36	45.29	46.50
1994	14.67	29.18	64.34	261.92	31.32	25.57	54.29	63.94
1995	16.55	37.96	80.44	275.11	37.72	38.13	70.37	77.23
1996	18.12	45.36	96.07	239.15	41.76	31.52	77.65	78.72
1997	23.57	57.37	103.98	237.64	45.85	32.88	89.34	90.17
1998	21.47	70.60	103.40	230.53	29.94	35.62	69.26	112.68
1999	19.79	87.51	103.17	251.83	35.96	49.97	67.21	122.09
2000	26.16	113.71	120.55	293.53	48.11	78.55	81.00	134.02
2001	31.76	116.33	107.35	244.71	37.44	78.46	73.59	108.10
2002	31.25	150.78	87.24	226.30	35.87	83.97	70.96	111.39
2003	33.79	187.87	81.82	229.47	34.75	93.13	73.05	121.39
2004	44.14	275.14	77.90	272.17	31.97	134.68	80.88	144.65
2005	51.30	362.14	79.04	289.76	36.23	116.53	93.70	196.83
2006	64.18	454.02	86.48	287.05	41.61	120.70	103.67	213.17
2007	70.68	518.10	90.11	280.05	46.92	138.87	112.96	186.41
2008	73.63	568.60	88.73	269.59	46.56	155.44	124.87	171.90
2009	59.06	497.20	48.24	206.31	35.21	140.54	71.90	148.38

资料来源：根据联合国贸易和发展会议数据库（UNCTAD Database）相关数据计算得出。

（二）美国最终产品贸易的流向分析

如表 6-10 所示，20 世纪 90 年代以来，美国在机械及运输设备最终产品贸易方面的情况与零部件贸易相似，主要表现为出口增长缓慢、进口增长迅速。其中，美国出口方向先后以日本、东盟五国为主，尽管中国在 2004 年以后也成为美国的重要出口市场，但始终低于同期对东盟五国的出口。从进口来看，日本始终是美国的重要进口来源国，特别是 20 世纪 80～90 年代，美国从日本进口的数量远远超过从东亚其他经济体进口的总和；2000 年后，美国从日本进口的数量波动较小，部分年份呈下降趋势；而 2004 年以后，美国从中国的进口急剧增加，并于 2006 年超过日本，中国成为美国最重要的进口来源国。由于中国在劳动力成本、经济规模、技术设施等方面具有优势，越来越多的跨国公司把中国作为对美国出口的平台，从而使中美贸易失衡不断加剧。以 2008 年为例，美国对华贸易仅在机械及运输设备最终产品贸易方面的逆差就高达 806.84 亿美元，如果加上零部件，美国在 SITC-7 类产品的逆差高达 1301.81 亿美元。

表 6-10　美国最终产品贸易的出口方向与进口来源（SITC-7）

单位：亿美元

年份	美国—中国		美国—日本		美国—韩国		美国—东盟五国	
	出口	进口	出口	进口	出口	进口	出口	进口
1981	1.30	0.40	18.56	227.51	4.98	8.99	13.32	27.35
1982	1.03	0.36	17.99	225.36	6.38	10.64	15.53	31.23
1983	2.36	0.36	20.39	257.75	7.46	17.40	13.25	32.45
1984	5.23	0.55	24.73	349.70	6.75	22.85	13.17	41.00
1985	8.38	0.73	21.42	437.55	10.18	21.77	25.08	34.71
1986	9.99	1.06	22.84	535.91	10.88	36.97	27.77	37.17
1987	6.67	3.81	27.51	530.51	13.49	61.10	33.39	48.99
1988	7.62	9.88	44.66	530.41	18.69	79.44	41.47	62.23
1989	12.18	16.28	72.39	557.85	35.32	78.19	65.26	98.41
1990	12.98	19.05	94.85	526.52	36.21	65.02	80.43	110.66
1991	16.99	25.39	94.97	545.17	46.25	63.37	89.03	123.99
1992	30.30	35.50	100.50	573.72	44.04	63.70	104.51	158.95
1993	42.94	46.40	96.20	631.03	44.80	73.05	133.71	197.45

年份	美国—中国		美国—日本		美国—韩国		美国—东盟五国	
	出口	进口	出口	进口	出口	进口	出口	进口
1994	36.59	65.10	125.36	707.06	57.19	95.38	148.77	254.23
1995	31.84	87.03	159.13	726.52	84.82	130.58	172.74	322.19
1996	37.67	99.50	167.20	667.33	91.41	126.59	190.29	354.82
1997	41.60	124.13	165.56	700.49	86.63	126.40	226.29	371.82
1998	60.82	153.96	144.02	697.77	60.38	116.92	199.43	357.63
1999	51.58	190.01	137.88	764.10	99.60	171.40	199.10	376.67
2000	54.41	253.63	157.85	854.62	120.49	222.22	236.94	428.63
2001	71.04	249.20	126.83	719.92	82.50	175.28	222.84	346.16
2002	86.46	331.73	116.95	715.76	84.61	180.24	207.34	354.55
2003	91.59	447.35	120.33	677.33	88.20	190.63	224.35	337.86
2004	106.01	626.29	133.05	726.15	94.66	224.83	225.35	345.24
2005	135.31	774.51	132.32	778.39	104.33	201.73	217.94	358.70
2006	189.69	911.48	143.23	873.52	127.94	199.84	264.24	373.80
2007	219.25	999.16	141.55	847.58	111.30	189.75	247.45	359.19
2008	212.25	1019.09	132.40	810.00	89.90	180.78	253.99	331.45
2009	145.28	952.03	66.25	498.95	65.52	149.90	161.03	248.34

资料来源：根据联合国贸易和发展会议数据库（UNCTAD Database）相关数据计算得出。

第二节　东亚区域生产网络的贸易格局
——基于 SITC 第 8 类商品的考察

一般来说，一种产品的生产工艺越复杂，其产品的零部件越多，可分解的产业链也相应越长，国际生产网络的零部件贸易越多，产品的生产越分散；反之，一种产品的生产工艺越简单，其产品的零部件越少，可分解的产业链也相应越短，国际生产网络的零部件贸易越少，产品的生产越集中。对于汽车、电子类产品等资本或技术密集型产品所在的第 7 类商品而言，其产品的生产工艺相对比较复杂，零部件贸易频繁；对于纺织与服装等劳动密集型产品所在的第 8 类商品而言，其产品的生产工艺相对比较简单，基本由最终产品贸易主导。这在吴和叶慈提供的零部件代码清单上就可以给予简单印证，其中，第 7 类商品的零部件代码有 51 个[①]，而第 8 类商品的零部件代码仅有 9 个，远远低于前者。具体而言，纺织与服装等劳动密集型产品的贸易在杂项制品（SITC - 8）中占据了非常重要的地位，限于生产工艺等方面的因素，其引发的零部件贸易较少，而杂项制品中的零部件贸易主要来自少量家具、钟表、光学仪器等产品。实际上，纺织与服装等劳动密集型产品形成的国际生产网络主要表现为相关跨国公司以各自方法协调和控制自己所创建的采购网络，它们将重点放在纺织与服装类产品利润较高的设计和营销环节，选择劳动力成本低廉的国家设立工厂或外包给当地厂商代工，按质量标准采购并分销最终产品。

　　20 世纪 50 年代，全球纺织与服装产业发生了几次大范围的转移：第一阶段——20 世纪 50 ~ 60 年代，从北美和西欧转移到日本；第二阶段——20 世纪 70 ~ 80 年代，从日本转移到中国香港、中国台湾和韩国；第三阶段——20 世纪 80 年代后期至 90 年代，从中国香港、中国台湾和韩国转移到中国大陆、东南亚和斯里兰卡；第四阶段——20 世纪 90 年代，转向美洲，集中在美国、墨西哥和加勒比海地区。[②] 随着纺织与服装产业的多次转移，区域性生产网络得到了快速发展，"纺织与服装生产的不断区域化可能意味着，需要熟练技术的工序，如服装的剪裁和纺织材料的收尾，仍需留在发达国家（如美国、日本、德国和意大利等）；而生产线上低报酬的职位将继续流向发展中国家，如拉丁美洲、亚洲、东欧和北非。这些国家可以提供较低的劳动力成本——但相当扭曲。因为上市时间和较短周期生产的要求开始影响零售—服装—纺织渠道，于是三个全球区域正在形成：美国、墨西哥和加勒比海盆地；日本、东亚和东南亚；西欧、东欧和北非。其中每个区域都包括发达经济体和靠近消费市场的发展中经济体。"[③] 从全球纺织与服装产业的国际生产网络延伸版图来看，无论在时间方面还是在空间

---

① 吴和叶慈（Ng & Yeats, 2003）提供的 SITC - 7 零部件代码中，个别零部件代码是 3 位码、4 位码，如果都按 5 位码，零部件代码的数量将会更多。

② ［英］彼得·迪肯（Peter Dicken）：《全球性转变——重塑 21 世纪的全球经济地图》，刘卫东等译，商务印书馆 2007 年版，第 293 页。

③ Abernathy, F. H., J. T. Dunlop, J. H. Hammond and D. Weil, *A Stitch in Time: Lean Retailing and the Transformation of Manufacturing—Lessons from the Apparel and Textile Industries*, Oxford: Oxford University Press, 1999, p. 223. 转引自［英］彼得·迪肯（Peter Dicken）：《全球性转变——重塑 21 世纪的全球经济地图》，刘卫东等译，商务印书馆 2007 年版，第 293 页。

方面，东亚区域生产网络都发挥了最重要的作用。

理论上，纺织服装类产品的国际生产网络与机电类产品的国际生产网络具有明显的差别，具体来说主要表现在以下两个方面：首先，纺织服装类产品的进入门槛较低，对劳动力成本的波动更加敏感，相关国家或地区劳动力成本的上涨将导致该产业在全球范围转移，而机电类产品的进入门槛较高，需要大量的资金和技术支持，这使得纺织服装类产品国际生产网络的形成时间将会早于机电类产品；其次，机电类产品的生产流程相对比较复杂，整个产品的生产需要更多的国家或地区共同参与，相关零部件在不同的国家或地区之间流转多次，而纺织服装类产品的生产流程相对比较简单，涉及的零部件贸易极少，这使得纺织服装类产品国际生产网络的区位比机电类产品更为集中。

一、日本在东亚区域生产网络中的作用

对东亚地区纺织服装工业的发展来说，日本发挥了"承前启后"的作用，即承接了欧美国家的纺织服装类产业并向东亚地区转移，从而带动了东亚地区纺织服装工业的崛起和区域生产网络的形成。20 世纪 50～60 年代，纺织服装业是日本最大的工业部门，并提供了最多的就业机会。期间，纺织服装作为日本的重要出口商品，曾一度占据日本出口总额的半壁江山，对世界市场造成了巨大冲击，甚至引发多次贸易摩擦。20 世纪 70 年代以后，受国内劳动力成本上涨的影响，部分企业在东亚地区投资设厂，造成纺织服装产业在日本国民生产总值中所占的比重迅速下降。尽管如此，日本在时装品牌设计、经营和市场营销方面仍居世界领先地位，其服装产品质量考究、款式新颖，加之东京作为世界四大时装之都之一，拥有许多国际著名的时装设计师，这使得日本企业在国内设计开发优秀的服装作品，然后到劳动力价格低廉的发展中国家加工生产，从而迅速在东亚地区建立了高水平的生产、分销网络。实际上，日本在杂项制品（SITC‑8）中的零部件贸易极少，其中只包括家具、钟表、光学仪器等产品的少量零部件，而纺织服装类产品在杂项制品贸易中占据了重要地位，并以最终产品贸易为主。①

---

① 下文中，中国、韩国、东盟五国、美国也将遇到类似情况，因此，本节着重分析最终产品的贸易流向。

从杂项制品最终产品的出口来看，20 世纪 80 年代初以来，美国一直是日本的首要出口市场。20 世纪 80 年代中期以后，日本为了应对日美贸易摩擦，越来越重视东亚区域内市场，以努力实现出口市场多元化。具体而言，20 世纪 90 年代，日本主要把出口市场向韩国、东盟五国调整，从而拉动日本出口稳步增长。然而，限于韩国、东盟五国市场狭小，日本对美国的出口额始终高于对东亚地区出口额的总和。如表 6 – 11 所示，以 2000 年为例，日本对美国出口额为 119.27 亿美元，而对中国、韩国、东盟五国的出口额分别为 19.07 亿美元、29.32 亿美元、42.01 亿美元。2003 年以后，中国市场越来越受重视，并迅速成为日本在东亚地区的首要出口市场。从杂项制品最终产品的进口来看，20 世纪 90 年代，日本的进口快速增长，集中表现为日本从中国的进口快速增长。1990 ~ 2009 年，日本从中国进口的杂项制品最终产品从 32.40 亿美元增长到 420.81 亿美元，增长了 11.99 倍，远远高于同期日本从其他国家或地区的进口额和增长率，其主要原因是日本通过直接投资的形式将服装纺织产业向中国沿海地区转移，国内保留产品设计环节，在中国加工成服装成品后返销日本。

表 6 – 11　日本最终产品贸易的出口方向与进口来源（SITC – 8）

单位：亿美元

年份	日本—中国		日本—韩国		日本—东盟五国		日本—美国	
	出口	进口	出口	进口	出口	进口	出口	进口
1976	0.15	0.76	1.20	4.97	2.15	0.47	—	—
1977	0.20	1.07	1.74	5.68	2.73	0.56	—	—
1978	0.46	1.34	2.59	7.64	3.38	0.78	—	—
1979	1.02	2.54	2.75	9.49	3.88	1.10	—	—
1980	1.62	3.40	2.61	7.02	5.39	1.17	—	—
1981	2.05	3.72	3.03	9.00	6.51	1.05	34.23	17.14
1982	1.29	4.29	3.03	8.68	7.26	1.00	33.27	17.43
1983	2.06	4.11	3.67	6.79	7.65	0.97	39.22	17.30
1984	3.47	5.22	4.24	9.61	7.82	1.09	50.83	19.28
1985	5.19	6.41	4.37	9.76	6.76	1.16	56.79	19.04
1986	4.76	7.55	6.25	14.97	7.07	1.68	66.58	21.69
1987	4.75	11.25	7.51	27.13	7.97	2.87	68.81	27.53

年份	日本—中国		日本—韩国		日本—东盟五国		日本—美国	
	出口	进口	出口	进口	出口	进口	出口	进口
1988	4.11	19.00	9.58	41.33	10.31	5.36	73.25	36.47
1989	3.70	28.50	12.59	46.47	12.41	9.16	72.73	45.84
1990	3.64	32.40	12.54	39.10	15.62	12.84	73.84	52.26
1991	4.71	44.99	15.07	39.10	19.00	17.81	74.84	52.16
1992	6.98	68.22	13.99	36.73	21.75	22.41	75.37	51.51
1993	8.43	90.74	17.17	35.21	26.09	26.20	83.28	61.32
1994	9.90	121.69	22.91	35.17	30.35	31.71	85.93	71.09
1995	12.50	160.35	32.80	36.17	38.36	39.57	93.78	85.69
1996	12.62	181.02	30.00	30.58	40.18	42.13	90.13	96.63
1997	12.12	176.67	26.95	24.50	40.98	38.95	97.37	89.99
1998	11.31	159.44	12.11	19.88	30.82	31.04	96.07	79.51
1999	13.70	189.21	18.68	25.15	36.76	35.59	113.18	80.91
2000	19.07	238.37	29.32	25.43	42.01	38.09	119.27	92.92
2001	19.00	245.39	22.76	18.09	34.00	36.36	100.34	83.96
2002	25.65	241.27	24.48	13.58	33.27	35.14	90.26	71.33
2003	39.75	277.59	34.83	12.91	36.60	38.29	89.97	71.76
2004	57.02	319.72	45.27	15.02	47.48	40.10	102.49	76.17
2005	60.44	355.67	50.11	24.65	43.07	41.38	108.60	79.95
2006	64.96	388.50	48.95	40.81	45.42	43.45	105.58	87.36
2007	68.29	412.16	42.65	26.21	46.80	43.92	104.09	81.75
2008	79.76	439.54	42.50	17.55	53.84	49.62	100.93	81.28
2009	75.89	420.81	30.88	14.95	43.09	46.63	77.21	68.51

资料来源：根据联合国贸易和发展会议数据库（UNCTAD Database）相关数据计算得出。

二、韩国在东亚区域生产网络中的作用

韩国纺织服装产业的发展兴起于 20 世纪 60 年代，当时韩国经济主要是以进口替代为特征的内向型经济。20 世纪 70 年代，面对国内市场狭小的约束，韩国经济开始向出口导向为特征的外向型经济转变。其中，纺织服装产业因投资少、见效快而成为韩国的主要产业之一，拉动了相关配套产业的快速发展。20 世纪 90 年代，劳动力成本的上涨导致韩国纺织服装产业的竞争力下降。为了扭转不利的局面，部分韩国纺织服装企业主动在东亚发展中国家或地区投资设厂，国内重点保留产品的设计及高档次产品的加工等环节。

如表 6 - 12 所示，从杂项制品最终产品的出口来看，20 世纪 70 年代中期到 21 世纪初，韩国分别把美国、日本作为主要的出口市场。其中，韩国对美国、日本的出口分别从 1981 年的 25.39 亿美元、8.90 亿美元增长到 1989 年的 84.16 亿美元、45.85 亿美元，随后均呈现出不断下降的趋势。2004 年以后，中国在韩国出口市场中的地位迅速提升，超过美国、日本而成为韩国第一大出口市场。从杂项制品最终产品的进口来看，韩国先后把日本、美国、中国作为重要的进口来源国。值得注意的是，20 世纪 90 年代末至 21 世纪初，韩国对日本、美国的贸易由顺差转为逆差，而对中国的贸易由逆差转为顺差，其中的原因是韩国对纺织服装业进行了产业升级，而高档产品的竞争力弱于美国、日本，强于中国。

表 6 - 12　韩国最终产品贸易的出口方向与进口来源（SITC - 8）

单位：亿美元

年份	韩国—中国		韩国—日本		韩国—东盟五国		韩国—美国	
	出口	进口	出口	进口	出口	进口	出口	进口
1976	—	—	5.02	1.37	0.12	0.01	—	—
1977	—	—	5.50	1.96	0.19	0.01	—	—
1978	—	—	7.83	2.67	0.46	0.02	—	—
1979	—	—	9.24	3.25	0.47	0.03	—	—
1980	—	—	6.81	3.00	0.49	0.03	—	—
1981	—	—	8.90	3.37	0.39	0.03	25.39	1.86
1982	—	—	8.52	3.37	0.44	0.03	29.53	2.30
1983	—	—	6.86	3.95	0.48	0.06	34.58	2.57
1984	—	—	9.55	4.63	0.48	0.06	44.49	3.14
1985	—	—	9.82	5.11	0.44	0.05	47.32	3.50
1986	—	—	15.39	7.17	0.56	0.06	58.92	4.14

年份	韩国—中国		韩国—日本		韩国—东盟五国		韩国—美国	
	出口	进口	出口	进口	出口	进口	出口	进口
1987	—	—	27.19	8.44	0.89	0.14	73.42	5.39
1988	—	—	40.88	11.58	1.27	0.44	81.15	7.12
1989	0.80	0.71	45.85	13.98	1.63	0.72	84.16	9.27
1990	0.78	0.76	38.87	14.42	2.25	0.98	81.76	10.35
1991	0.33	0.94	38.54	17.51	2.54	1.48	69.85	12.25
1992	0.67	1.96	35.86	16.13	2.82	1.62	62.41	13.54
1993	1.68	3.00	35.04	18.83	2.96	1.92	53.74	16.09
1994	2.62	5.55	35.81	25.23	3.50	2.33	47.76	20.28
1995	4.01	7.96	36.61	35.66	4.34	3.32	41.98	25.68
1996	5.24	11.06	30.61	33.82	4.56	3.62	35.61	29.98
1997	5.80	12.49	23.98	30.53	4.60	4.01	36.41	28.45
1998	4.69	5.69	21.15	14.92	3.74	1.99	39.07	13.95
1999	5.91	11.14	27.88	23.62	4.87	2.79	43.51	17.92
2000	6.65	17.66	23.56	33.29	4.57	4.07	43.95	26.14
2001	6.95	21.00	19.10	25.50	4.25	4.62	39.22	22.74
2002	9.05	30.53	16.83	27.70	4.12	5.35	35.91	23.23
2003	15.41	37.81	16.80	36.94	4.56	6.48	32.59	23.58
2004	33.30	44.20	18.99	53.50	5.24	7.56	32.17	26.38
2005	59.30	51.25	33.70	58.15	5.64	8.79	29.47	31.30
2006	67.23	66.78	46.82	53.38	9.22	10.89	29.63	36.64
2007	100.83	82.42	32.41	46.06	11.24	11.83	35.23	38.18
2008	125.19	87.25	25.41	46.91	15.46	11.76	33.39	41.04
2009	146.20	70.86	22.85	35.96	17.64	9.33	22.31	31.24

资料来源：根据联合国贸易和发展会议数据库（UNCTAD Database）相关数据计算得出。

三、东盟五国在东亚区域生产网络中的作用

一般来说，纺织服装产业具有投资少、见效快、进入门槛低、吸纳就

业多等特点，是发展中国家参与国际分工的重要选择之一，同时也是发展
中国家与发达国家进行有效竞争的行业之一。20 世纪 80 年代初以来，由于
纺织服装业生产能力迅速扩张，东盟国家已经成为纺织服装类产品的主要
生产国和出口国。除了新加坡以外，其他东盟国家都处于发展中国家行列，
纺织服装业在拉动本国经济增长、增加就业及出口创汇等方面均发挥了重
要作用。然而，与同属发展中国家的中国相比，东盟国家具有明显的劣势，
主要表现在纺织服装类企业的规模较小、企业接单能力有限、加工品种较
少、配套产业发展水平较低等方面。

如表 6 - 13 所示，从杂项制品最终产品的出口来看，20 世纪 80 年代初
以来，美国始终是东盟五国的首要出口市场，并超过同期对东亚地区出口
的总和。20 世纪 90 年代以后，东盟五国越来越重视东亚区域内市场，主要
表现为对日本出口的快速增长。从杂项制品最终产品的进口来看，20 世纪
80 年代以来，日本、美国一直是东盟五国的重要进口来源国，从中国进口
的快速增长主要始于 20 世纪 90 年代末。

表 6 - 13　东盟五国最终产品贸易的出口方向与进口来源（SITC - 8）

单位：亿美元

年份	东盟五国—中国		东盟五国—日本		东盟五国—韩国		东盟五国—美国	
	出口	进口	出口	进口	出口	进口	出口	进口
1976	—	0.05	0.10	0.26	—	0.05	—	—
1977	—	0.04	0.19	0.60	—	0.06	—	—
1978	0.02	0.19	0.72	1.33	0.01	0.12	—	—
1979	0.01	0.76	1.08	4.56	0.03	0.29	—	—
1980	0.02	0.99	1.06	6.35	0.03	0.43	—	—
1981	0.02	1.16	1.11	7.45	0.04	0.34	7.81	5.05
1982	0.04	1.23	0.96	8.53	0.04	0.30	7.47	5.77
1983	0.08	0.99	1.04	9.04	0.08	0.38	10.96	6.11
1984	0.11	0.87	1.09	9.37	0.07	0.41	15.73	6.33
1985	0.15	0.76	1.22	8.56	0.06	0.37	16.81	5.70
1986	0.13	0.91	1.78	8.71	0.07	0.54	19.88	6.30
1987	0.15	0.97	3.19	10.12	0.18	0.97	28.81	8.67
1988	0.15	1.22	3.21	13.29	0.55	1.32	27.06	12.78

年份	东盟五国—中国		东盟五国—日本		东盟五国—韩国		东盟五国—美国	
	出口	进口	出口	进口	出口	进口	出口	进口
1989	0.28	1.77	9.46	15.36	0.89	1.70	47.58	15.48
1990	0.43	1.98	13.03	18.83	1.13	2.38	55.43	19.03
1991	0.29	2.30	19.06	22.80	1.60	2.86	68.49	21.78
1992	0.40	3.16	22.85	26.41	2.02	3.02	77.25	25.09
1993	0.63	3.96	26.77	31.85	2.25	3.21	86.54	28.03
1994	1.00	5.58	31.39	38.52	2.92	3.37	94.97	33.02
1995	1.57	7.91	39.48	47.03	3.97	4.31	101.93	42.47
1996	1.77	9.66	44.65	45.59	4.08	4.44	115.31	48.66
1997	2.99	11.42	37.71	46.46	3.66	5.18	111.14	49.36
1998	4.80	8.67	30.11	32.60	2.04	3.63	118.22	39.02
1999	4.48	11.52	41.53	37.64	3.42	4.53	128.58	41.83
2000	4.26	15.27	51.25	43.65	4.95	4.08	151.28	46.45
2001	5.15	16.17	50.32	35.17	5.38	3.82	143.36	33.54
2002	7.33	21.26	45.18	35.40	6.72	3.91	137.01	31.18
2003	10.90	26.07	48.16	37.93	7.33	3.88	135.47	33.71
2004	13.12	34.98	54.93	46.66	7.55	4.36	146.24	44.03
2005	17.91	39.99	55.97	47.01	9.33	4.36	160.65	47.48
2006	23.05	50.56	59.55	51.81	10.84	5.59	175.36	55.80
2007	27.50	61.38	61.10	51.58	11.18	6.17	173.90	55.51
2008	28.11	73.46	66.05	56.95	10.91	8.99	171.08	58.06
2009	26.89	63.47	60.51	48.92	9.81	7.05	144.06	48.72

资料来源：根据联合国贸易和发展会议数据库（UNCTAD Database）相关数据计算得出。

四、中国在东亚区域生产网络中的作用

回顾世界工业发展的历史，许多发达国家都曾经把纺织服装业作为走向经济繁荣的奠基石。1986 年 8 月，在国务院召开的常务会议上，国家领导人明确提出，我国的对外贸易在一定时期内要靠纺织。根据这一指示精神，纺织工业部制定了"以扩大纺织品出口为重点"的战略，并在北京、天津、大连等沿海12个重点出口城市设立出口基地。1986年底，国家计委等六部门在《关于扩大沿海地区纺织品出口有关政策措施的意见》中提出了一系列鼓励出口的措施和优惠政策。在国务院的大力支持下，提出了"以扩大出口为突破口，带动纺织工业全面振兴"的战略决策。随后，在发挥本国劳动力成本优势的基础上，我国抓住了发达国家产业结构调整的机会，积极参与国际分工，充分利用国内、国外两个市场，从而使纺织服装产业的发展迅速进入快车道。

如表6-14所示，从杂项制品最终产品的出口来看，20世纪90年代初以来，中国始终将日本和美国作为重要的出口市场，出口呈现出迅猛扩张的趋势，分别从1990年的16.12亿美元、21.53亿美元增长到2008年的322.28亿美元、744.90亿美元，分别增长了18.99倍、33.60倍。究其原因，主要是日本、美国对产业结构进行了优化升级，从而导致纺织服装产业的加工环节迅速在中国集聚。从杂项制品最终产品的进口来看，2001年以前，中国的进口较少，消费主要源自国内的生产能力。随着中国关税的降低和经济发展水平的提高，中国居民对高档服装的需求越来越旺盛，从而导致对日本、韩国进口的快速增长。

表6-14　中国最终产品贸易的出口方向与进口来源（SITC-8）

单位：亿美元

年份	中国—日本		中国—韩国		中国—东盟五国		中国—美国	
	出口	进口	出口	进口	出口	进口	出口	进口
1984	4.40	4.44	—	—	0.72	0.06	7.84	2.75
1985	3.50	1.30	—	—	0.11	0.10	5.38	0.40
1986	4.00	1.27	—	—	0.10	0.10	8.60	0.44
1987	7.72	6.13	—	—	0.90	0.16	12.30	3.62
1988	11.59	5.14	0.03	0.02	0.89	0.20	13.05	3.72
1989	15.39	4.24	0.10	0.05	1.31	0.34	17.32	3.91
1990	16.12	3.40	0.21	0.11	1.65	0.39	21.53	3.63
1991	22.30	4.04	0.53	0.24	1.86	0.25	28.22	4.33
1992	35.15	7.76	1.49	0.61	2.59	0.33	44.18	5.75
1993	59.92	14.02	3.47	1.92	5.63	0.62	102.37	7.94

年份	中国—日本		中国—韩国		中国—东盟五国		中国—美国	
	出口	进口	出口	进口	出口	进口	出口	进口
1994	83.87	16.36	6.70	2.67	9.05	0.70	123.66	8.20
1995	107.01	22.78	8.65	4.40	8.79	1.14	131.92	10.28
1996	117.83	22.90	10.10	5.73	9.13	1.41	139.75	10.47
1997	118.26	21.33	11.90	6.08	12.25	1.72	169.94	9.51
1998	114.15	20.18	8.25	5.28	9.55	2.68	184.40	10.20
1999	131.06	23.30	10.61	5.57	12.65	2.99	197.84	13.46
2000	167.87	30.55	16.92	7.32	17.01	3.51	232.32	17.29
2001	174.23	30.53	22.06	8.58	17.58	4.18	234.74	21.54
2002	169.74	41.15	31.04	18.06	22.93	6.39	274.87	25.00
2003	192.50	67.93	39.71	53.47	32.00	11.80	320.11	31.63
2004	221.26	88.55	44.92	98.77	40.32	17.80	386.12	40.10
2005	246.65	95.77	46.46	119.68	53.77	22.95	501.08	42.89
2006	260.41	105.35	61.57	129.19	71.15	26.63	587.01	49.49
2007	287.30	122.10	70.99	159.64	110.17	32.55	694.28	53.95
2008	322.28	145.44	75.79	166.54	122.19	34.50	744.90	64.73
2009	308.68	125.40	63.88	162.65	122.64	33.41	695.92	63.43

资料来源：根据联合国贸易和发展会议数据库（UNCTAD Database）相关数据计算得出。

五、美国在东亚区域生产网络中的作用

纺织服装业在美国是夕阳产业。面对本国劳动力成本过高的压力，美国不断地把纺织服装加工环节转移到墨西哥、加勒比地区和东亚地区，国内生产能力日益缩小。随着世界纺织服装行业格局的改变，美国纺织服装类企业积极构建国际生产网络，从而使生产经营方式发生了深刻的变革。首先，建立快速反应生产机制。纺织服装类零售商为了降低存货并及时补充特定型号、颜色的产品，通过建立国际生产网络提高了订单效率，节约了成本和时间。其次，越来越多的企业把加工环节外包给发展中国家的制造商。1963年，美国实施了"生产分享项目"（Production Sharing Scheme），

鼓励某些生产工序分散到其他国家进行。目前，以 Liz Claiborne、Lord &
Taylor、Nike 为代表的美国知名纺织服装类企业在国际市场中占据重要地
位。它们拥有庞大的产品设计团队和专卖店，从而把设计的产品委托给发
展中国家贴牌加工，然后运往专卖店经销。

如表 6 – 15 所示，从杂项制品最终产品的出口来看，20 世纪 90 年代以
来，美国分别把日本、东盟五国作为重要的出口市场，2001 年以后出口方
向开始向中国调整。由于美国劳动力成本较高，纺织服装产业在国内生产
总值中的比重不断下降，出口额较少。从杂项制品最终产品的进口来看，20
世纪 80 年代，日本、韩国分别是美国的重要进口来源国，其主要原因是美
国的纺织服装产业逐渐向日本、韩国转移。20 世纪 90 年代以后，中国、东
盟五国等发展中经济体充分利用劳动力成本优势融入国际分工体系，取代
日本、韩国成为美国重要的进口来源国。

表 6 – 15　美国最终产品贸易的出口方向与进口来源（SITC – 8）

单位：亿美元

年份	美国—中国		美国—日本		美国—韩国		美国—东盟五国	
	出口	进口	出口	进口	出口	进口	出口	进口
1981	0.72	6.76	13.90	34.82	1.37	26.22	4.22	11.30
1982	0.85	9.44	14.22	35.15	2.12	30.77	4.74	11.74
1983	1.69	11.33	13.33	39.35	2.06	36.03	4.35	13.76
1984	1.99	15.53	14.46	52.02	2.61	47.33	4.28	20.10
1985	3.12	18.56	15.03	61.14	2.50	51.70	4.14	23.06
1986	3.17	29.78	17.96	70.54	2.93	62.69	4.24	26.18
1987	2.16	41.07	23.69	73.94	3.58	77.33	5.17	35.66
1988	2.46	51.27	31.94	83.28	4.91	84.99	8.81	43.73
1989	2.86	74.70	52.06	88.18	6.65	85.90	12.42	55.34
1990	2.47	99.76	59.77	93.97	8.25	85.26	15.59	65.11
1991	3.21	128.42	52.69	91.46	9.27	72.46	17.33	71.63
1992	4.25	176.29	51.49	96.76	9.80	64.91	20.26	91.60
1993	4.79	220.33	56.18	109.07	11.08	56.24	23.61	104.90

年份	美国—中国		美国—日本		美国—韩国		美国—东盟五国	
	出口	进口	出口	进口	出口	进口	出口	进口
1994	4.37	255.55	61.34	103.70	13.85	48.55	25.55	115.23
1995	5.80	281.12	74.18	107.52	17.17	43.32	33.85	126.62
1996	7.62	312.72	84.54	107.50	20.64	36.55	40.02	127.61
1997	8.05	370.25	82.60	121.35	20.91	35.63	43.95	134.79
1998	8.83	404.21	70.65	119.98	10.73	39.48	35.16	141.29
1999	9.67	455.05	70.72	126.61	14.73	43.61	35.18	147.65
2000	11.21	526.93	84.99	139.93	19.71	46.48	41.73	165.15
2001	15.09	539.19	80.49	135.96	17.09	43.48	31.28	164.12
2002	16.59	623.02	66.16	113.71	16.32	39.64	29.89	157.24
2003	19.69	713.63	67.57	103.54	17.64	35.97	31.88	157.67
2004	25.39	825.36	71.03	115.11	20.61	36.48	40.12	165.83
2005	28.30	984.33	73.45	118.94	24.37	29.19	39.75	177.03
2006	34.43	1095.83	78.21	114.48	27.54	27.65	45.13	193.70
2007	37.12	1227.88	80.58	113.63	36.14	24.75	43.96	197.00
2008	44.18	1240.36	81.12	108.91	32.28	27.06	44.95	188.44
2009	44.29	1094.04	69.81	80.93	24.33	21.28	37.25	158.78

资料来源：根据联合国贸易和发展会议数据库（UNCTAD Database）相关数据计算得出。

具体来说，美国从日本进口的杂项制品最终产品从 1990 年的 93.97 亿美元增长到 2008 年的 108.91 亿美元，而同期从韩国的进口则从 85.26 亿美元减少到 27.06 亿美元，同期从中国、东盟五国的进口分别从 99.76 亿美元、65.11 亿美元增加到 1240.36 亿美元、188.44 亿美元。究其原因，主要是美国、日本等发达国家的纺织服装类企业为了维持和提升企业的竞争力，积极构建国际生产网络，控制产业链的两端——设计环节和营销环节，把低附加值的加工环节外包给发展中国家的供应商。其中，由于中国在劳动力成本、规模经济及基础设施条件等方面具有明显的优势，劳动密集型的加工环节迅速向中国集聚，从而使中国扮演了加工基地和出口平台的角色。

第三节　小结

本章从宏观层次分析了东亚区域生产网络的贸易格局。国际生产网络主要发生在纺织服装、玩具、电子类产品、汽车等行业领域，按照《国际贸易标准分类》，主要集中于第 7 类商品和第 8 类商品。其中，第 7 类商品是机械与运输设备（包括电子类产品和汽车等），基本属于资本或技术密集型产品；第 8 类商品是杂项制品（包括纺织服装、玩具等），基本属于劳动密集型产品。因此，本章在分析东亚区域生产网络的贸易格局时，分别从第 7 类商品和第 8 类商品展开。

一般来说，一种产品的生产工艺越复杂，其产品的零部件越多，可分解的产业链也相应越长，国际生产网络的零部件贸易越多，产品的生产越分散；反之，一种产品的生产工艺越简单，其产品的零部件越少，可分解的产业链也相应越短，国际生产网络的零部件贸易越少，产品的生产越集中。这正是资本或技术密集型产品与劳动密集型产品的根本区别，分别在第 7 类商品、第 8 类商品的贸易格局中得到了很好的反映。

对于第 7 类商品来说，20 世纪 80 年代中期以来，东亚区域生产网络内部的零部件贸易和最终产品贸易均呈现出快速增长的趋势，具体贸易格局表现在以下几个方面：①日本和韩国主要负责核心零部件和高端最终产品的生产，对中国、东盟五国、美国均主要表现为贸易顺差；②中国和东盟五国主要负责一般零部件的生产和最终产品的组装，一方面对日本和韩国表现为贸易逆差，另一方面对美国表现为贸易顺差；③美国主要负责产品的研发设计和市场营销，国内的生产能力迅速下降，对日本、韩国、中国、东盟五国均表现为贸易逆差。

对于第 8 类商品来说，美国、日本等发达国家的跨国公司专注于产品的研发设计和市场营销，把附加值较低的制造环节向发展中国家特别是中国转移，从而导致中国出口迅速扩张，顺差不断增加。

第七章　东亚—美国贸易不平衡的结构分析

全球经济平衡与否对维系世界经济发展的稳定和安全具有重要意义，甚至影响世界经济发展的未来走势。20世纪90年代以来，全球贸易不平衡呈现出不断扩大的趋势，并表现出鲜明的区域性特点。目前，东亚—美国贸易不平衡是人们关注的焦点，也是解决全球经济失衡问题的重点。本章将分析东亚—美国贸易不平衡的结构。其中，第一节分析东亚区域内贸易不平衡的国别结构变化和产品结构变化；第二节分析东亚与美国贸易不平衡的国别结构变化和产品结构变化。

第一节　东亚区域内贸易不平衡的结构分析

20世纪80年代中期以后，日本和亚洲"四小龙"经济不断转型升级，逐步把劳动密集型产业或资本技术密集型产业的劳动密集型环节大规模向外转移，促使东亚地区形成了以产业链为基础的区域生产网络。区域生产网络的形成与发展，一方面为东亚各经济体之间的经济贸易往来注入了新活力，特别是中间品贸易大幅度增加，成为东亚经济发展的重要动力；另一方面致使东亚区域内各经济体之间的贸易不平衡问题日益突出，主要表现为产业链下游的经济体对产业链上游的经济体存在大量贸易逆差。

一、东亚区域内贸易不平衡的国别结构分析

如表7-1所示，20世纪70年代中期以来，东亚区域内贸易不平衡的

状况大致可以划分为三个阶段。

表7-1 东亚区域内各经济体之间的贸易不平衡状况

单位：亿美元

年份	日本—韩国		韩国—东盟五国		东盟五国—日本	
	日本统计	韩国统计	韩国统计	东盟五国统计	东盟五国统计	日本统计
1976	9.08	-12.94	-3.19	0.03	-3.90	-16.82
1977	19.66	-18.04	-3.65	-0.36	-11.48	-20.50
1978	34.12	-33.69	-3.28	0.38	-11.62	-12.66
1979	28.87	-32.88	-6.08	3.79	32.71	-66.31
1980	23.72	-29.25	-3.38	0.55	40.62	-81.87
1981	22.69	-28.45	-5.24	1.32	13.76	-57.74
1982	16.27	-18.98	-4.18	3.31	17.15	-46.12
1983	26.39	-28.11	-4.22	2.20	0.37	-23.35
1984	30.14	-30.14	-8.92	7.48	23.34	-57.59
1985	30.38	-29.88	-9.54	7.59	30.24	-71.29
1986	51.83	-54.31	-6.36	3.61	0.45	-31.67
1987	51.54	-52.36	-6.98	3.71	-13.35	-28.62
1988	36.15	-39.32	-2.05	-1.60	-78.87	-0.02
1989	35.84	-39.92	0.70	-2.87	-76.35	12.48
1990	57.11	-59.36	2.44	-5.52	-113.88	49.14
1991	77.39	-87.64	12.65	-10.00	-153.61	73.15
1992	62.25	-78.58	18.29	-23.98	-182.64	103.53
1993	74.28	-84.51	23.99	-25.45	-247.41	166.14
1994	108.29	-118.66	39.80	-35.00	-336.67	235.14
1995	139.45	-155.55	69.64	-54.74	-415.69	313.54
1996	133.79	-156.81	71.93	-45.96	-328.49	228.11
1997	114.81	-131.36	67.26	-38.53	-287.67	217.20
1998	32.87	-54.68	50.95	-37.90	-135.61	81.86
1999	68.56	-82.79	42.91	-21.79	-121.78	91.81
2000	102.52	-113.61	7.09	-6.69	-146.74	110.82
2001	81.00	-101.31	-6.48	3.68	-67.80	22.99

续表

年份	日本—韩国		韩国—东盟五国		东盟五国—日本	
	日本统计	韩国统计	韩国统计	东盟五国统计	东盟五国统计	日本统计
2002	130.84	−147.15	1.05	−6.20	−93.11	56.38
2003	169.03	−190.37	−0.49	−3.25	−87.50	49.03
2004	222.11	−244.43	−5.38	−9.74	−108.26	80.45
2005	222.15	−243.76	−8.58	2.14	−110.76	62.51
2006	229.42	−253.92	2.71	−25.13	−10.13	−1.15
2007	270.26	−298.80	17.03	−24.88	−45.31	30.09
2008	300.17	−327.04	38.44	−67.52	−76.33	21.47
2009	252.89	−276.56	24.37	−16.95	−65.29	62.29

年份	中国—日本		中国—韩国		中国—东盟五国	
	中国统计	日本统计	中国统计	韩国统计	中国统计	东盟五国统计
1976	—	2.92	—	—	—	−0.10
1977	—	3.92	—	—	—	0.60
1978	—	10.18	—	—	—	−1.92
1979	—	7.44	—	−0.06	—	−6.54
1980	—	7.55	—	—	—	−10.19
1981	—	−1.96	—	—	—	−12.91
1982	—	−18.42	—	—	—	−11.40
1983	—	−1.75	—	—	—	−11.58
1984	−30.76	12.59	—	—	11.68	−17.56
1985	−85.41	59.97	—	—	15.61	−23.31
1986	−77.47	42.04	—	—	3.86	−12.01
1987	−36.80	8.48	−0.06	—	2.62	−10.77
1988	−31.32	−3.91	−1.10	—	−2.97	−14.01
1989	−21.38	−26.90	0.46	−0.19	−6.16	−9.86
1990	14.24	−58.82	5.76	−1.20	7.56	−20.12
1991	1.87	−56.13	11.10	−24.38	2.22	−21.00
1992	−20.04	−50.00	−2.18	−10.71	0.52	−16.19
1993	−75.12	−32.79	−25.00	12.22	−13.40	−6.61
1994	−47.48	−87.90	−29.17	7.40	−4.77	−8.96

续表

年份	中国—日本		中国—韩国		中国—东盟五国	
	中国统计	日本统计	中国统计	韩国统计	中国统计	东盟五国统计
1995	-5.38	-140.26	-36.05	17.43	-4.05	-16.99
1996	17.05	-185.49	-49.82	28.39	-15.72	-10.73
1997	28.44	-201.31	-58.03	34.56	-10.47	-24.77
1998	13.85	-170.02	-87.63	47.39	-28.18	-7.72
1999	-13.53	-195.13	-94.19	48.18	-36.36	-20.00
2000	1.45	-247.25	-119.15	56.56	-59.04	-19.69
2001	21.53	-268.70	-108.58	48.87	-60.75	-26.35
2002	-50.32	-219.60	-130.33	63.54	-92.83	-37.75
2003	-147.39	-180.54	-230.33	132.01	-189.45	-7.49
2004	-208.18	-204.02	-344.23	201.78	-228.84	-34.06
2005	-164.21	-284.03	-417.13	232.67	-238.10	-49.09
2006	-240.50	-257.56	-452.02	209.03	-248.14	-43.43
2007	-318.88	-186.52	-473.20	189.60	-245.74	-58.54
2008	-344.68	-183.29	-382.06	144.62	-160.34	-105.36
2009	-330.27	-128.47	-488.72	324.58	-143.24	-23.01

资料来源：根据联合国贸易和发展会议数据库（UNCTAD Database）相关数据计算得出。

　　第一个阶段是20世纪70年代中期至20世纪80年代中期，东亚区域内基本处于贸易平衡状态，各经济体之间贸易不平衡的总额大都控制在50亿美元以内。其中，日本对韩国、中国主要表现为少量贸易顺差，对东盟五国主要表现为少量贸易逆差；韩国对东盟五国主要表现为少量贸易逆差；东盟五国对中国主要表现为少量贸易逆差。

　　第二个阶段是20世纪80年代中期至20世纪90年代末，东亚区域内贸易不平衡问题日益凸显，并主要发生在日本与韩国、东盟五国之间，而中国与日本、韩国、东盟五国之间的贸易基本平衡。其中，日本对韩国的顺差从1985年的30.38亿美元增长到1995年的139.45亿美元，增长了359.02%；20世纪80年代末，日本对东盟五国的贸易由逆差转为顺差，并从1990年的49.14亿美元增长到1995年的313.54亿美元，增长了

538.05%。20 世纪 90 年代末，受亚洲金融危机影响，尽管东亚区域内贸易不平衡状况有所缓解，但这是建立在东亚经济增长速度放缓，甚至部分国家的经济陷入衰退的沉重代价基础上的。

第三个阶段是进入 21 世纪以后，东亚区域内贸易不平衡问题迅速加剧，并且贸易不平衡的国别结构发生了剧烈的变化。其中，日本对韩国的贸易顺差迅速攀升到 200 亿美元以上，并于 2008 年突破 300 亿美元；日本对东盟五国的贸易顺差得到明显缓解，除个别年份以外，基本维持在 50 亿美元左右；中国于 2001 年成功加入 WTO 以后，迅速成为东亚区域内贸易失衡最严重的国家，对日本、韩国、东盟五国的贸易逆差分别从 2002 年的 – 50.32 亿美元、– 130.33 亿美元、– 92.83 亿美元增长到 2007 年的 – 318.88 亿美元、– 473.20 亿美元、– 245.74 亿美元。

当然，由于各自的统计口径不同，贸易双方统计的数额存在一定差别，但贸易不平衡的方向基本一致。当然，中国与日本之间、中国与东盟之间是例外，这可能与中国香港的特殊地位有关。以中日贸易为例，按各自的统计标准，中国、日本均与对方存在较大逆差。以 2008 年为例，按中国统计，中国对日本贸易逆差 – 344.68 亿美元；按日本统计，日本对中国贸易逆差 – 183.29 亿美元。究其原因，主要是日本把经由中国香港出口到中国的产品根据运输抵达目的地的原则，归入对中国香港出口的统计数据中，而不纳入对中国出口的统计中，相反从中国经由中国香港进口到日本的产品按照原产国规则纳入从中国进口的统计中；中国把部分经由中国香港出口到日本的产品归入对中国香港出口的统计数据中，而不纳入对日本出口的统计中，相反从日本经由中国香港进口到中国的产品按原产地规则纳入从日本的进口统计中。

二、日本与韩国贸易不平衡的产品结构分析

1965 年，日本与韩国正式建立外交关系，并在政治、经济、军事安全、社会文化等多方面建立了良好的合作关系，特别是在经贸领域成绩卓著。1973 年，韩国实施重化学工业化政策之后，所需要的资本、技术、机械等从日本大量进口，从而使韩国经济对日本的依存度越来越高。韩国经济的发展及出口的扩大往往伴随着对日本进口的增加。20 世纪 80 年代中期以后，面对日元升值、本国劳动力成本上涨、日美贸易摩擦等方面的压力，

日本扩大了对韩国的直接投资，使双方的国际分工转变为以产业链为基础的产品内分工。

图7-1反映了日本与韩国贸易不平衡的产品结构。20世纪80年代以来，日本对韩国的贸易顺差由SITC-5、SITC-7类商品主导。这实际上反映了日本与韩国之间技术水平和经济发展水平的差距，即日本在核心零部件和高端机械运输设备方面比韩国更具竞争力，经济发展水平高于韩国。如表7-1所示，按日本的统计，日本对韩国的贸易顺差从1985年的30.38亿美元增长到2008年的300.17亿美元，而同期在SITC-7方面的顺差从29.86亿美元增长到103.97亿美元，在SITC-8方面则由逆差转为顺差。

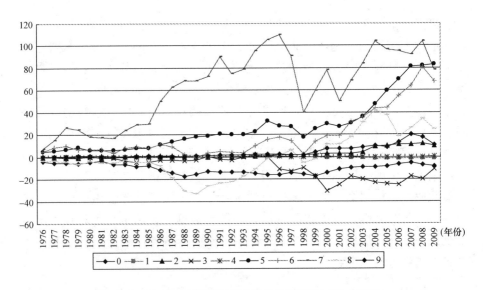

图7-1　日本与韩国贸易不平衡的产品结构（日本统计）
资料来源：根据联合国贸易和发展会议数据库（UNCTAD Database）相关数据计算得出。

三、韩国与东盟五国贸易不平衡的产品结构分析

1989年11月，韩国与东盟首次建立了部门之间的对话机制，随后成立了韩国—东盟联合部门合作委员会（JSCC），作为促进政府间合作的重要渠道。在中国与日本相继确定同东盟建立自由贸易区之后，2003年10月召开

的韩国—东盟领导人峰会同意加强对双方经济关系的研究，并且韩国提出
了与东盟建立自由贸易区的建议。2005 年，韩国与东盟签署了经济合作框
架协议，为韩国与东盟经贸关系发展创造了良好的环境。

　　图 7-2 反映了韩国与东盟五国贸易不平衡的产品结构。20 世纪 80 年
代以来，韩国对东盟五国的最大贸易逆差来源产品和最大贸易顺差来源产
品分别为 SITC-3 和 SITC-7。这说明，韩国一方面从东盟五国进口大量矿
产资源，另一方面向东盟五国出口核心零部件和高端产品。如表 7-1 所示，
按韩国的统计，韩国与东盟五国大部分年份基本处于贸易平衡状态，贸易
不平衡集中发生在 20 世纪 90 年代中后期，导致贸易不平衡的产品主要是
SITC-7。1995 年，韩国对东盟五国的贸易顺差首次突破 50 亿美元，达到
69.64 亿美元，到 1999 年稳步下降到 42.91 亿美元，而同期在 SITC-7 方面
的顺差从 65.48 亿美元下降到 55.87 亿美元。

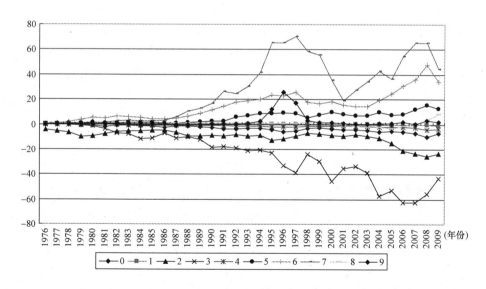

图 7-2　韩国与东盟五国贸易不平衡的产品结构（韩国统计）
资料来源：根据联合国贸易和发展会议数据库（UNCTAD Database）相关数据计算得出。

四、东盟五国与日本贸易不平衡的产品结构分析

　　20 世纪 80 年代以来，日本为了应对日元升值和日美贸易摩擦对本国经

济的不利影响，把东南亚作为重要的原料产地、商品出口地和资本投资场所，与东盟各国建立起了相当密切的经济贸易关系。2002 年 11 月，日本与东盟签署了《全面经济伙伴关系联合宣言》，标志着日本与东盟之间构建的经济贸易合作框架基本形成。2007 年 8 月，日本与东盟在菲律宾首都马尼拉举行经济部长会议，双方就签署东盟与日本的自由贸易协定——《东盟—日本全面经济伙伴关系协定》达成最终共识，这是日本与区域性经济组织达成的第一个自由贸易协定。同年 11 月，在新加坡召开的东盟—日本领导人会议发表联合声明，表示《东盟—日本全面经济伙伴关系协定》将包括商品贸易、服务贸易、投资和经济合作等广泛领域，从而为东盟与日本经贸关系的发展创造了良好的环境。

图 7 - 3 反映了东盟五国与日本贸易不平衡的产品结构。20 世纪 80 年代以来，东盟五国与日本之间的最大贸易逆差来源产品和最大贸易顺差来源产品分别为 SITC - 7 和 SITC - 3。这说明，东盟五国一方面向日本提供大量矿产资源，另一方面从日本进口核心零部件和高端产品。如表 7 - 1 所示，按东盟五国的统计，东盟五国与日本的贸易不平衡集中发生在 20 世纪 90 年代，导致贸易不平衡的产品主要是 SITC - 7。1990 年，东盟五国对日本的贸

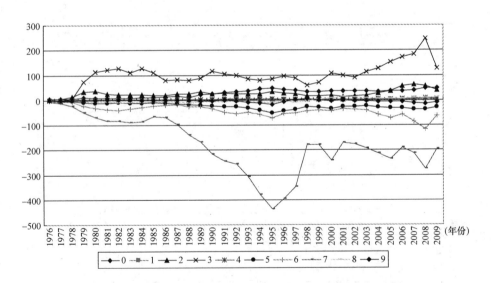

图 7 - 3 东盟五国与日本贸易不平衡的产品结构（东盟五国统计）

资料来源：根据联合国贸易和发展会议数据库（UNCTAD Database）相关数据计算得出。

易逆差首次突破 100 亿美元，达到 –113.88 亿美元，到 1995 年迅速上升到 –415.69 亿美元，而同期在 SITC – 7 方面的逆差分别从 – 215.01 亿美元上升到 –438.51 亿美元。

五、中国与日本贸易不平衡的产品结构分析

1972 年，中国与日本实现邦交正常化，两国间的经贸往来日渐增多。特别是 20 世纪 80 年代中期以后，日本对华投资大幅度增加，拉动了中国与日本之间贸易的飞速发展。从贸易不平衡的程度来看，如表 7 – 1 所示，按中国的统计大致可以分为两个阶段：第一阶段为 1984 ~ 2001 年，除个别年份以外，贸易不平衡额度基本控制在 50 亿美元以内；第二阶段为 2002 ~ 2009 年，中国对日本存在大量贸易逆差，并呈现出不断扩大的趋势，2007 ~ 2009 年一直保持在 300 亿美元以上。期间，中国对日本的贸易逆差从 2002 年的 –50.32 亿美元增加到 2008 年的 –344.68 亿美元，而日本对外贸易顺差总额从 2004 年的 1104.7 亿美元下降到 2008 年的 118.78 亿美元，同期中国对外贸易顺差总额从 320.97 亿美元上升到 2981.31 亿美元。这基本可以判断三者具有一定的关联性。

图 7 – 4 反映了中国与日本贸易不平衡的产品结构。20 世纪 90 年代以来，中国与日本之间的最大贸易逆差来源产品和最大贸易顺差来源产品分别为 SITC – 7 和 SITC – 8。这实际上反映了两种国际生产网络的差别，即 SITC – 7 主要为机械与运输设备等资本、技术密集型产品，产品生产流程比较复杂，中国从日本进口大量的核心零部件并组装成最终产品，然后分别销往中国、日本及第三国，从而导致中国对日本存在较大贸易逆差；SITC – 8 主要为纺织服装等劳动密集型产品，产品生产流程比较简单，发达国家的跨国公司在母国设计并在中国加工成最终产品，然后销往日本等发达国家的市场，从而导致中国对日本存在较大的贸易顺差。以 2008 年为例，中国在 SITC – 7 方面对日本的贸易逆差为 –368.22 亿美元，在 SITC – 8 方面对日本的贸易顺差为 160.50 亿美元，同期对日本的贸易逆差总额为 – 344.68 亿美元。

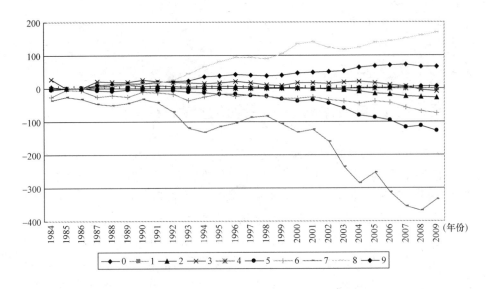

图7-4　中国与日本贸易不平衡的产品结构（中国统计）

资料来源：根据联合国贸易和发展会议数据库（UNCTAD Database）相关数据计算得出。

六、中国与韩国贸易不平衡的产品结构分析

中国与韩国之间的贸易从 20 世纪 70 年代末开始，并经历了由间接贸易向直接贸易的转变。1992 年，中国与韩国正式建立外交关系，两国间的经济贸易合作全面展开。随着韩国经济的起飞和国内劳动力成本的提高，韩国对华投资不断增加，双方贸易额稳步上升，与此同时，中国与韩国的贸易不平衡问题逐渐显现，主要表现为中国对韩国的贸易逆差不断增加。如表 7-1 所示，按中国的统计，1992~2009 年中国对韩国的贸易逆差从 -2.18 亿美元迅速增长到 2009 年的 -488.72 亿美元，增长了 200 多倍。

图 7-5 反映了中国与韩国贸易不平衡的产品结构。20 世纪 90 年代以来，中国对韩国最大的贸易顺差产品和最大的贸易逆差产品分别是 SITC-0 和 SITC-7。SITC-0 主要是农产品，这是因为韩国领土面积较小，是世界人口密度最高、人均耕地最少的国家之一，农产品无法自给自足，长期依赖少量进口。中国对韩国的贸易顺差于 2006 年达到最大值，仅为 28.71 亿

美元。在 SITC – 7 方面，20 世纪 90 年代以来，中国的大量核心零部件和高端产品需要从韩国进口，对韩国长期存在贸易逆差。其中，亚洲金融危机之前，中国对韩国的贸易逆差稳步增长，从 1990 年的 – 0.94 亿美元增加到 1997 年的 – 20.19 亿美元；亚洲金融危机以后，中国对韩国的贸易逆差迅速膨胀，从 1998 年的 – 17.81 亿美元增加到 2007 年的 – 284.20 亿美元。值得注意的是，尽管 SITC – 8 主要是纺织服装等劳动密集型产品，但中国对韩国依然主要表现为逆差。这一方面说明韩国的纺织服装等产品深受中国消费者青睐，另一方面说明韩国的产业结构调整与升级不及日本彻底。以 2008 年为例，中国在 SITC – 7 和 SITC – 8 方面对韩国的贸易逆差分别为 – 215.55 亿美元、– 101.75 亿美元，而同期中国对韩国的贸易逆差总额为 – 382.06 亿美元。

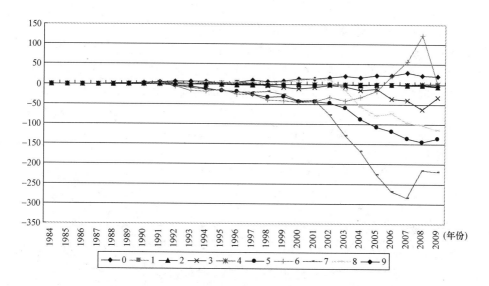

图 7 – 5　中国与韩国贸易不平衡的产品结构（中国统计）
资料来源：根据联合国贸易和发展会议数据库（UNCTAD Database）相关数据计算得出。

七、中国与东盟五国贸易不平衡的产品结构分析

20 世纪 90 年代以来，中国逐步采取积极主动的地区主义外交战略，参与并推动东亚地区合作。东南亚地区以其极为重要的地缘作用成为中国在东亚推进周边外交的首要目标。基于不断拓展的共同利益和双方的不断努

力，中国与东盟的经贸关系在20世纪90年代特别是进入21世纪以来得到全面发展，历经了由磋商伙伴关系到全面对话关系、睦邻互信伙伴关系再到今天的战略协作伙伴关系的演变与提升。随着中国与东盟外交关系的不断改善，尽管中国与绝大部分东盟国家因同属于发展中国家而存在一定的竞争关系，但双方在东亚区域生产网络中找到了适合自己的位置，经贸往来越来越密切，而中国—东盟自由贸易区的建设将为双方国际分工的深化起到积极的促进作用。

如表7-1所示，按中国统计，中国与东盟五国的贸易不平衡大致可以分为两个阶段：第一阶段是20世纪80~90年代，中国与东盟五国之间基本处于贸易平衡状态，净出口大都控制在20亿美元以内；第二阶段是2000年以后，中国对东盟五国的贸易逆差快速增长，从2000年的-59.04亿美元增加到2007年的-245.74亿美元。图7-6反映了中国与东盟五国贸易不平衡的产品结构。21世纪初以来，中国对东盟五国的贸易逆差主要由SITC-7类商品主导，其主要原因是中国从东盟五国进口的一般零部件和部分最终产品快速增加。另外，由于纺织服装类产业迅速向中国集聚，导致中国对东盟五国在SITC-8方面存在一定的贸易顺差。以2007年为例，中国对东盟五国的贸易逆差总额为-245.74亿美元，而仅SITC-7方面逆差就高达-145.16亿美元。

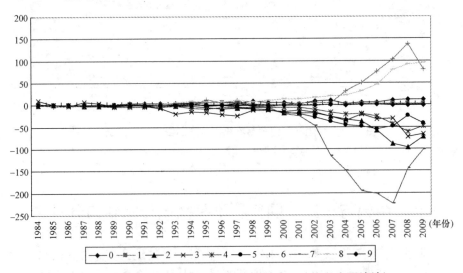

图7-6 中国与东盟五国贸易不平衡的产品结构（中国统计）

资料来源：根据联合国贸易和发展会议数据库（UNCTAD Database）相关数据计算得出。

第二节　东亚与美国贸易不平衡的结构分析

第二次世界大战以来，伴随着美国的产业结构调整，美国制造业不断向外转移，这一方面使美国出口的基础能力相对削弱，另一方面使美国国内制成品市场出现供求缺口，并通过进口来解决，从而导致美国出现贸易逆差，并呈现扩大之势。20 世纪 60 年代，美国开始进入产业结构调整阶段，传统的制造业大规模向日本转移，从而导致钢铁、纺织等第 6 类和第 8 类商品对日本出现逆差并不断扩大。20 世纪 90 年代以后，美国等世界发达国家开始将高新技术产业中的生产制造环节，甚至部分低端服务业大规模向外转移，特别是转向有资源优势、成本优势、市场潜力和产业配套能力的东亚新兴市场国家和地区，从而导致东亚与美国的贸易失衡发生结构性变化。

一、东亚与美国贸易不平衡的国别结构分析

从历史上来看，美国等发达国家为了巩固其在全球市场的竞争力，先后进行了多次产业结构调整和优化升级，从而引起国际分工格局的改变和国际产业转移的发生，即发达国家或地区通过国际贸易和国际投资等多种方式，将部分产业（主要是制造业或劳动密集型产业）转移到欠发达国家和地区以及发展中国家和地区，带动了后者产业结构的调整和优化升级。

1966 年，美国哈佛大学教授维农（R. Vernon）在《产品周期中的国际投资与国际贸易》一文中提出了产品生命周期理论，深刻解释了国际对外投资和国际产业转移的原因。维农依据美国制造业的发展过程建立了产品生命周期三阶段模型，即产品生命周期分为新产品的创新阶段、新产品的成熟阶段和新产品的标准化阶段三个时期。随着新产品从创新阶段、成熟阶段进入标准化阶段，产品的特性会发生变化，将由知识技术密集型向资本或劳动密集型转换。在新产品的不同阶段，不同生产要素的重要程度也会发生变化，从而引起该产品的生产在要素禀赋不同的国家之间发生梯度

转移。相应的，美国从新产品的净出口国转变成新产品的净进口国。[①] 如表 7-2 所示，20 世纪 80 年代以来，东亚与美国的贸易不平衡状况大致可以划分为两个阶段：

第一个阶段是 20 世纪 80 年代，美国对东亚存在大量贸易逆差，并集中表现为美国对日本的贸易逆差与日俱增，从 1981 年的 -182.64 亿美元增长到 1986 年的 -625.63 亿美元，增长了 242.55%。为了解决贸易不平衡问题，美国迫使日元大幅度升值，但收效甚微。

第二个阶段为 20 世纪 90 年代至今，美国对东亚存在巨额贸易逆差，并呈现出美国对东亚各经济体全线逆差的景象。其中，美国对日本的逆差呈现出波动性上升的趋势，但增长速度有所放缓，从 1990 年的 -453.01 亿美元增长到 2008 年的 -767.78 亿美元，增长了 69.48%；美国对韩国、东盟五国的贸易逆差快速上升，分别从 1990 年的 -48.89 亿美元、-96.81 亿美元增长到 2008 年的 -150.17 亿美元、-330.88 亿美元，分别增长了 207.16%、241.78%，但由于韩国经济规模较小，在美国对东亚逆差中所占的比重较低；美国对中国的贸易逆差呈爆炸式增长，从 1990 年的 -114.53 亿美元增长到 2008 年的 -2848.48 亿美元，增长了 23.87 倍，并于 2000 年超过日本，成为美国在东亚地区第一大贸易逆差来源国。

表 7-2 东亚各经济体与美国的贸易不平衡状况

单位：亿美元

年份	日本—美国		韩国—美国		东盟五国—美国		中国—美国	
	日本统计	美国统计	韩国统计	美国统计	东盟五国统计	美国统计	中国统计	美国统计
1981	136.08	-182.64	-3.56	-4.65	8.10	-55.94	—	15.40
1982	123.77	-192.49	3.01	-6.74	-16.89	-21.32	—	4.10
1983	185.76	-223.28	20.06	-19.72	7.45	-46.06	—	-3.14
1984	335.99	-376.79	36.56	-42.41	27.09	-75.70	-15.67	-3.93
1985	402.01	-506.81	43.06	-50.39	39.09	-79.63	-25.47	-4.26
1986	520.73	-625.63	73.76	-77.01	37.87	-70.99	-20.47	-21.67
1987	525.65	-611.45	96.04	-105.05	58.55	-85.12	-17.90	-34.51

① Vernon, R. "International Investment and International Trade in the Product Cycle", *The Quarterly Journal of Economics*, Vol. 80, 1966, pp. 190-207.

续表

年份	日本—美国		韩国—美国		东盟五国—美国		中国—美国	
	日本统计	美国统计	韩国统计	美国统计	东盟五国统计	美国统计	中国统计	美国统计
1988	479.93	-571.11	87.10	-107.87	25.60	-99.08	-32.91	-42.66
1989	451.79	-525.47	48.02	-71.15	63.22	-99.45	-34.34	-70.31
1990	379.14	-453.01	25.00	-48.89	46.02	-96.81	-13.96	-114.53
1991	382.11	-476.06	-2.94	-22.31	41.28	-96.56	-18.54	-139.98
1992	437.73	-524.69	-1.66	-27.33	69.40	-140.87	-3.02	-199.81
1993	505.89	-624.85	2.67	-30.03	82.88	-162.09	62.85	-249.06
1994	554.18	-690.15	-8.95	-23.46	112.77	-223.73	75.81	-320.59
1995	461.24	-629.36	-60.75	5.23	95.75	-248.63	86.10	-367.57
1996	332.20	-504.48	-113.94	32.85	66.00	-255.09	105.51	-424.19
1997	424.03	-586.08	-82.85	12.69	77.14	-246.09	164.39	-530.07
1998	523.66	-672.05	25.39	-82.67	203.45	-355.64	211.00	-608.37
1999	622.66	-773.90	46.58	-95.25	242.84	-394.24	225.17	-746.57
2000	703.30	-853.80	85.20	-138.22	272.58	-422.03	297.82	-913.62
2001	587.91	-720.71	89.26	-142.95	184.58	-333.51	281.38	-901.46
2002	615.76	-731.95	98.32	-143.14	202.37	-360.47	427.89	-1114.32
2003	575.45	-691.71	94.34	-142.48	193.96	-347.01	586.82	-1348.33
2004	649.92	-789.39	141.08	-214.81	235.49	-379.51	804.01	-1757.96
2005	705.43	-865.42	107.12	-178.52	258.75	-454.71	1144.39	-2179.94
2006	778.13	-925.96	95.24	-151.81	292.72	-476.72	1444.87	-2505.55
2007	732.14	-867.59	84.91	-146.17	228.32	-428.51	1636.21	-2748.69
2008	597.68	-767.78	79.45	-150.17	84.35	-330.88	1712.58	-2848.48
2009	347.13	-472.23	86.42	-119.04	52.46	-298.42	1435.40	-2399.55

资料来源：根据联合国贸易和发展会议数据库（UNCTAD Database）相关数据计算得出。

二、日本与美国贸易不平衡的产品结构分析

1945~1964 年，日本处于战后重建阶段，对美国长期存在贸易逆差。但 1965 年以后，日本对美国开始出现贸易顺差，并呈现出不断上升的趋势。

总体而言，日本与美国的贸易不平衡是在经济全球化和国际产业转移的背景下产生的，从双方贸易不平衡的表现和经济摩擦的类型来看，大致可以分为两个阶段：第一，1965~1985 年为贸易自由化时期，日本对美国的顺差迅速扩大，双方的经济摩擦主要局限在贸易领域，主要表现为个别产品或产业的摩擦。如表 7-2 所示，按日本的统计，日本对美国的贸易顺差从1981 年的 136.08 亿美元增长到 1985 年的 402.01 亿美元，增长了195.42%。第二，1985 年以后为资本自由化时期，日本对美国的贸易顺差呈现出波动上升趋势，双方的经济摩擦扩展到汇率、投资甚至经济制度等众多领域。

图 7-7 反映了日本与美国贸易不平衡的产品结构。20 世纪 80 年代以来，日本对美国的贸易顺差由 SITC-7 类商品主导。其主要原因是 20 世纪60 年代以后，美国把机械与运输设备等产业大规模向日本转移，从而使日本的生产能力迅速提升，对美国在 SITC-7 方面的贸易顺差迅速扩大。1985年以后，日本企业为了应对国内劳动力成本上涨、日美贸易摩擦等方面的压力，积极构建东亚区域生产网络，把东亚发展中经济体作为生产基地和出口平台，日本对美国在 SITC-7 方面的贸易顺差增速放缓。总体而言，日本

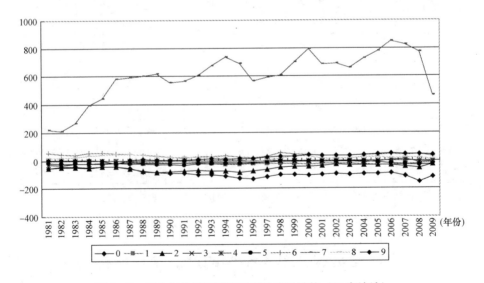

图 7-7　日本与美国贸易不平衡的产品结构（日本统计）

资料来源：根据联合国贸易和发展会议数据库（UNCTAD Database）相关数据计算得出。

与美国的贸易不平衡主要发生在 SITC - 7 方面，以 2007 年为例，日本对美国的贸易顺差总额为 732.14 亿美元，而仅 SITC - 7 方面顺差就高达 823.87 亿美元。因此，日本与美国的贸易不平衡主要缘于双方在东亚区域生产网络中的地位差异。

三、韩国与美国贸易不平衡的产品结构分析

第二次世界大战后，美国先后向韩国提供了多次经济援助和贷款，为韩国的经济重建和起飞提供了良好的资金来源，与此同时，美国为韩国提供了世界最大的出口市场，以支持韩国经济的快速增长。20 世纪 70 ~ 80 年代，日本逐渐把纺织服装类劳动密集型产业向韩国转移，从而使韩国在纺织服装类产品上的竞争力快速提升。进入 20 世纪 90 年代，韩国开始进军汽车、计算机等资本、技术密集型产业，加之美国对韩国机械运输设备方面的投资不断增加，韩国实现了产业结构的优化升级。

图 7 - 8 反映了韩国与美国贸易不平衡的产品结构。20 世纪 80 年代初以来，韩国对美国的贸易顺差先后分别由 SITC - 8、SITC - 7 类商品主导。20 世纪 80 年代，韩国对美国的贸易顺差总额从 1983 年的 20.06 亿美元上

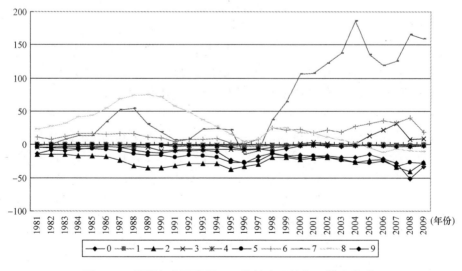

图 7 - 8　韩国与美国贸易不平衡的产品结构（韩国统计）

资料来源：根据联合国贸易和发展会议数据库（UNCTAD Database）相关数据计算得出。

升到 1987 年的 96.04 亿美元,而同期在 SITC-8 方面的顺差则由 7.99 亿美元增加到 52.63 亿美元。随着韩国劳动力成本的上升,劳动密集型产业开始向中国转移,从而使韩国对美国的贸易顺差开始下滑。进入 21 世纪以后,韩国在机械运输方面的竞争力逐渐增强,韩国与美国的贸易不平衡程度再次加深,贸易顺差总额从 2000 年的 85.20 亿美元上升到 2004 年的 141.08 亿美元,而同期在 SITC-7 方面的顺差从 106.80 亿美元上升到 185.91 亿美元。2004 年以后,韩国开始把部分附加值较低的制造环节向中国转移,从而导致韩国对美国的顺差有所下降,中国对美国的顺差不断上升。

四、东盟五国与美国贸易不平衡的产品结构分析

1977 年,东盟作为一个整体与美国正式建立对话关系,磋商的内容主要集中在商品贸易、资本投资、市场准入、技术转移、能源、航运和粮食安全等领域。20 世纪 90 年代以后,东盟与美国的关系得到进一步的发展。在经济全球化和地区经济一体化进程不断加快的背景下,美国重新修订了其全球战略和亚太战略,更加重视亚洲并突出了经济联系。当时,美国政府不断为美国企业寻求新的商机,其中心之一就是维护和扩大美国在亚洲,尤其是在东南亚的经济利益。对东盟来说,其成员国对美国经济的依赖性均很大,加强与美国的经济联系对这些国家十分重要。由于美国与东盟国家之间在自然资源、生产技术和贸易结构方面存在较大互补性,而且双方之间不存在较大的纷争,所以其经济贸易合作开展得较为顺利。

图 7-9 反映了东盟五国与美国贸易不平衡的产品结构。20 世纪 90 年代以来,东盟五国对美国的贸易顺差由 SITC-7、SITC-8 类商品主导。按东盟五国的统计,东盟五国对美国的贸易顺差总额从 1990 年的 46.02 亿美元上升到 2007 年的 228.32 亿美元,而同期在 SITC-7、SITC-8 方面的顺差分别从 9.71 亿美元、37.05 亿美元上升到 93.15 亿美元、118.69 亿美元。实际上,东盟五国对美国存在大量贸易顺差的同时,对日本、韩国存在大量逆差,东盟五国在东亚区域生产网络中扮演了加工基地和出口平台的角色。

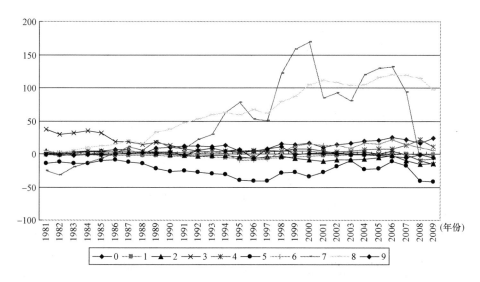

图 7 - 9　东盟五国与美国贸易不平衡的产品结构（东盟五国统计）

资料来源：根据联合国贸易和发展会议数据库（UNCTAD Database）相关数据计算得出。

五、中国与美国贸易不平衡的产品结构分析

从 1979 年中美建交至今，中美经贸关系的发展经历了一个不断深化的过程。从中美贸易平衡的变化情况来看，大致可以将中美经贸关系划分为三个阶段：第一个阶段是 1979 ~ 1992 年，可以称为"中方微量逆差期"。这一阶段，中国处于计划经济时期，经济发展缺乏活力，商品生产的能力不能满足市场的需求，部分商品需要从美国进口。其中，中方最大逆差出现在 1989 年，仅为 – 34. 34 亿美元；最小逆差出现在 1992 年，为 – 3. 02 亿美元。第二个阶段是 1993 ~ 2000 年，可以称为"中方顺差高速增长期"。为了扭转缺资金、缺技术、缺市场的不利局面，中国积极吸引外商直接投资，大力发展加工贸易，实行"三头在外"（原料、技术、市场）的发展道路，利用"三来一补"，加工出口，进行了"滚雪球"式的扩大发展。[①] 随着中国改革开放的不断深化，中美关系不断朝着持续、健康、稳定的方向

---

① 张蕴岭：《坚定不移地走对外开放与和平发展的道路》，《世界经济与政治》2009 年第 11 期，第 8 – 12 页。

发展，双边贸易迅速增长，但中国对美国出口的增速高于进口，从而使中国对美国的贸易顺差从 1993 年的 62.85 亿美元迅速增加到 2000 年的 297.82 亿美元，增长了 373.86%。第三个阶段是 2001 年以来，可以称为"中方顺差剧烈膨胀期"。2001 年，中国成功加入 WTO，进一步融入全球经济，并成为东亚生产网络中的重要一环，中美贸易不平衡的问题不断加剧，中国对美国的贸易顺差逐年以百亿美元以上的速度递增。其中，2001～2005 年，中美贸易顺差规模超过了中国对外贸易的总体顺差规模，特别是 2004 年，中国对美国的贸易顺差达到 804.01 亿美元，是中国对外贸易顺差的 2.5 倍。短短几年时间，中国对美国的贸易顺差从 2001 年的 281.38 亿美元迅速增加到 2008 年的 1712.58 亿美元，增加了 508.64%。

图 7-10 反映了中国与美国贸易不平衡的产品结构。20 世纪 90 年代，中国对美国的贸易顺差主要由 SITC-8 类商品主导，中国对美国的贸易顺差总额从 1993 年的 62.85 亿美元增加到 2000 年的 297.82 亿美元，而同期 SITC-8 类商品的顺差从 94.64 亿美元增加到 216.48 亿美元；进入 21 世纪以后，中国对美国的贸易顺差主要由 SITC-7、SITC-8 类商品主导，中国对美国的贸易顺差总额从 2001 年的 281.38 亿美元增加到 2008 年的 1712.58

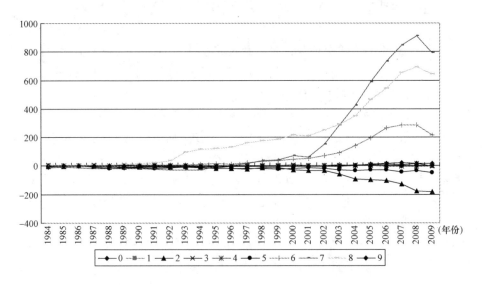

图 7-10 中国与美国贸易不平衡的产品结构（中国统计）

资料来源：根据联合国贸易和发展会议数据库（UNCTAD Database）相关数据计算得出。

亿美元，而同期 SITC - 7、SITC - 8 类商品的顺差分别从 61.99 亿美元、211.08 亿美元增加到 909.17 亿美元、694.23 亿美元。实际上，中国对美国存在巨额贸易顺差的同时，对日本、韩国、东盟五国存在巨额逆差，中国在东亚区域生产网络中扮演了加工基地和出口平台的角色。

第三节　小结

本章分析了 20 世纪 70 年代中期以来东亚—美国贸易不平衡的国别结构变化和产品结构变化，结果显示：

（1）20 世纪 70 年代中期到 20 世纪 80 年代中期，东亚区域内各经济体之间基本处于贸易平衡状态，但东亚与美国之间已经处于贸易不平衡状态，并集中表现为日本对美国存在大量贸易顺差，导致贸易不平衡的产品主要是《国际贸易标准分类》中的第 7 类商品。究其原因，主要是美国进入产业结构调整与升级时期，将制造业不断向外转移，这一方面使美国出口的基础能力相对削弱，另一方面使美国国内制成品市场出现供求缺口，并通过进口来解决，从而导致美国出现贸易逆差，并呈现扩大之势；与美国对外产业转移相对应，日本承接了美国失去比较优势的制造业，生产能力迅速集聚，一方面产生了进口替代效应，另一方面出口能力显著增强，特别是向美国的出口迅速增加，从而填补了美国生产和消费之间的缺口，导致日本对美国存在大量贸易顺差。

（2）20 世纪 80 年代中期到 20 世纪 90 年代末，东亚—美国贸易不平衡呈现出东亚区域内贸易不平衡、东亚与美国贸易不平衡并存的局面。东亚区域内贸易不平衡主要发生在日本与韩国、东盟五国之间，但中国与其他东亚经济体基本处于贸易平衡状态。究其原因，主要是日本把资本或技术密集型产品中的高端机械设备、核心零部件的生产保留在国内，把一般零部件和组装等低附加值环节向韩国、东盟五国转移，从而导致日本对韩国、东盟五国存在大量贸易顺差；随着纺织服装等劳动密集型产品的生产迅速在中国集聚，中国的出口能力显著增强，但机械设备依赖从日本、韩国的进口，并且出口与进口的数额大体相当。东亚与美国之间的贸易不平衡程度不断加深，并发生了结构性变化，美国对日本的贸易逆差增速放缓，但对韩国、东盟五国、中国的贸易逆差迅速增加，从而呈现出美国对东亚各经济体全线逆差的局面。其中，美国对中国的贸易逆差主要来源于《国际贸易标准分类》中的第 8 类商品，属于劳动密集型产品。

（3）进入 21 世纪以后，东亚区域内贸易不平衡、东亚与美国贸易不平衡均迅速加剧，主要表现为中国对其他东亚经济体的贸易逆差迅速增加、中国对美国的贸易顺差呈爆炸式增长，导致贸易不平衡的产品主要是《国际贸易标准分类》中的第 7 类和第 8 类商品。究其原因，主要是中国成功加入 WTO，在劳动密集型产品方面的优势进一步强化，与此同时，中国融入了东亚地区资本或技术密集型产品的产业链，一方面从日本、韩国等发达国家进口高端机械设备和核心零部件，从而导致对东亚其他国家的逆差不断增加，另一方面承载着东亚地区对外出口的重任，从而导致中国对美国的顺差迅速膨胀。

综上所述，20 世纪 80 年代中期以来，从国别结构来看，东亚—美国贸易不平衡已经从日本与美国之间的双边贸易不平衡转变为日本、美国、韩国、东盟五国、中国之间的多边贸易不平衡；从产品结构来看，东亚—美国贸易不平衡主要产生于《国际贸易标准分类》中的第 7 类和第 8 类商品。因此，东亚—美国贸易不平衡程度迅速加剧主要缘于东亚区域生产网络的形成与发展。

第八章 全球经济失衡的实质与再平衡调整方向

2009 年 9 月，美国总统奥巴马在 G20 匹兹堡金融峰会上提出了"可持续和均衡增长框架"的建议，力促"启用一个规定了政策和方法的行动框架，以创建一个强有力、可持续和平衡的全球经济模式"。美国甚至把国际金融危机的爆发归因于全球经济失衡，其基本逻辑是中国、德国等出口型经济体对美国保持大量贸易顺差，这部分顺差再回流到美国金融市场，从而助推了金融泡沫的形成。尽管美国上述主张刻意回避了自身金融监管不力、宏观经济政策失误以及对美元霸权的滥用等更深层原因，不乏推卸并转嫁责任之意，但推进"全球经济再平衡"无疑是今后相当长时期内世界经济调整的一条主线，危机之前的国际分工体系也必然会在"再平衡"原则基础上实现重塑。① 本章将分析东亚—美国贸易不平衡的实质与再平衡调整方向。其中，第一节分析全球经济失衡总体情况；第二节分析全球经济失衡的特点；第三节分析全球经济再平衡应注意的问题；第四节分析东亚区域生产网络的发展前景，即在全球经济再平衡的背景下如何调整东亚区域生产网络，或者说如何调整东亚区域生产网络来促进贸易再平衡。

第一节 全球经济失衡总体情况②

全球经济平衡与否对维系世界经济发展的稳定和安全具有重要的意义，

---

① 陈锡进、吕永刚：《全球经济再平衡与中国经济战略调整》，《世界经济与政治论坛》2009 年第 6 期，第 62 – 67 页。

② 本小节部分内容已发表，详细情况参见张红力、刘德伟：《东亚—北美经济失衡与再平衡分析》，《当代亚太》2010 年第 4 期，第 25 – 43 页。

其至影响着世界经济发展的未来走势。20世纪90年代以来,全球贸易不平衡呈现出不断扩大的趋势,并表现出鲜明的区域性特点。

一、全球经济贸易关系与结构变化

从地区格局来看,20世纪90年代以来的全球经济失衡主要由北美洲、欧洲、亚洲和包括中东石油出口国在内的其他地区主导,具体情况如表8-1所示。

表8-1 世界各地区货物贸易净出口情况

单位:亿美元

年 份	北美洲	拉丁美洲	欧 洲	亚 洲	非 洲	其他地区
1990	-1225	202	-660	309	64	299
1991	-944	80	-1006	559	48	83
1992	-1200	-43	-812	807	-37	114
1993	-1496	-135	-202	797	-57	154
1994	-1891	-142	-28	813	-99	317
1995	-1592	-277	9	437	-146	369
1996	-1687	-223	56	-89	-2	515
1997	-2013	-360	-56	520	-49	478
1998	-2681	-505	-460	2031	-268	62
1999	-3558	-208	-747	1831	-116	708
2000	-4626	-96	-1409	1589	182	1649
2001	-4342	-167	-782	1232	30	1211
2002	-4989	121	-359	1488	83	1135
2003	-5645	301	-750	1616	149	1549
2004	-6894	444	-1102	1656	277	2129
2005	-8098	595	-1761	1689	540	3315
2006	-8701	696	-2624	2457	775	4247
2007	-8540	432	-2886	3267	652	4135

资料来源:根据2009年《国际统计年鉴》相关数据计算得出。

北美洲是国际贸易逆差的最主要来源地区，从 1990 年至今持续存在大量贸易逆差，并呈现出不断扩大的趋势。从贸易逆差的增长速度来看，北美洲的贸易失衡状况大致可以分为两个阶段：第一个阶段是 1990～1996 年，为北美洲贸易逆差的低速增长期，贸易逆差从 1990 年的 –1225 亿美元扩大到 1996 年的 –1687 亿美元，增长了 38%。第二个阶段是 1997～2006 年，北美洲进入贸易逆差高速膨胀期，贸易逆差迅速从 1997 年的 –2013 亿美元扩大到 2006 年的 –8701 亿美元，增长了 332%。

欧洲在 20 世纪 90 年代前期一直处于贸易逆差状态，其中，1991 年达 –1006 亿美元，略高于北美洲地区，成为全球第一大贸易逆差来源地区。随后，欧洲的逆差额度不断减小，1995～1996 年一度转入贸易顺差行列，但 1997 年以后重新成为贸易逆差地区，贸易逆差总额呈现出波动性增长趋势，并于 2007 年达到贸易逆差最大值，为 –2886 亿美元。

亚洲除了 1996 年出现小幅度贸易逆差之外，在其他年份均表现为贸易顺差。大体上，亚洲的贸易失衡状况可以划分为两个阶段：第一阶段是从 1990 年到 1997 年亚洲金融危机爆发，除个别年份外，亚洲地区为全球最大的贸易顺差来源地，顺差总额在千亿美元以下波动。第二阶段是 1998～2007 年，亚洲的贸易顺差迅速攀升至千亿美元以上，并呈现出波动性增加的态势。受 1997 年亚洲金融危机的影响，1998 年亚洲地区对外贸易大幅度下跌，对外出口从 1997 年的 1.55 万亿美元下降到 1998 年的 1.45 万亿美元，对外进口从 1997 年的 1.50 万亿美元下降到 1998 年的 1.25 万亿美元，由于进口下降速度大大高于出口下降速度，从而导致亚洲地区的顺差程度迅速扩大，从 1997 年的 520 亿美元迅速扩大到 1998 年的 2031 亿美元，增长率高达 291%。此后，亚洲经济开始恢复增长，对外出口总额与对外进口总额均呈现出不断增长的趋势，净出口总额基本锁定在 1600 亿美元左右。到 2006 年，亚洲地区的顺差进入新的快速扩张期，从 2005 年的 1689 亿美元增加到 2007 年的 3267 亿美元，短短的两年时间增长了 93%。

包括中东石油出口国在内的其他地区也是全球贸易顺差的重要来源地之一，1990 年以来均表现为贸易顺差，尤其是进入 21 世纪以后，随着原油价格持续暴涨和贸易顺差总额持续扩大，全球国际收支失衡不断加剧。石油价格的上涨，一方面减少了依赖石油进口的工业发达国和新兴市场经济体的国际收入，尤其是造成了北美洲地区与欧洲地区的逆差迅速扩大；另一方面，为石油出口国积累了巨额的石油美元，从而使包括中东石油出口国在内的其他地区的贸易顺差迅速膨胀，最高达到 4247 亿美元之多。2004 年之前，全球贸易顺差的最大来源地是亚洲地区，但 2005 年以后发生逆转，包括中东石油出口国在内的其他地区超过亚洲地区，成为全球最大的贸易顺差来源地。

拉丁美洲地区和非洲地区矿产资源丰富，并盛产多种贵重木材，出口产品主要为铁、铜、黄金、金刚石、钴、红木、檀香木等初级产品，其中，部分国家能源资源丰富，是重要的石油生产国和输出国。20 世纪 90 年代初，拉丁美洲地区和非洲地区的对外贸易均存在小幅度顺差，随后都转入贸易逆差状态，进入 21 世纪以后开始再次回到对外贸易顺差地区的行列。2006 年，拉丁美洲地区和非洲地区均达到贸易顺差总额最大值，分别为 696 亿美元、775 亿美元。

总体而言，20 世纪 90 年代以来，全球经济失衡不断加剧，主要表现为北美洲和欧洲的贸易逆差与日俱增，亚洲和包括中东石油出口国在内的其他地区的贸易顺差持续扩大。当前，全球贸易失衡主要表现为美国的庞大贸易赤字和亚洲的巨额贸易盈余。其中，北美与东亚之间的贸易不平衡不仅是人们关注的焦点，更是解决全球贸易失衡的重点。

二、东亚—北美经济贸易关系与结构变化

北美地区包括美国、加拿大和墨西哥三个国家，它们之间的经济规模与发展水平存在极大差距，其中，美国是这一地区经济规模最大、发展水平最高的国家。2005 年，美国 GDP 总量占北美三国总量的 87%，遥遥领先占 7.7% 而居于次位的加拿大，而墨西哥只占 5.3%。同期，美国在北美贸易总额中占 70.1%，加拿大占 18.1%，而墨西哥仅占 11.8%。由于美国在北美经济中占绝对优势地位，其经济特征主导了整个北美洲地区的经济特征，其经济规模的绝对优势决定了北美洲地区贸易对比关系的基本格局。① 通过对比表 8 – 2 与表 8 – 1 可以发现，美国的贸易失衡状况与北美洲地区的贸易失衡状况基本吻合，所以，北美洲地区对外贸易逆差持续扩大主要缘于美国的对外贸易失衡日益加剧。

---

① 张蕴岭：《世界市场与中国对外贸易发展的外部环境》，中国社会科学出版社 2007 年版，第 148 – 149 页。

表8-2 东亚—北美主要国家的贸易失衡状况

单位：亿美元

年份	美国	中国	日本	韩国	印度尼西亚	马来西亚	新加坡	菲律宾	泰国
1990	-1246.59	87.46	521.49	-48.24	38.38	2.08	-80.74	-48.56	-103.03
1991	-873.89	80.52	777.89	-96.50	32.74	-22.34	-71.40	-40.17	-91.67
1992	-1061.66	43.55	1066.29	-51.27	66.87	9.80	-87.11	-56.41	-82.12
1993	-1383.96	-122.15	1202.41	-15.62	84.95	17.37	-112.25	-73.98	-90.72
1994	-1766.93	53.93	1208.58	-63.35	80.70	-2.43	-58.45	-92.55	-92.02
1995	-1878.57	166.96	1068.43	-100.57	47.89	-32.67	-62.40	-110.40	-143.41
1996	-1948.43	122.15	617.61	-206.22	68.86	4.10	-63.32	-141.59	-166.38
1997	-2104.93	404.21	822.11	-84.63	117.64	2.96	-74.54	-133.53	-41.79
1998	-2639.15	435.72	1075.02	390.21	215.11	154.95	81.73	-20.34	112.13
1999	-3664.36	292.32	1076.16	239.34	246.62	195.73	36.21	24.69	81.14
2000	-4777.48	241.09	995.85	117.88	286.09	169.40	32.60	10.71	68.98
2001	-4490.68	225.45	540.63	93.37	253.55	149.26	57.51	-27.09	29.59
2002	-5090.62	304.26	791.06	103.42	258.70	153.85	87.36	-58.84	34.63
2003	-5814.83	254.68	885.44	149.91	285.08	222.64	236.99	-63.45	44.99
2004	-7073.63	320.97	1105.07	293.84	250.58	214.83	250.51	-64.22	18.45
2005	-8279.81	1020.01	790.74	231.83	279.59	273.34	296.02	-82.33	-80.54
2006	-8819.68	1774.75	676.61	160.78	397.33	295.42	330.98	-66.68	19.96
2007	-8545.83	2639.44	920.84	146.36	396.27	292.95	361.43	-75.30	98.10
2008	-8649.35	2981.31	188.78	-132.68	77.76	426.44	183.96	-113.42	-27.05

资料来源：根据联合国贸易和发展会议数据库（UNCTAD Database）相关数据计算得出。

相对于北美洲地区而言，东亚地区的贸易失衡结构更为复杂，主要国家对外贸易失衡程度的对比关系发生了大幅度的变化，并在一定时期呈现出此消彼长的局面。其中，日本、韩国及东盟部分成员的对外贸易顺差先后经历了先上升后下降的过程，而中国对外贸易顺差呈现稳步增长的趋势，尤其在2000年以后进入高速增长期，顺差总额从2004年的320.97亿美元猛增到2008年的2981.31亿美元，增长了829%。

如表8-2所示，美国对外贸易逆差持续扩大，中国对外贸易顺差稳步增长。人们很容易把二者联系在一起，认为中国对外贸易顺差的增加是造成美国对外贸易逆差扩大的直接原因，但事实并非如此。

首先，美国对外贸易逆差的大幅度增加主要集中在 1998~2006 年。相对于 1998 年，2001 年美国贸易逆差猛增 1851.53 亿美元，达到 -4490.68 亿美元。同期，与美国对外贸易逆差快速增加形成鲜明对比的是，中国的贸易顺差从 1998 年 435.72 亿美元下降到 2001 年的 225.45 亿美元。实际上，美国贸易逆差猛增的直接原因是石油等能源进口迅速增加，并导致中东石油出口国迅速积累大量石油美元。

其次，从中国贸易顺差增幅较大的时段来看，主要集中在 2004~2008 年。相对于 2004 年，2008 年中国的对外贸易顺差增长了 2660.34 亿美元，达到 2981.31 亿美元。2004~2005 年，伴随着中国对外贸易顺差迅速膨胀，日本与韩国对外贸易顺差急速下滑，泰国甚至从顺差 18.45 亿美元转入逆差 -80.54 亿美元。如表 8-1 所示，期间整个亚洲地区的顺差波动极小，仅从 2004 年的 1656 亿美元增加到 2005 年的 1689 亿美元，而东亚的内部结构却发生了剧烈变化，日本、韩国及东盟部分成员国把失去比较优势的产业向中国转移，从而出现各国之间贸易顺差此消彼长的局面，但并没有加剧亚洲地区的对外贸易失衡状况。2006~2008 年，中国贸易顺差继续逐年增加，从 2006 年的 1774.75 亿美元增加到 2008 年的 2981.31 亿美元，但同期美国的贸易逆差状况基本保持平稳，这说明，中国贸易顺差的持续增加并没有加剧美国的贸易失衡状况。

由此我们可以发现，从贸易失衡变化发生的时间来看，美国对外贸易逆差的快速增长先于中国对外贸易顺差的快速增长；美国的对外贸易逆差扩张时，中国的对外贸易顺差实际上在减小；中国的对外贸易顺差迅速膨胀时，美国的对外贸易逆差状况基本保持稳定。所以，中国对外贸易顺差增加并不是造成美国对外贸易逆差扩大的直接原因。

综上所述，东亚与北美分别是全球贸易顺差的重要来源地区和贸易逆差的最大来源地区。其中，从地区内部结构来看，美国是全球贸易逆差的最大来源国，北美的贸易失衡状况一直由美国主导，而东亚地区的贸易失衡状况则是中国、日本、韩国及东盟部分成员国共同作用的结果，并且在不同的时段，各国之间表现出了替代关系。日本、韩国与东盟部分成员国的对外贸易顺差先后经历了先上升后下降的过程，而中国的对外贸易顺差则呈现出稳步上升的态势，尤其是 2005 年以后，中国超过日本成为东亚地区最大的贸易顺差国。目前，中美两国之间的贸易不平衡状况在一定程度上决定了全球贸易失衡的程度。

三、中国与美国经济贸易关系与结构变化

中国与美国分别作为世界上最大的发展中国家和首屈一指的发达国家，在国际经济舞台上占有举足轻重的地位。中国与美国经济贸易的发展状况，不仅在相当程度上影响各自国内的宏观经济走向，而且会对整个世界经济的发展产生重大影响。

自1979年建交以来，中美双边经贸关系迅速发展，特别是2001年中国加入WTO以来，双边贸易额每年以20%以上的速度增长。如图8-1所示，短短的30年时间，中美双边贸易额从1979年的不足25亿美元猛增至2008年的3337.4亿美元，增长了130多倍。截至2008年，美国已经成为中国的第二大贸易伙伴、第一大出口目的地和第六大进口来源地，中国则是美国第二大贸易伙伴、第三大出口目的地和首要的进口来源地。随着中美双边贸易关系越来越紧密，两国之间的贸易不平衡也越发显现出来。

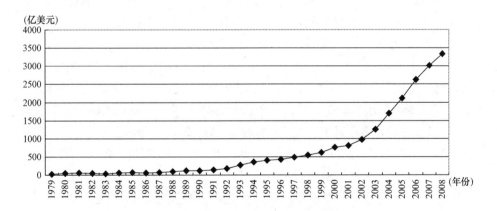

图8-1　中美货物贸易总额变化情况

资料来源：根据联合国贸易和发展会议数据库（UNCTAD Database）相关数据计算得出。

从贸易平衡的变化情况来看，纵观1979年中美建交至今，中美经贸关系的发展经历了一个不断深化的过程。如图8-2所示，大致可以将中美经贸关系划分为三个阶段。

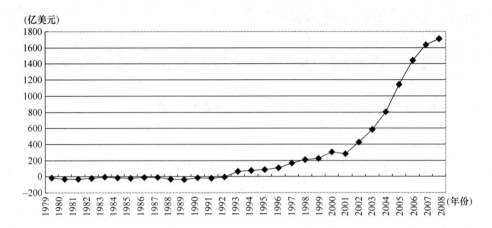

(亿美元)

图 8-2　中国对美国商品贸易净出口情况

资料来源：根据联合国贸易和发展会议数据库（UNCTAD Database）相关数据计算得出。

第一个阶段是 1979～1992 年，可以称为"中方微量逆差期"。1979 年 1 月，中美两国正式建立了外交关系，并于同年 7 月 7 日正式签订了《中美贸易关系协定》，旨在基于平等互利和非歧视性待遇原则发展两国的经济贸易关系。这一阶段，中国处于计划经济时期，经济发展缺乏活力，商品生产的能力不能满足市场的需求，大众日用商品短缺。伴随着中国改革开放政策的提出与实施，中美双边贸易不断发展，但由于中国把对外贸易作为社会主义扩大再生产的补充手段，局限于互通有无、调剂余缺，中国对美国贸易持续存在小幅度逆差，其中，中方最大逆差出现在 1989 年，仅为 -34.34 亿美元；最小逆差出现在 1992 年，为 -3.02 亿美元。

第二个阶段是 1993～2000 年，可以称为"中方顺差高速增长期"。1992 年，邓小平发表了重要谈话，从理论上回答了一系列关于中国改革发展的重大认识问题，把改革开放和现代化建设推向了新的发展阶段。同年年底，中共十四大召开，明确提出建设社会主义市场经济。为了扭转缺资金、缺技术、缺市场的不利局面，中国积极吸引外商直接投资，大力发展加工贸易，实行"三头在外"（原料、技术、市场）的发展道路，利用"三来一补"，加工出口，进行了"滚雪球"式的扩大发展。[1] 随着中国改革开

---

[1]　张蕴岭：《坚定不移地走对外开放与和平发展的道路》，《世界经济与政治》2009 年第 11 期，第 8-12 页。

放的不断深化，中美关系不断朝着持续、健康、稳定的方向发展，双边贸易迅速增长，双边贸易额从 1993 年的 276.4 亿美元增加到 2000 年的 753.8 亿美元，其中，中国对美国进口额从 106.9 亿美元增长到 223.9 亿美元，而中国对美国出口额增加速度更快，从 169.6 亿美元增长到 529.9 亿美元，从而使中国对美国贸易顺差从 1993 年的 62.85 亿美元迅速增加到 2000 年的 297.82 亿美元，增长了 373.86%。

　　第三个阶段是 2001 年至今，可以称为"中方顺差剧烈膨胀期"。2001 年，中国成功加入 WTO，进一步融入全球经济，并成为东亚生产网络中的重要一环，中美贸易不平衡的问题不断加剧，中国对美国的贸易顺差逐年以百亿美元以上的速度递增。其中，2001～2005 年，中美贸易顺差规模超过了中国对外贸易的总体顺差规模，特别是 2004 年，中国对美国的贸易顺差达到 804.01 亿美元，是中国对外贸易顺差的 2.5 倍。短短几年时间，中国对美国的贸易顺差从 2001 年的 281.38 亿美元迅速增加到 2008 年的 1712.58 亿美元，增长了 508.64%。

　　从贸易失衡的产品结构变化来看，中国与美国的贸易不平衡主要来自形成东亚区域生产网络的机械与运输设备、杂项制品。随着市场经济体制的建立与完善和对外开放的不断深化，中国良好的经济运行态势、良好的投资环境、优惠的引资政策、廉价的劳动力等优势充分发挥出来，吸引了大批外商直接投资，不仅弥补了国内资金短缺的局面，而且带来了先进的技术和管理经验，推动了中国经济与对外贸易的快速发展。从 20 世纪 80 年代初至今，中国产品出口结构先后出现了三次大的转变。第一次是在 20 世纪 80 年代中期，从资源型产品向纺织等劳动密集型产品转变；第二次是在 20 世纪 90 年代中后期到 21 世纪初，从服装、玩具等轻纺产品向机电产品转变；第三次是在近几年，机电产品内部从中低档的机电产品向高新技术产品转变。①

　　对于中美贸易而言，严重的贸易失衡发生在 20 世纪 90 年代初以后，具体表现为中国对美国贸易顺差的持续快速扩大。从产品结构来看，造成中国对美国大量贸易顺差的产品是工业制成品，按照《国际贸易标准分类》（SITC），主要集中在第 6 类商品（按材料分类的制成品）、第 7 类商品（机

---

① 张蕴岭：《世界市场与中国对外贸易发展的外部环境》，中国社会科学出版社 2007 年版，第 443 页。

械与运输设备)、第8类商品(杂项制品)。

20世纪90年代初以来,中国的纺织服装、玩具等劳动密集型产业得到较快发展,并在中国对外贸易中占重要地位。如图8-3所示,中国对美国从1993年开始出现贸易顺差到21世纪初期,纺织服装、玩具所在的第8类商品一直是中国对美国贸易顺差的最主要来源。其中,1993年中国对美国贸易顺差为62.85亿美元,而第8类商品的贸易顺差为94.6亿美元;2000年中国对美国贸易顺差为297.82亿美元,而第8类商品的贸易顺差为216.5亿美元。

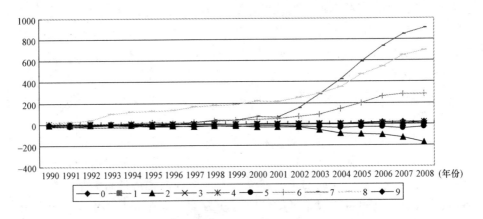

图8-3 中国对美国净出口产品构成的变化情况

资料来源:根据联合国贸易和发展会议数据库(UNCTAD Database)相关数据计算得出。

2001年以后,中国对美国净出口的产品结构开始发生变化,在第8类商品创造的顺差不断增加的同时,第6类、第7类商品创造的顺差大幅度增加。特别是第7类商品,从2004年开始一举超过第8类商品,与第8类商品共同构成中国对美国贸易顺差的主要来源。据美国商务部统计,2008年美国从中国进口的商品以机电产品、家具玩具和纺织品及原料为主,进口额分别为1455.0亿美元、484.6亿美元和314.9亿美元,分别占美国从中国进口总额的43.1%、14.4%和9.3%,分别增长3.4%、0.3%和1.0%。

综上所述,在经济全球化的背景下,国际生产网络的形成与发展改变了贸易流向,并集中反映在第7类、第8类商品上。正如前文中的分析,如果我们把中美经贸关系的变化放在全球范围内考虑,其背后的原因将很容易解释。美国对华贸易逆差的增大,与美国对日本、韩国、中国台湾等东

亚经济体贸易逆差的缩小是相伴出现的，中美贸易失衡问题实际上是东亚
地区与美国的贸易格局在世界经济全球化过程中的延续。

第二节　全球经济失衡的特点

20 世纪 90 年代以来，东亚—北美贸易不平衡情况无论在国别结构上，
还是在产品结构上都发生了深刻的变化。这意味着，不同的国家或地区、
不同的产品在全球经济失衡中发挥了不同的作用。

一、东亚区域生产网络改变贸易格局

东亚地区的零部件贸易主要流向中国。就零部件贸易[①]而言，如表 8 - 3
所示，1995 ~ 2009 年，东亚区域内贸易所表现出来的特征比东亚各经济体
对美国贸易所表现出来的特征更为明显。从东亚区域内的零部件贸易来看，
日本对中国、韩国、东盟五国均表现为贸易顺差，特别是对中国的贸易顺
差呈现出越来越大的趋势；韩国对中国、东盟五国也主要表现为贸易顺差，
其中，对中国的贸易顺差不断增加，而对东盟五国的贸易顺差有所下降，
甚至在 2008 ~ 2009 年转为小幅度逆差；东盟五国对中国表现为贸易顺差，
其中，受全球金融危机的影响，2008 ~ 2009 年的顺差额度有所下滑，其他
年份则呈现出扩大的趋势。从一定程度上来说，东亚地区的零部件贸易发
端于日本，并流向中国、韩国、东盟五国，而流向韩国和东盟五国的部分
零部件经再次加工，继续以零部件的形式流向中国。实际上，这反映出了
东亚各经济体之间的分工结构，即日本主要生产核心零部件，韩国和东盟
五国生产一般零部件，最终产品由中国组装完成。从东亚各经济体与美国之
间的零部件贸易来看，日本对美国贸易一直表现为顺差，并主要在 200 亿 ~
300 亿美元之间波动；中国、韩国对美国贸易先后从逆差转为顺差；东盟五
国对美国贸易则从顺差转为逆差。

[①] 按照联合国统计司的大类经济类别分类（Classification by Broad Economic Categories，BEC），BEC -
42、BEC -53 为零部件。

表8-3　各经济体之间的零部件贸易净出口情况

单位：亿美元

年份	中—日	中—韩	中—AS5	日—韩	日—AS5	韩—AS5	中—美	日—美	韩—美	美—AS5
1995	-56.70	-6.30	0.17	42.94	268.36	45.21	-3.63	303.99	26.55	-6.83
1998	-56.55	-14.26	-14.05	27.32	140.91	45.28	-6.02	192.44	-10.97	-33.06
1999	-76.15	-22.51	-12.67	45.13	151.32	42.53	-7.11	225.12	-15.41	-38.14
2000	-92.95	-34.65	-28.02	47.67	185.93	28.87	2.80	251.38	5.58	-34.20
2001	-93.34	-33.49	-34.82	34.9	135.17	6.75	0.53	198.27	-8.99	6.46
2002	-119.36	-47.25	-54.27	40.65	140.35	10.28	19.28	176.97	-10.95	11.28
2003	-183.69	-91.69	-104.95	46.45	140.43	13.25	46.25	187.49	-15.24	47.17
2004	-227.71	-145.55	-139.91	50.34	155.31	20.68	60.53	226.16	-4.4	34.79
2005	-233.23	-223.96	-187.21	44.05	161.64	9.66	94.49	237.71	-3.51	17.92
2006	-269.08	-263.65	-224.2	39.22	146.6	26.73	127.48	214.41	6.16	17.26
2007	-296.75	-280.81	-278.82	29.47	163.48	15.59	155.8	215.54	13.37	58.38
2008	-300.38	-254.87	-233.38	33.73	180.65	-0.69	161.18	213.82	10.24	86.44
2009	-309.27	-265.27	-191.69	40.94	157.10	-4.47	118.61	153.15	16.32	4.95

注：1996~1997年数据缺失；双方之间的进出口情况以前者的统计为准（如中—日贸易，以中方统计为准）；AS5为东盟五国。

资料来源：根据联合国贸易和发展会议数据库（UNCTAD Database）相关数据计算得出。

东亚地区的最终产品贸易主要通过中国流向美国。就最终产品贸易而言，如表8-4所示，1995~2009年，东亚各经济体对美国的贸易比东亚区域内贸易所表现出来的特征更为明显，这与零部件贸易正好相反。从东亚各经济体与美国之间的最终产品贸易来看，东亚各经济体对美国贸易均表现为贸易顺差，其中，中国对美国的贸易顺差急剧扩大，从1995年的89.73亿美元增长到2008年的1551.40亿美元，增长了16.29倍。从东亚区域内的最终产品贸易来看，1995~2006年，中国对日本贸易主要表现为顺差，从2007年开始转为逆差，而中国对东盟五国的贸易情况正好相反；韩国对中国的贸易一直表现为顺差，而韩国对日本和东盟五国的贸易主要表现为逆差；日本对东盟五国的贸易主要表现为逆差。实际上，这反映出了东亚各经济体的最终产品消费市场分布，即东亚各经济体都主要以美国为最终产品消费市场；在东亚区域内，韩国、日本、东盟五国分别主要以中国、韩国、日本为最终产品消费市场。

表 8 - 4　各经济体之间的最终产品贸易净出口情况

单位：亿美元

年份	中—日	中—韩	中—AS5	日—韩	日—AS5	韩—AS5	中—美	日—美	韩—美	美—AS5
1995	51.32	-29.75	-4.22	96.50	45.18	24.43	89.73	157.25	243.44	-241.8
1998	70.40	-73.36	-14.13	5.55	-59.05	5.66	217.02	331.21	227.83	-322.58
1999	62.62	-71.68	-23.69	23.43	-59.51	0.38	232.28	397.55	296.01	-356.09
2000	94.40	-84.50	-31.03	54.85	-75.01	-21.79	295.02	463.30	378.06	-387.83
2001	114.87	-75.09	-25.94	46.10	-112.18	-13.23	280.84	389.63	313.57	-339.96
2002	69.04	-83.08	-38.57	90.19	-83.97	-9.23	408.61	438.79	329.43	-371.75
2003	36.29	-138.64	-84.49	122.58	-91.40	-13.74	540.57	387.96	343.69	-394.18
2004	19.53	-198.68	-88.94	171.77	-74.86	-26.06	743.48	423.75	430.27	-414.30
2005	69.02	-193.16	-50.89	178.10	-99.14	-18.24	1049.90	467.72	414.99	-472.62
2006	28.58	-188.37	-23.94	190.20	-147.75	-24.02	1317.39	563.72	433.20	-493.98
2007	-22.13	-192.39	33.09	240.80	-133.39	1.43	1480.41	516.61	458.84	-486.89
2008	-44.30	-127.19	73.04	266.43	-159.18	39.13	1551.40	383.85	465.01	-417.32
2009	-20.99	-223.45	48.45	211.95	-94.81	28.84	1316.79	193.98	378.03	-303.37

注：1996~1997 年数据缺失；双方之间的进出口情况以前者的统计为准（如中—日贸易，以中方统计为准）；AS5 为东盟五国。

资料来源：根据联合国贸易和发展会议数据库（UNCTAD Database）相关数据计算得出。

二、东亚—美国贸易不平衡是网络状的多边问题

20 世纪 80 年代中期以来，随着东亚区域生产网络的形成与发展，东亚—美国贸易不平衡发生了结构性变化，呈现出东亚区域内贸易不平衡、东亚与美国贸易不平衡并存的局面。第二次世界大战以后，日本经历了 10 年的经济恢复与重建，抓住了美国产业结构调整与升级的机会，承接了美国对外转移的制造业，从而主导了东亚对北美的大量贸易顺差。20 世纪 60~80 年代，日本开始把失去比较优势的产业或生产环节向亚洲"四小龙"转移，但由于日本的经济规模远远大于亚洲"四小龙"的经济规模，日本主导东亚对北美存在大量贸易顺差的基本格局没有改变。20 世纪 90 年代开始，中国开始融入东亚与美国之间的产业链，日本、韩国等国家在美国进口市场中的份额不断降低，并逐渐被中国取代，而日本、韩国对中国的顺

差日益增加。因此，东亚对北美贸易失衡的结构性变化是国际产业转移的结果，特点是处在生产链末端的国家对北美存在大量顺差，而对其他东亚国家或地区存在大量逆差。

相对而言，2008 年是全球经济失衡较为严重的一年，东亚地区和美国分别是重要的贸易顺差方和贸易逆差方，具体情况如图 8-4 所示。东亚各经济体对日本均存在不同程度的逆差，其中韩国、东盟五国对日本的逆差分别为 327.04 亿美元、76.33 亿美元；中国对东亚各经济体均存在不同程度的贸易逆差，其中对日本、韩国、东盟五国的贸易逆差分别为 344.68 亿美元、382.06 亿美元、160.34 亿美元；东亚各经济体对美国均存在不同程度的贸易顺差，其中日本、韩国、东盟五国、中国对美国的贸易顺差分别为 597.68 亿美元、79.45 亿美元、84.35 亿美元、1712.58 亿美元。图 8-4 基本反映了各经济体在东亚区域生产网络中的位置，即下游环节对上游环节存在一定的贸易逆差；同时也说明当前的贸易不平衡已经不再是简单的双边问题，而是复杂的网络状多边问题。

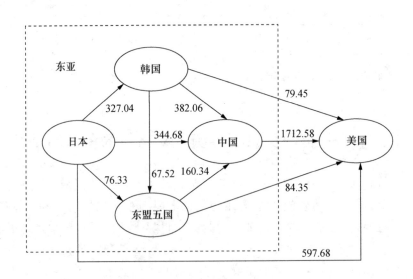

图 8-4 东亚区域生产网络的贸易平衡结构 (2008 年)

注：箭头方向为净出口方向；箭头旁的数字为商品贸易净出口数额，其中，东亚区域内各经济体之间的贸易以净进口国的统计为准，东亚各经济体与美国之间的贸易以东亚各经济体的统计为准；单位为亿美元。

资料来源：根据联合国贸易和发展会议数据库（UNCTAD Database）相关数据计算得出。

三、美国是东亚—美国贸易不平衡的始作俑者

贸易顺差与贸易逆差是一对孪生兄弟，它的产生是贸易双方宏观经济结构问题共同作用的结果，单靠任一方的调整都不可能从根本解决问题。面对东亚—美国贸易不平衡，美国不仅很少从自身找原因并采取积极负责的应对措施，反而将其作为贸易保护和压制贸易顺差方货币升值的借口。在这种情况下，尽管东亚地区做了适应性调整，但东亚—美国贸易不平衡的状况并没有得到根本缓解，只是美国逆差的主要来源国发生了更迭，由美国与日本之间的贸易不平衡转变为美国与日本、东盟五国之间的贸易不平衡，最后集中表现为美国与中国之间的贸易不平衡。因此，美国是东亚—美国贸易不平衡的始作俑者，具体表现在以下几个方面：第一，由表8-5可以看出，美国长期占据东亚—美国贸易不平衡的逆差端，贸易逆差呈现出迅速扩张的趋势，并且其贸易逆差远远超过东亚各经济体对外贸易顺差的总和，理应为贸易不平衡承担首要责任。第二，美国在高新技术产品的出口方面特别是对华的出口方面设置了诸多障碍，使美国出口的产品无法显示其比较优势，从而抑制了美国的出口。第三，美国的大型跨国公司无论在数量上还是在实力上都超过了其他国家或地区，它们对经营方式和发展战略的选择不仅在国内经济发展的过程中发挥着重要的作用，甚至影响世界经济的走势，其研发、销售职能与加工、组装职能的空间分离使得国内的出口能力不断减弱，进口迅速增长。

表8-5　东亚与美国对外贸易不平衡的基本状况

单位：亿美元

年份	美国	中国	日本	韩国	东盟五国	东亚
1981	-396.86	—	87.41	-47.98	-32.11	7.32
1982	-425.85	—	69	-23.97	-85.38	-40.35
1983	-738.9	—	205.34	-17.47	-75.82	112.05
1984	-1291.2	-13.13	336.11	-13.81	16.93	326.1
1985	-1548.75	-141.63	463.63	-8.53	49.86	363.33
1986	-1806.46	-121.03	827.43	31.31	32.35	770.06
1987	-1786.16	-37.79	797.06	61.89	37.42	858.58

续表

年份	美国	中国	日本	韩国	东盟五国	东亚
1988	−1506.6	−77.52	775.63	87.6	−159.44	626.27
1989	−1293.72	−66.02	643.28	9.01	−58.2	528.07
1990	−1246.59	87.46	521.49	−48.24	−191.87	368.84
1991	−873.89	80.52	777.89	−96.5	−192.84	569.07
1992	−1061.66	43.55	1066.29	−51.27	−148.97	909.6
1993	−1383.96	−122.15	1202.41	−15.62	−174.63	890.01
1994	−1766.93	53.93	1208.58	−63.35	−164.75	1034.41
1995	−1878.57	166.96	1068.43	−100.56	−300.99	833.84
1996	−1948.43	122.15	617.61	−206.22	−298.33	235.21
1997	−2104.93	404.21	822.11	−84.63	−129.26	1012.43
1998	−2639.15	435.72	1075.02	390.21	543.58	2444.53
1999	−3664.36	292.32	1076.16	239.34	584.39	2192.21
2000	−4777.48	241.09	995.67	117.88	567.78	1922.42
2001	−4490.68	225.45	540.63	93.37	461.98	1321.43
2002	−5090.62	304.26	791.06	103.42	475.7	1674.44
2003	−5814.83	254.68	885.44	149.91	726.25	2016.28
2004	−7073.63	320.97	1105.07	293.84	670.15	2390.03
2005	−8279.81	1020.01	790.74	231.83	686.08	2728.66
2006	−8819.68	1774.75	676.61	160.78	977.01	3589.15
2007	−8545.83	2639.44	920.84	146.36	1079.08	4785.72
2008	−8649.35	2981.31	188.78	−132.68	547.69	3585.1
2009	−5451.84	1960.92	287.34	404.49	886.35	3539.1

注：这里的东亚仅包括中国、日本、韩国、东盟五国。

资料来源：根据联合国贸易和发展会议数据库（UNCTAD Database）相关数据计算得出。

四、日本是东亚—美国贸易不平衡的幕后推手

从东亚—美国贸易不平衡的顺差端来看，20世纪80年代以来，东亚地区贸易顺差的主要来源国构成发生了明显的变化。20世纪80年代，东亚—

美国贸易不平衡集中表现为日本对美国存在大量贸易顺差。然而到了20世纪90年代，日本为了应对日美贸易摩擦、日元升值、国内劳动力成本上升的压力，加大了对外投资的力度，把核心零部件的生产留在国内，在海外生产一般零部件并组装成最终产品销往国际市场，特别是把东亚发展中国家作为海外出口基地，一方面拉动日本对东亚其他国家的出口，另一方面推动其他国家对美国的出口。如图8-4所示，东亚与美国之间的贸易不平衡发端于日本，中间分别途经韩国、东盟五国、中国，最后终止于美国。因此，日本在构建东亚区域生产网络的过程中，把对美国的直接出口转变为间接出口，即通过对东亚其他国家出口核心零部件，由后者加工组装成最终产品并出口美国市场，从而使得日本与美国之间的贸易不平衡变得更加隐蔽。实际上，日本是东亚—美国贸易不平衡的幕后推手。

五、中国是东亚—美国贸易不平衡的替罪羊

随着改革开放政策的不断深化和市场经济体制的不断完善，中国抓住了第三次国际产业转移的历史机遇，大力发展加工贸易，成功融入了东亚与美国之间的产业链，迅速成为吸纳外商直接投资最多的发展中国家。如表8-6所示，20世纪90年代以后，中国实际利用外资数量不断增加，并主要以利用外商直接投资为主。1990年中国实际利用外商直接投资只有34.87亿美元，1992年开始进入高速增长期，2010年中国实际利用外商直接投资达到1057.35亿美元，20年时间增长了29.32倍。截至2012年，中国实际利用外资数量累计高达14814.35亿美元，其中实际利用外商直接投资数量累计高达12761.08亿美元。

外商直接投资的大量进入使企业的所有权和经营地发生分离，即从所有权来看，外资企业属于跨国公司的母国；从经营地来看，外资企业进出口状况被统计在东道国之列。目前，外商投资企业在中国进出口总额中所占的比重已经超过50%，而中国实际仅获得低廉的劳动力成本，甚至付出了环境污染等方面的沉重代价。另外，中国处于东亚产业链末端，一方面从东亚其他经济体进口零部件并加工成最终产品，存在大量贸易逆差；另一方面担负着东亚地区对外出口的重任，特别是向美国出口，从而存在大量贸易顺差。因此，中国是东亚—美国贸易不平衡的重要中转站。

表8-6　中国实际利用外商直接投资的情况

单位：亿美元

时间	实际利用外资	实际利用 FDI	时间	实际利用外资	实际利用 FDI
1979~1984	181.87	41.04	1999	526.59	403.19
1985	47.60	19.56	2000	593.56	407.15
1986	76.28	22.44	2001	496.72	468.78
1987	84.52	23.14	2002	550.11	527.43
1988	102.26	31.94	2003	561.40	535.05
1989	100.60	33.92	2004	640.72	606.30
1990	102.89	34.87	2005	638.05	603.25
1991	115.54	43.66	2006	670.76	630.21
1992	192.03	110.08	2007	783.39	747.68
1993	389.60	275.15	2008	952.53	923.95
1994	432.13	337.67	2009	918.04	900.33
1995	481.33	375.21	2010	1088.21	1057.35
1996	548.05	417.26	2011	1176.98	1160.11
1997	644.08	452.57	2012	1132.94	1117.16
1998	585.57	454.63	合计	14814.35	12761.08

资料来源：《中国统计年鉴》（2010~2013）。

　　综上所述，随着东亚区域生产网络的形成与发展，东亚地区的贸易结构发生了深刻的变化，全球经济失衡已经不再是简单的双边贸易问题，而是一个复杂的、网络状的多边问题，即一个最终产品并不是完全在一个国家或地区生产完成，而是被分为研发活动、产品定位和设计、投入要素的供给、制造（或者服务的提供）、分销和支持及售后服务等诸多环节，并分散在最有效率和成本最低的国家或地区完成。东亚各经济体只承担相关产品的特定环节，零部件等中间品按工序在东亚各经济体之间流转，最终产品销往世界各地。这意味着，最终的消费产品是"吃百家饭长大的"，其"国籍"变得越来越模糊。如图8-4所示，中国已经成为东亚区域生产网络的枢纽，一方面从东亚地区进口大量零部件，存在大量逆差；另一方面向美国出口最终产品，存在巨额的贸易顺差。就东亚与美国之间的贸易失衡而言，从"属地"来看，东亚对美国的贸易顺差主要来自生产链末端的出口国——中国；从"属权"来看，东亚对美国的贸易顺差来自参与东亚区域生产网络的所有国家或地区。

第三节　全球经济再平衡应注意的问题

当全球经济失衡超过一定限度，就会打破经济平衡的调节机制，从而引发经济危机。然而，全球经济再平衡是一个相对概念，从历史上来看，绝对的平衡是没有的。因此，全球经济再平衡的调整，应该放在促进世界经济健康、稳定、可持续增长的大背景下来进行，并通过加强合作的方式综合解决，否则，失去经济增长的再平衡是毫无意义的。

一、全球经济再平衡不是去贸易化

全球经济再平衡不是去贸易化，更不是反全球化。如果各国既不出口也不进口，回到自力更生的年代，那么全球经济将是绝对平衡的。然而，这不符合国际贸易理论，更违背人类社会发展的一般规律，这样的全球经济再平衡没有任何意义。人类历史已经证明了贸易为各国带来的收益，也同样证明了贸易不平衡给各国带来的风险，因此，全球经济再平衡的关键在于如何把"贸易"和"平衡"统筹协调起来，把世界经济引入健康、稳定、可持续的发展轨道。

根据国际贸易的恒等式"净出口＝出口－进口"，减少贸易不平衡有两种方式：一种是顺差国减少出口、逆差国减少进口；另一种是顺差国增加进口、逆差国增加出口。相对而言，前者会对贸易双方的经济发展带来不利的影响，即减少出口将会给顺差国的经济增长造成巨大的压力，而减少进口将会降低逆差国的生活水平；后者会对贸易双方的经济发展产生积极的促进作用，即增加进口会提高顺差国的生活水平，增加出口将会拉动逆差国的经济增长。因此，全球经济再平衡是一个积极的动态调整过程，应该建立在互利互惠的基础上。反之，任何形式的贸易保护都将造成世界社会福利损失，甚至会使贸易不平衡问题复杂化。

二、全球经济再平衡不是双边平衡

全球经济再平衡不是简单的双边贸易再平衡，而是全球经济系统的整体再平衡。在全球生产网络盛行的时代，全球经济失衡已经不是简单的双边问题，而是一个网络状的多边问题。在认识和把握全球经济再平衡时，我们不妨参照生态平衡（Ecological Balance）的理念。所谓生态平衡，是指在一定时间内生态系统中的生物和环境之间、生物各个种群之间，通过能量流动、物质循环、信息传递，使它们相互之间达到高度适应、协调和统一的状态。同理，全球经济再平衡应该是在一定时间内全球经济系统中的国与国之间、企业与企业之间通过要素与商品流动、价值循环、信息与技术传递，使它们之间的分工达到高度适应、协调和统一的状态。因此，全球经济再平衡要求各经济体对外贸易总体是平衡的，而绝非要求所有的双边贸易都是平衡的。

2004 年的美国《总统经济报告》曾专门论述了"要双边贸易平衡还是多边贸易平衡"（Bilateral versus Multilateral Balance）的问题。该报告指出，一个国家对外贸易的总体平衡情况仅能反映其潜在的经济实力，如经济增长率、国民储蓄—投资方式。相对而言，双边贸易不平衡无法反映任何一方的潜在经济实力，通过提高贸易壁垒来实现双边再平衡的方式也没有任何经济意义。例如，假定一个简单的世界只有三个国家——美国、澳大利亚、中国，美国向澳大利亚出口价值 1000 亿美元的机器设备而没有进口，中国向美国出口价值 1000 亿美元的玩具而没有进口，澳大利亚向中国出口价值 1000 亿美元的小麦而没有进口。这样一来，每个国家对外贸易都分别存在价值 1000 亿美元的出口和价值 1000 亿美元的进口，各国的对外贸易都是平衡的，而全球贸易体系也是平衡的。但是，一些澳大利亚人会抱怨对美国存在贸易逆差，一些美国人会抱怨对中国存在贸易逆差，一些中国人会抱怨对澳大利亚存在贸易逆差。其实，这些抱怨都是没有根据的，因为双边的贸易不平衡都是多国构成贸易体系的自然结果。①

---

① United States of America, *The Economic Report of the President*, 2004, p. 257.

第四节　东亚区域生产网络的发展前景

20世纪90年代以来，东亚"雁行模式"日渐式微，东亚区域生产网络异军突起。东亚区域生产网络的形成与发展改变了传统的产业间分工体系，形成了以产业链为基础的产品内分工体系，产品的"国籍"变得越来越模糊，国际贸易失衡不再是一个简单的双边问题，而是一个网络状的多边问题。后金融危机时代，全球经济再平衡的压力不断增大，这给严重依赖区域外市场的东亚地区带来了严峻的挑战。东亚各经济体需要加强合作，主动对东亚区域生产网络进行调整，为本地区选择经济再平衡的最优路径。

一、东亚区域生产网络面临的挑战

尽管东亚区域生产网络是国际分工自然选择的结果，但生产与消费的不对称性使得它难以实现区域内的良性循环。[①] 2008年以来，肇始于美国的国际金融危机迅速蔓延，对世界各国的经济发展造成了巨大冲击，欧美等西方发达国家的市场需求严重萎缩，加之贸易保护主义不断抬头，给世界经济的复苏与发展，特别是严重依赖外部市场的东亚地区带来了巨大的挑战。

第一，东亚区域内缺乏终极消费市场，对区域外市场过度依赖。东亚先期发展的经济体在经济起飞阶段严重依赖区域外市场，这与当时周边地区经济发展水平较低、缺乏有效的终极消费市场有关。然而，这些经济体相继进入发达国家或地区行列以后，非但没有成为东亚区域内的终极消费市场，反而对东亚其他发展中经济体的出口迅速扩张，从而使东亚发展中经济体一方面对区域内贸易存在大量贸易逆差，另一方面向区域外寻求终极消费市场。这意味着，区域外市场的波动将给东亚地区的经济带来巨大的冲击，特别是当东亚出口增长超过外部市场的承受能力时，外部市场将

---

① 李向阳：《东亚地区国际生产网络的两难困境及对中国的影响》，载李小牧编：《合作·挑战·共赢："中国在世界经济中的地位和作用"国际研讨会论文集》，中国金融出版社，第46—53页。

随时有可能"修正"东亚扩张性出口。美国对东亚出口影响的主要例证是20 世纪 80 年代美国对东亚经济体贸易政策的调整，包括 1985 年美日之间达成的《广场协议》以及两国之间签署的各种自动出口限制或自愿进口扩张等双边协议。① 相对而言，北美区域生产网络和中东欧区域生产网络的终极消费市场都在各自的区域内。

第二，东亚地区的出口平台过度集中，容易引发贸易摩擦。在东亚区域生产网络中，日本主要负责产品的研发、核心零部件的生产，韩国等新兴工业化经济体负责主要零部件制造，而中国在负责一般零部件制造和组装的同时，承担着对区域外市场出口的重任，并成为东亚与其他地区贸易失衡的替罪羊。例如，美国频频以解决贸易失衡为借口，不断施压中国人民币升值，以轮胎特保案为标志的对华贸易保护主义正呈愈演愈烈之势。中国贸易环境的恶化不仅会对中国的经济发展带来不利的影响，而且会引发多米诺骨牌效应，从而对整个东亚地区的经济发展带来不利的影响。

第三，东亚地区缺乏独立的国际结算货币，从而对美元过度依赖。与北美自由贸易区和欧盟相比，东亚地区的国际结算货币由地区之外的国家提供。为了使东亚区域生产网络得以持续，产业链下游的国家必须通过对美国保持一定的贸易顺差来获得美元，并向产业链上游的国家支付美元用于零部件的进口，从而形成一个货物流与货币流的双循环，即东亚地区通过保持一定的贸易顺差获得美元，积累的美元反过来又通过购买美国债券等方式实现资本回流。然而，美国居高不下的双赤字使东亚地区面临着两大风险：其一是短期风险。如果东亚国家减少自己的美元储备投资，它们就会限制美国购买自己产品的能力，从而使自己面临随之而来的就业和利润下降风险。其二是中期风险。从中期来看，如果东亚国家或地区继续投资于不断贬值的美元，它们就会逐渐丧失国家财富。而且随着美国贸易逆差的增加，中期风险毫无疑问会越来越明显。②

第四，东亚区域生产网络缺乏制度保障。20 世纪 80 年代以来，区域经济一体化在全球范围内得到了迅速发展。对东亚地区来说，尽管各经济体

① 赵江林：《外部约束与东亚经济结构转型》，《当代亚太》2010 年第 4 期，第 6 – 23 页。
② ［美］伊曼纽尔·沃勒斯坦：《东亚与世界：为了几十年》，路爱国译，载《伊曼纽尔·沃勒斯坦世界时政评论集（1998 – 2005）》第 157 号，2005 年 3 月 15 日，中国社会科学院世界经济与政治研究所网站制作。

之间形成了大量的自由贸易区，但区域经济一体化还停留在很低的水平①，特别是中国、日本、韩国之间的自由贸易区等制度建设尚未取得实质性进展，从而阻碍着东亚区域内的贸易自由化与便利化进程。相对而言，北美自由贸易区、欧盟分别为北美区域生产网络和中东欧区域生产网络提供了制度保障。

二、东亚区域生产网络的调整方向

在后金融危机时期，以全球经济再平衡为导向的经济增长方式的调整不仅要求美国，而且要求东亚各经济体改变以往的经济增长模式。② 作为全球贸易顺差的主要来源地区，东亚各经济体之间必须加强合作，积极主动调整东亚区域生产网络的结构，从而为本地区转变经济增长方式选择最优路径。具体而言，东亚区域生产网络可以从以下几个方面做出调整：

第一，推动东亚区域生产网络升级，促进区域内消费市场的形成。中国、东盟等发展中经济体要加快产业结构调整与优化升级，加大技术创新力度，参与高层次的生产阶段分工，通过提升产品附加值来实现增收和拉动内需。这一方面可以增强对日本、亚洲"四小龙"等发达经济体的竞争力，迫使其制造业加快向外转移的速度；另一方面可以倒逼日本、亚洲"四小龙"等发达经济体产业结构调整和升级的步伐。日本和"四小龙"制造业的进一步下降将使其产业结构向服务业为主的经济形态加速发展，更多地进口产品以满足本地需求，从而逐步扩大东亚地区的终端市场，扭转本地区具有大量顺差的贸易格局。

第二，延伸东亚区域生产网络，实现出口平台分散化。在未来一段时期内，中国在吸引外商直接投资的同时，需要加快对外直接投资的步伐，特别是要把部分产品低附加值的制造环节和组装环节向东南亚的印支地区、南亚地区甚至拉美地区转移。这一方面可以把对美国的贸易顺差转移出去，降低与美国贸易摩擦的程度，分散出口平台过度集中的风险；另一方面可以给更多的发展中国家提供参与国际分工协作的机会，实现包容性增长。

---

① 沈铭辉：《亚洲经济一体化——基于多国 FTA 战略角度》，《当代亚太》2010 年第 4 期，第 45 - 71 页。

② 中国社会科学院国际研究学部课题组：《近来若干重要国际问题的分析》，《红旗文稿》2010 年第 6 期，第 28 - 32 页。

　　第三，积极构建东亚自由贸易区，为东亚区域生产网络提供制度保障。当前，东亚地区的自由贸易区建设主要停留在双边层面，多种贸易自由化机制的并存导致了巴格瓦蒂所谓的"面条碗"效应，提高了进出口企业利用自由贸易区的成本，这一方面限制了自由贸易区作用的发挥，另一方面与本地区现有的生产网络相冲突。另外，尽管中国、日本、韩国的经济具有很强的互补性，但三者之间的自由贸易区建设进展缓慢。面对国际市场的调整，尤其是美国市场的变化，东亚区域合作未来的发展要符合东亚区域生产网络调整的需要，积极构建大范围的东亚自由贸易区（EAFTA）。未来的东亚自由贸易区建设，一是要有利于拉动本地区内需，二是要有利于创建新的经济增长模式。①

　　第四，进一步推动亚太地区全球价值链发展与合作，促进亚太地区可持续、包容和平衡的经济增长。亚太经济合作组织（Asia – Pacific Economic Cooperation，APEC）是亚太地区最具影响的经济合作官方论坛，也是世界经济规模最大和最具影响力的区域经济合作组织之一。然而，APEC 是一个相对松散的组织，其运作是通过非约束性的承诺与成员的自愿，强调开放对话及平等尊重各成员意见，不同于其他经由条约确立的政府间组织，在推动亚太区域经济一体化方面发挥的作用相对有限，致使亚太地区经济体对自由贸易协调倾注了高度热情，导致亚太区域合作碎片化，降低了地区资源的配置效率。当前，世界经济已经进入后国际金融危机时期的深度调整阶段，携手推动全球经济再平衡已经成为世界各国的共识，转变发展方式和调整经济结构将成为世界经济新常态。在世界经济新常态背景下，以全球经济再平衡为导向的经济结构调整不仅要求美国，而且要求东亚各经济体改变以往的经济发展方式，促进亚太经合组织各经济体内部及彼此之间高效、顺畅的全球价值链连接，推动全球价值链发展和合作进程，促进亚太地区可持续、包容和平衡的经济增长。

---

① 张蕴岭：《东亚合作需要创新》，《国际经济评论》2010 年第 1 期，第 29 – 37 页。

参考文献

Akamatsu, K., "A Historical Pattern of Economic Growth in Developing Countries", *Journal of Developing Economies*, Vol. 1, 1962.

Akamatsu, K., "A Theory of Unbalanced Growth in the World Economy", In Weltwirtschaftliches Archiv, Hamburg, No. 86, 1961.

Allen, G. C., *Japan's Economic Recovery*, Oxford: Oxford University Press, 1958.

Jong – kil Kim and Pierre – Bruno Ruffini, eds., *Corporate Strategies in the Age of Regional Integration*, Cheltenham: Edward Elgar Pub, 2007.

Ando, M. and F. Kimura, "The Formation of International Production and Distribution Networks in East Asia", NBER Working Paper No. w10167, 2003.

Arahi, H., "The Facts behind Japan's Technology Explosion", *Managing Intellectual Property*, Vol. 19, 2000.

Arndt, S. W. and H. Kierzkowski, *Fragmentation: New Production Patterns in the World Economy*, Oxford and New York: Oxford University Press, 2001.

Arndt, S. W., "Trade Integration and Production Networks in Asia: The Role of China", Claremont McKennna Working Paper, 2004.

Athukorala, P. and N. Yamashita, "Production Fragmentation and Trade Integration: East Asia in a Global Context", *The North American Journal of Economics and Finance*, Vol. 17, 2006.

Bair, J., "Global Capitalism and Commodity Chains: Looking Back, Going Forward", *Competition and Change*, Vol. 9, 2005.

Balakrishnan, R., T. Bayoumi and V. Tulin, "Summary of Globalization, Gluts, Innovation, or Irrationality: What Explains the Easy Financing of the U. S. Current Account Deficit", IMF Working Paper 07/160, 2007.

Balassa, B., "Tariff Reductions and Trade in Manufactures among the Industrial

Countries", *The American Economic Review*, Vol. 56, 1966.

Bartlet, C. A. and S. Ghoshal, *Managing Across Borders: The Transnational Solution*, Boston, Ma: Harvard Business School Press, 1989.

Berger, S. and R. Lester, *Made by Hong Kong*, Oxford University Press, 1997.

Borrus, M., D. Ernst and S. Haggard, eds., *International Production Networks in Asia: Rivalry or Riches?* London: Routledge, 2000.

Barry Naughton, eds., *The China Circle: Economics and Electronics in the PRC, Taiwan, and HongKong*, Washington D. C.: Brockings Institution Press, 1997.

Borrus, Ernst and Haggard, eds., *International Production Networks in Asia: Rivalry or Riches?* London: Routledge, 2000.

Caballero, R. J., E. Farhi and P. – O. Gourinchas, "An Equilibrium Model of 'Global Imbalances' and Low Interest Rates", NBER Working Papers 11996, 2006.

Cairncross, F., *The Death of Distance: How the Communication Revolution Will Change Our Lives*, Boston, Ma: Harvard Business School Press, 1997.

Carney, M., "A Management Capacity Constraint? Obstacles to the Development of the Overseas Chinese Family Business", *Asia Pacific Journal of Management*, Vol. 15, 1998.

Carney, M., "Corporate Governance and Competitive Advantage in Family – Controlled Firms", *Entrepreneurship Theory and Practice*, Vol. 29, 2005.

Carney, M., "The Competitiveness of Networked Production: The Role of Trust and Asset Specificity", *The Journal of Management Studies*, Vol. 35, 1998.

Castells, M., *The Rise of the Network Society*, Oxford: Blackwell, 1996.

Chandler, A. D., *The Visible Hand: The Managerial Revolution in American Business*, Cambridge, Ma: Belknap Press of Harvard University Press, 1977.

Clark, R. C., *Corporate Law*, Boston: Little Brown and Company, 1986.

Cline, W. R., "Can the East Asia Model of Development Be Generalized?" World Development, Vol. 10, 1982.

Coase, R. H., "The Nature of the Firm", *Economica*, New Series, Vol. 4, 1937.

Cooper, R. N., "Understanding Global Imbalances", Brooking Papers on Economic Activity, 2007.

Cowen, T., "China Is Big Trouble for the U. S. Balance of Trade, Right? Well,

Not So Fast", *The New York Times*, September 7, 2006.

David Roland – Holst, Iwan Azi and Ligang Liu, "Regionalism and Globalism: East and Southeast Asia Trade Relations in Wake of China's WTO Accession", ADB Institute Research Paper Series No. XX, 2003.

Dicken P. and J. Henderson, "Making the Connections: Global Production Networks in Britain, East Asia and Eastern Europe", A Research Proposal to the Economic and Social Research Council, 1999.

Diken, P., *Global Shift: Industrial Change in a Turbulent World*. London: Harper and Row, 1986.

Donnelly, R. G., "The Family Business", *Harvard Business Review*, Vol. 42, 1964.

Dooley, M. P., D. Folkerts – Landau and P. Garber, "An Essay on the Revived Bretton Woods System", NBER Working Paper No. 9971, 2003.

Dooley, M. P., D. Folkerts – Landau and P. Garber, "The Revived Bretton Woods System: The Effects of Periphery Intervention and Reserve Management on Interest Rates & Exchange Rates in Center Countries", NBER Working Paper No. 10332, 2004.

Eichengreen, B., "Global Imbalance: The Blind Men and the Elephant", *Issues in Economic Policy*, Vol. 1, 2006.

Ernst, D. and L. Kim, "Global Production Networks, Knowledge Diffusion, and Local Capability Formation", *Research Policy*, Vol. 31, 2002.

Ernst, D. and P. Guerrieri, "International Production Networks and Changing Trade Patterns in East Asia: The Case of The Electronics Industry", DRUID Working Papers 97 – 7, DRUID, Copenhagen Business School, Department of Industrial Economics and Strategy/Aalborg University, Department of Business Studies, 1997.

Ernst, D., "Digital Information Systems and Global Flagship Networks: How Mobile Is Knowledge in the Global Network Economy", Economics Study Area Working Papers 48, East – West Center, Economics Study Area, 2002.

Ernst, D., "How Globalization Reshapes the Geography of Innovation Systems: Reflections on Global Production Networks in Information Industries", Unpublished Paper (First Draft), Copenhagen Business School, Denmark, 1999.

Fan Gang, "Currency Asymmetry, Global Imbalance, and Rethinking again of International Currency System", TIGER Working Paper No. 94, 2006.

Feenstra, R. C. , "Integration of Trade and Disintegration of Production in the Global Economy", *The Journal of Economic Perspectives*, Vol. 12, 1998.

Feldstein, M. , " Resolving the Global Imbalance: The Dollar and The U. S. Saving Rate", NBER Working Paper No. 13952, 2008.

Findlay, R. and R. W. Jones, "Input Trade and the Location of Production", *The American Economic Review*, Vol. 91, 2001.

Frankel, J. , "On the Renminbi: The Choice between Adjustment under a Fixed Exchange Rate and Adjustment under a Flexible Rate", NBER Working Paper No. 11274, 2005.

Garnier, G. H. , "Context and Decision Making Autonomy in the Foreign Affiliates of U. S. Multinational Corporations", *The Academy of Management Journal*, Vol. 25, 1982.

Gereffi, G. , J. Humphrey and T. Sturgeon, "The Governance of Global Value Chains", *Review of Political Economy*, Vol. 12, 2005.

Gereffi, G. and M. Korzeniewicz, *Commodity Chains and Global Capitalism*, Praeger, 1994.

Gereffi, G. , "Capitalism, Development and Global Commodity Chains", In L. Sklair, eds. , *Capitalism and Development*, New York: Routledge, 1994.

Gereffi, G. , "International Trade and Industrial Upgrading in the Apparel Commodity Chain", *Journal of International Economics*, Vol. 48, 1999.

Goldstein, M. , "China's Exchange Rate Regime", Testimony before the Subcommittee on Domestic and International Monetary Policy, Trade, and Technology, Committee on Financial Services US House of Representatives, Washington, Oct. 1, 2003.

Greenspan, A. , "Testimony before the Committee on Finance, U. S. Senate", Washington D. C. , June 23, 2005.

Grossman, G. M. and E. Helpman, "Integration versus Outsourcing in Industry Equilibrium", *Quarterly Journal of Economics*, Vol. 117, 2002.

Grossman, G. M. and E. Helpman, "Outsourcing versus FDI in Industry Equilibrium", *Journal of the European Economic Association*, Vol. 1, 2003.

Grossman, G. M. and E. Helpman, "Outsourcing in a Global Economy", *Review of Economic Studies*, Vol. 72, 2005.

Grossman, Sanford J. and Oliver D. Hart, "The Costs and Benefits of Ownership: A Theory of Vertical and Lateral Integration", *The Journal of Political Economy*, Vol. 94, 1986.

Grubel, H. G. and P. J. Lloyd, *Intra - Industry Trade: The Theory and Measurement of International Trade in Differentiated Products*, London: Macmillan, 1975.

Hakansson, H. and J. Johanson, "Formal and Informal Cooperation Strategies in International Industrial Networks", in Contractor, F. and P. Lorange, eds. , *Cooperative Strategies in International Business*, New York: Lexington Books, 1988.

Hanson, G. H. , R. J. Mataloni and M. J. Slaughter, "Vertical Production Networks in Multinational Firms", NBER Working Paper No. w9723, 2003.

Hart, O. , Firms, *Contracts and Fiancial Structure*, Oxford: Oxford University Press, 1995.

Henderson, J. , P. Dicken, M. Hess, N. Coe and H. W. C. Yeung, "Global Production Networks and the Analysis of Economic Development", *Review of International Political Economy*, Vol. 9, 2002.

Hummels, D. , J. Ishii and K. M. Yi, "The Nature and Growth of Vertical Specialization in World Trade", *Journal of International Economics*, Vol. 54, 2001.

Ji Taikun, "The US - China Exchange Rate Dispute in a Global Context", University of Alberta Working Paper, 2004.

Jiandong Ju and Shangjin Wei, "A Solution to Two Paradoxes of International Capital Flows ", IMF Working Paper No. 06/178, 2006.

Johanson, J. and L. - G. Mattson, "Interorganisational Relations in Industrial Systems: A Network Approach Compared with a Transaction Cost Approach", *International Studies of Management Organization*, Vol. 17, 1987.

Arndt, S. and H. Kierzkowski, eds. , *Fragmentation: New Production Patterns in the World Economy*, Oxford: Oxford University Press, 2001.

L. Cheng and H. Kierzkowski, eds. , *Global Production and Trade in East Asia*, Boston: Kluwer Academic Publishers, 2001.

Jones, R. and H. Kierzkowski, "The Role of Services in Production and International Trade: A Theoretical Framework", Chapter 3 in Jones, R. and A.

O. Krueger, eds. , *The Political Economy of International Trade*, Oxford: Blackwell Publishing, 1990.

Kasahara, Shigehisa, "The Flying Geese Paradigm: A Critical Study of Its Application to East Asia Regional Development", UNCTAD Discussion Paper No. 169, 2004.

Kester, W. C. , "Industrial Groups as Systems of Contractual Governance", *Oxford Review of Economic Policy*, Vol. 8, 1992.

Kester, W. C. , *Japanese Takeovers: The Global Contest for Corporate Control*, Boston, Ma: Harvard Business School Press, 1991.

Kiyoshi Kojima, "The 'Flying Geese' Model of Asia Economic Development: Origin, Theoretical Extensions, and Regional Policy Implications", *Journal of Asia Economics*, Vol. 11, 2000.

Klein, B. and K. B. Leffler, "The Role of Market Forces in Assuring Contractual Performance", *Journal of Political Economy*, Vol. 89, 1981.

Kogut, B. , "Designing Global Strategies: Comparative and Competitive Value – Added Chains", *Sloan Management Review*, Vol. 26, 1985.

Krugman, P. , "Growing World Trade: Causes and Consequences", Brookings Papers on Economic Activity, Vol. 26, 1995.

Krugman, P. , "Increasing Returns, Monopolistic Competition and Optimum International Trade", *Journal of International Economics*, Vol. 9, 1979.

Krugman, P. , "The Myth of Asia's Miracle", *Foreign Affairs*, Vol. 73, 1994.

Lall, Sanjaya, Manuel Albaladejo and Jinkang Zhang, "Mapping Fragmentation: Electronics and Automobiles in East Asia and Latin America", *Oxford Development Studies, Taylor and Francis Journals*, Vol. 32, 2004.

Larsson, R. , "The Handshake between Invisible and Visible Hands", *International Studies of Management and Organization*, Vol. 23, 1993.

Livesay, H. C. and P. G. Porter, "Vertical Integration in American Manufacturing, 1899 – 1948", *The Journal of Economic History*, Vol. 29, 1969.

Long, N. V. , R. Ray and S. Antoine, "Fragmentation, Outsourcing and the Service Sector", CIRANO Working Papers 2001s – 43, 2001.

Luethje, B. , "Electronics Contract Manufacturing: Transnational Production Networks, the Internet, and Knowledge Diffusion in Low – Cost Locations in Asia and Eastern Europe", East West Center Working Paper: Economic Series # 17, April, 2001.

Lundgren, N. G. , "Bulk Trade and Maritime Transport Costs: The Evolution of Global Markets", *Resources Policy*, Vol. 22, 1996.

Maddigan, R. J. , "The Measurement of Vertical Integration", *The Review of Economics and Statistics*, Vol. 63, 1981.

Markides, C. C. , *Diversification, Refocusing, and Economic Performance*, Cambridge, Ma: MIT Press, 1995.

Marshall, A. , *Principles of Economics*, London: Macmillan, 1920.

McCurdy, D. and M. Phelps, "Why Exclusion Is Not Profitable", *Managing Intellectual Property*, Vol. 26, 2002.

McKinnon, R. and G. Schnabl, "The East Asia Dollar Standard, Fear of Floating, and Original Sin", *Review of Development Economics*, Vol. 8, 2004.

McKinnon, R. , "The International Dollar Standard and the Sustainability of the U. S. Current Account Deficit", Brookings Papers on Economic Activity, Issue 1, 2001.

McKinnon, R. , *Exchange Rates under the East Asia Dollar Standard: Living with Conflicted Virtue*, Cambridge, Ma: MIT Press, 2005.

Mee, Charles L. , *The Marshall Plan: The Launching of the Pax Americana*, New York: Simon and Schuster, 1984.

Miles, R. E. and C. C. Snow, "Designing Strategic Human Resources Systems", *Organisational Dynamics*, Vol. 13, 1984.

Moran, T. H. , "Strategy and Tactics for the Doha Round: Capturing the Benefits of Foreign Direct Investment", Asia Development Bank Working Paper, December, 2002.

Ng, F. and A. Yeats, "Major Trade Trends in East Asia: What Are Their Implications for Regional Cooperation and Growth", The World Bank Policy Research Working Paper 3084, 2003.

Ng, Francis and A. Yeats, "Production Sharing in East Asia: Who Does What for Whom, and Why?" The World Bank Policy Research Working Paper No. 2197, 1999.

Nohria, N. and R. G. Eccles, *Networks and Organization: Structure, Form, and*

Action, Boston, Ma: Harvard Business School Press, 1992.

Obstfeld, M. and K. Rogoff, "The Unsustainable US Current Account Position Revealed", NBER Working Paper No. 10869, 2005.

Ohlin, B. , *Interregional and International Trade*, Cambridge, Ma: Harvard University Press, 1933.

Pasuk Phongpaichit and Chris Baker, *Thaksin: The Business of Politics in Thailand*, Nordic Institute of Asia Studies (NIAS), 2004.

Patel, P. , *Competitive Advantage and Through Informaton Technology*, New York: Mcgraw – Hill, 1996.

Pavitt, K. , "What Are Advances in Knowledge Doing to the Large Industrial Firm in the 'New Economy'?" in Christensen, J. F. and P. Maskell, eds. , *The Industrial Dynamics of the New Digital Economy*, Cheltenham: Edward Elgar, 2003.

Penrose, E. T. , *The Theory of Growth of the Firm*, Oxford: Oxford University Press, 1959.

C. H. Hull, eds. , *The Economic Writings of Sir William Petty*, New York: A. M. Kelly, 1963.

Powell, W. W. , "Neither Market Nor Hierarchy: Network Forms of Organization", Research in Organizational Behavior, Vol. 12, 1990.

Ray, A. , "Traded and Nontraded Intermediate Inputs and Some Aspects of the Pure Theory of International Trade", *Quarterly Journal of Economics*, Vol. 89, 1975.

Richardson, G. B. , "The Organisation of Industry", *The Economic Journal*, Vol. 82, 1972.

Riedel, J. , "Intermediate Products and the Theory of International Trade: A Generalization of the Pure Intermediate Good Case", *The American Economic Review*, Vol. 66, 1976.

Rodrigo de Rato y Figaredo, "Correcting Global Imbalance – Avoiding the Blame Game", *Foreign Policy Association*, Financial Services Dinner, February, 2005.

Rubin, R. , "Statement at the U. S. China Business Council", Washington D. C. , June 5, 1997.

Rugman, A. M. and J. R. D' Cruz, *Multinationals as Flag – Ship Firms*: *Regional Business Networks*, Oxford: Oxford University Press, 2000.

Samuelson, P. A. , "The Transfer Problem and Transport Costs: The Terms of Trade When Impediments Are Absent", *The Economic Journal*, Vol. 62, 1952.

Sanyal, K. K. and R. W. Jones, "The Theory of Trade in Middle Products", *The American Economic Review*, Vol. 72, 1982.

Schweinberger, A. G. , "The Heckscher – Ohlin Model and Traded Intermediate Products", *The Review of Economic Studies*, Vol. 42, 1975.

Solectron, "What Is a Global Supply – Chain Facilitator?" http: //www. solectron. com.

Sturgeon, T. and J – R. Lee, "Industry Co – evolution and the Rise of a Shared Supply – Base for Electronics Manufacturing", Paper Presented at Nelson and Winter Conference, Aalborg, Denmark, 2001.

Sturgeon, T. J. and R. K. Lester, "The New Global Supply – Base: New Challenges for Local Suppliers in East Asia", MIT – IPC – 03 – 006, 2003.

Sturgeon, T. , "Modular Production Networks", *Industrial and Corporate Change*, Vol. 11, 2002.

Summers, Lawrence H. , "Reflections on Global Account Imbalances and Emerging Markets Reserve Accumulation", L. K. Jha Memorial Lecture, Reserve Bank of India, Mumbai, India. March 24, 2006.

Terpstra, V. , The Cultural Environment of International Business, Cincinnati, OH: Southwestern Publishing Co. , 1978.

Thorelli, H. B. , "Network: Between Markets and Hierarchies", *Strategic Management Journal*, Vol. 7, 1986.

Todeva, "Chinese Business Networks: State, Economy and Culture", *International Sociology*, Vol. 16, 2001.

Tuma, A. , "Configuration and Coordination of Virtual Production Networks", *International Journal of Production Economics*, Vol. 56 – 57, 1998.

Tyson, L. , "Trade Deficits Won't Ruin Us", *The New York Times*, November 24, 1997.

United Nations Industrial Development Organization, *Competing through Innovation and Learning—the Focus of UNIDO' s Industrial Development Report*

2002/2003 *Featuring and Industrial Development Scorboard*, Vienna International, 2002.

Venables, A. J., "Fragmentation and Multinational Production", *European Economic Review*, Vol. 43, 1999.

Verdoorn, P. J., "The Intra – block Trade of Benelux", In E. A. G. Robinson, eds., *Economic Conesquences of the Size of Nations*, London: MacMillan and Co. Ltd., 1960.

Vernon, R., "International Investment and International Trade in the Product Cycle", *The Quarterly Journal of Economics*, Vol. 80, 1966.

Wang Ping, "Paradigm in Sino – Japanese Ties", *China Daily*, 2009 – 11 – 20.

Williamson, O. E., "Transaction – Cost Economics: The Governance of Contractual Relations", *Journal of Law and Economics*, Vol. 22, 1979.

Williamson, O. E., *Markets and Hierarchies: Analysis and Antitrust Implications*, New York: The Free Press, 1975.

Williamson, O. E., *The Economic Institutions of Capitalism*, New York: The Free Press, 1985.

Jing Luo eds., *Encyclopedia of Contemporary Chinese Civilization*, 1949 – Present, New York: Greenwood Press, 2005.

［美］阿里吉、［日］滨下武志、［美］塞尔登编:《东亚的复兴:以 500 年、150 年和 50 年为视角》,马援译,社会科学文献出版社 2006 年版。

［日］奥村宏:《法人资本主义》,李建国等译,三联书店 1990 年版。

包海波:《试析专利许可交易的内在机制》,《浙江省委党校学报》1998 年第 6 期。

［美］保罗·克鲁格曼:《地理与贸易》,张兆杰译,北京大学出版社、中国人民大学出版社 2002 年版。

［美］彼得·F. 德鲁克:《管理及其全球性影响》,伍俊、陈爱芬译,《现代经济译丛》1990 年第 1 期。

［英］彼得·迪肯:《全球性转变——重塑 21 世纪的全球经济地图》,刘卫东等译,商务印书馆 2007 年版。

［美］彼得·卡赞斯坦:《地区构成的世界:美国帝权中的亚洲和欧洲》,秦亚青、魏玲译,北京大学出版社 2007 年版。

柴海涛、廖育廉:《在合作和互补中走向共同繁荣——当前中美双边经贸关系述评》,《国际贸易》2006 年第 3 期。

柴瑜:《国际投资与国际生产的最新发展》,《求是》2003 年第 23 期。

陈峰君:《亚太概念辨析》,《当代亚太》1999 年第 7 期。

陈鸿斌、朱心坤编:《亚洲经济的第三次浪潮》,上海三联书店 1993 年版。

陈佳贵、黄速建编:《企业股份制改造概论》,经济管理出版社 1999 年版。

陈璟、杨开忠:《空间组织与城市物流——供应链管理环境下的新透视》,
　　新华出版社 2005 年版。

陈锡进、吕永刚:《全球经济再平衡与中国经济战略调整》,《世界经济与政
　　治论坛》2009 年第 6 期。

陈勇:《新区域主义与东亚经济一体》,社会科学文献出版社 2006 年版。

迟树功:《中国企业集团研究》,济南出版社 1996 年版。

崔如波:《公司治理:制度与绩效》,中国社会科学出版社 2004 年版。

〔日〕大岛清、榎本正敏:《战后日本的经济过程》,东京大学出版会 1968
　　年版。

戴桂林、高伟、孙孟、周晓明:《跨国公司网络组织的结构、形成及运行机
　　制分析》,《经济纵横》2007 年第 4 期。

〔英〕戴维·赫尔德、安东尼·麦克格鲁、戴维·戈尔德布莱特、乔纳森·
　　佩拉顿:《全球大变革:全球化时代的政治、经济与文化》,杨雪冬、
　　周红云、陈家刚、褚松燕译,社会科学文献出版社 2001 年版。

〔美〕道格拉斯·C. 诺思:《制度、制度变迁与经济绩效》,刘守英译,上
　　海三联出版社 1994 年版。

丁日初编:《近代中国》(第四辑),上海社会科学院出版社 1994 年版。

樊勇明:《日本的投资与亚洲的崛起》,三联书店上海分店 1991 年版。

芬斯阙、海闻、胡永泰、姚顺利:《美中贸易逆差:规模和决定因素》,北
　　京大学经济研究中心讨论稿,No. C1998009,1998 年。

〔日〕高桥龟吉:《战后日本经济跃进的根本原因》,宋绍英等译,辽宁人民
　　出版社 1984 年版。

〔日〕关满博:《东亚新时代的日本经济——超越"全套型"产业结构》,
　　陈生保、张青平译,上海译文出版社 1997 年版。

关世杰:《试论 21 世纪东亚发展中的文化问题》,《国际政治研究》1996 年
　　第 2 期。

关志雄:《从美国市场看"中国制造"的实力——以信息技术产品为中心》,

《国际经济评论》2002 年第 4 期。

关志雄：《模块化与中国的工业发展》，日本经济产业研究所网站，http://www. rieti. go. jp/users/kan - si - yu/cn/c020816. html，2002 年 8 月 16 日。

郭建宏：《中国加工贸易问题研究：发展、挑战和结构升级》，经济管理出版社 2006 年版。

郭梁：《试论东南亚华人企业集团的发展和前景》，《华侨华人历史研究》1997 年第 4 期。

国家统计局：《从封闭半封闭到全方位开放的伟大历史转折——新中国成立 60 周年经济社会发展成就回顾系列报告之二》，载国家统计局网站（http://www. stats. gov. cn/），2009 年 9 月 8 日。

哈继铭：《如何减小全球经济失衡的纠正对中国的冲击》，《国际经济评论》2006 年第 3 - 4 期。

胡晖、张自如：《全球经济失衡理论研究评述》，《经济学动态》2006 年第 11 期。

胡俊文：《论"雁行模式"的理论实质及其局限性》，《日本问题研究》1999 年第 4 期。

季铸：《"入世"前夕看世界市场》，人民出版社 2001 年版。

贾根良、梁正等：《东亚模式的新格局》，陕西人民出版社 2002 年版。

贾怀勤编：《中美贸易平衡问题综论》，对外经济贸易大学出版社 2004 年版。

江小涓等：《全球化中的科技资源重组与中国产业技术竞争力提升》，中国社会科学出版社 2004 年版。

[日] 堺宪一：《战后日本经济——以经济小说的形式解读 1945 年—2000 年日本经济发展全过程》，夏占友、曹红月主译，对外经济贸易大学出版社 2004 年版。

金晓斌：《现代商业银行与工商企业关系论》，上海三联书店 1997 年版。

亢梅玲：《中美贸易不平衡原因分析》，《世界经济研究》2006 年第 4 期。

李琮编：《世界华商经济年鉴（1998 - 1999）》，世界知识出版社 1999 年版。

李非：《企业集团理论·日本的企业集团》，天津人民出版社 1994 年版。

李国学、张宇燕：《资产专用性投资、全球生产网络与我国产业结构升级》，《世界经济研究》2010 年第 5 期。

李恒：《基于 FDI 的产业集群研究》，社会科学文献出版社 2008 年版。

李健、宁越敏、汪明峰：《计算机产业全球生产网络分析——兼论其在中国大陆的发展》，《地理学报》2008 年第 4 期。

李娇、陆晓丽：《从国际生产网络视角考察东亚贸易模式转变》，《亚太经济》2008 年第 3 期。

李若谷：《双赢的中美经贸关系缘何被扭曲》，《世界经济》2007 年第 9 期。

李淑娟：《东亚区域内贸易发展的特点及成因》，《当代亚太》2006 年第 1 期。

李文光、张岩贵编：《日本的跨国企业》，中国经济出版社 1993 年版。

李相文、韩镇涉、叶绿茵：《亚洲"四小龙"》，新华出版社 1988 年版。

李向阳：《东北亚区域经济合作的非传统收益》，《国际经济评论》2005 年第 5 期。

李向阳：《企业信誉、企业行为与市场机制——日本企业制度模式研究》，经济科学出版社 1999 年版。

李向阳：《全球经济失衡及其对中国经济的影响》，《国际经济评论》2006 年第 3 - 4 期。

李向阳编：《亚太地区发展报告（2011）》，社会科学文献出版社 2011 年版。

李小牧编：《合作·挑战·共赢："中国在世界经济中的地位和作用"国际研讨会论文集》，中国金融出版社 2005 年版。

李新春：《企业联盟与网络》，广东人民出版社 2000 年版。

李扬、余维彬：《全球经济失衡及中国面临的挑战》，《国际金融研究》2006 年第 2 期。

［澳］理查德·罗比森：《印尼华人资本家阶层的出现》，刘晓民译，《南洋资料译丛》1991 年第 1 期。

［日］林华生：《日本在亚洲的作用》，曾刚译，北京大学出版社 2000 年版。

林善浪、张禹东、伍华佳：《华商管理学》，复旦大学出版社 2006 年版。

林文豪、朱天顺、吕良弼编：《海内学人论马祖》，中国社会科学出版社 1992 年版。

刘北辰：《菲律宾经济发展进程及前景》，《亚太研究》1993 年第 3 期。

刘德伟、李连芬：《国际生产网络的概念框架》，《创新》2015 年第 1 期。

刘德伟、李连芬：《后金融危机时代我国产业政策的低碳经济指向》，《创新》2011 年第 1 期。

刘德伟、李连芬：《美国式国际生产网络的运行模式》，《当代经济管理》

2015 年第 3 期。

刘德伟、李连芬：《日本式国际生产网络的运行模式及其借鉴》，《财经科学》2015 年第 7 期。

刘德伟、李连芬：《新中国成立以来我国对外经贸关系的新变化》，《河南商业高等专科学校学报》2010 年第 4 期。

刘东：《超越硅谷：中国高技术企业发展论》，福建人民出版社 2002 年版。

刘海建、陈松涛、陈传明：《企业组织结构的刚性特征及其超越》，《江苏社会科学》2004 年第 1 期。

刘俊平：《美元外交——马歇尔计划》，《世界博览》2008 年第 19 期。

刘伟、李绍荣：《产业结构与经济增长》，《中国工业经济》2002 年第 5 期。

刘亚才：《中国家文化与华人企业治理模式》，博士学位论文，华东师范大学，2002 年。

卢锋：《产品内分工：一个分析框架》，北京大学中国经济研究中心讨论稿系列，No. C2004005，2004 年。

卢福财、周鹏：《外部网络化与企业组织创新》，《中国工业经济》2004 年第 2 期。

［美］罗伯特·克莱珀、温德尔·O. 琼斯：《信息技术、系统与服务的外包》，杨波等译，电子工业出版社 2003 年版。

［美］罗伯特·赖克：《国家的作用——二十一世纪的资本主义前景》，上海市政协编译组译，上海译文出版社 1998 年版。

［美］罗伯特·斯莱特：《通用电气公司复仇记》，贾文浩、贾文渊译，中国对外翻译出版社 1995 年版。

罗荣渠：《现代化新论续篇——东亚与中国的现代化进程》，北京大学出版社 1997 年版。

［美］罗斯托：《经济成长的阶段》，国际关系研究所编译室译，商务印书馆 1962 年版。

美国驻华使馆文化新闻处：《结构性问题导致美中贸易不平衡》，《中国经济时报》2003 年 10 月 27 日。

蒲华林、张捷：《产品内分工与中美结构性贸易顺差》，《世界经济研究》2007 年第 2 期。

［美］钱德勒：《看得见的手——美国企业的管理革命》，重武译，商务印书馆 1987 年版。

［日］青木昌彦、安藤情彦编：《模块时代：新产业结构的本质》，周国荣译，上海远东出版社 2003 年版。

［日］青木昌彦：《比较制度分析》，周黎安译，上海远东出版社 2001 年版。

任文侠、池元吉、白成琦编：《日本工业现代化概况》，生活·读书·新知三联书店出版社 1980 年版。

日本兴业银行产业调查部编：《日本产业转换的新时代》，郭华民译，科学技术文献出版社 1988 年版。

芮明杰、李想：《网络状产业链构造与运行》，格致出版社、上海人民出版社 2009 年版。

［日］山泽逸平：《亚洲太平洋经济论：21 世纪 APEC 行动计划建议》，范建亭等译，上海人民出版社 2001 年版。

上海市社会科学界联合会编：《全球化与中国经济创新·发展·安全》（上海市社会科学界第四届学术年会文集 2006 年度经济·管理学科卷），上海人民出版社 2006 年版。

沈铭辉：《亚洲经济一体化——基于多国 FTA 战略角度》，《当代亚太》2010 年第 4 期。

盛斌：《WTO 与多边投资协议》，天津大学出版社 2003 年版。

［美］施蒂格勒：《产业组织与政府管制》，潘振民译，上海人民出版社、上海三联书店 1996 年版。

施建淮：《全球经济失衡的调整及其对中国经济的影响》，《国际经济评论》2006 年第 3 - 4 期。

世界银行：《东亚奇迹——经济增长与公共政策》，财政部世界银行业务司译，中国财政经济出版社 1995 年版。

世界银行编：《东亚的复苏与超越》，朱文晖、王玉清译，中国人民大学出版社 2001 年版。

宋泓：《国际产业分工格局对我国经济的影响及对策》，《中国经贸导刊》2005 年第 23 期。

苏东水：《泉州发展战略研究》，复旦大学出版社 1999 年版。

苏东水编：《管理学》，东方出版中心 2001 年版。

苏桂富、刘德学、陶晓慧：《全球生产网络下我国加工贸易转型升级与结构优化机制》，《特区经济》2005 年第 5 期。

孙川：《日本中小企业与大企业关系研究》，人民出版社 2006 年版。

孙荣飞：《拉迪：解开中美贸易不平衡密码》，《第一财经日报》2006年7月7日。

孙远东：《历史生成与现代重构——论知识经济时代下组织管理方式的创新》，《管理现代化》1998年第4期。

田家欣、贾生华：《网络视角下的集群企业能力构建与升级战略：理论分析与实证研究》，浙江大学出版社2008年版。

田文：《产品内贸易论》，经济科学出版社2006年版。

汪斌：《东亚工业化浪潮中的产业结构研究——兼论中国参与东亚国际分工和产业结构调整》，杭州大学出版社1997年版。

汪斌：《东亚国际产业分工的发展和21世纪的新产业发展模式——由"雁行模式"向"双金字塔模式"的转换》，《亚太经济》1998年第7期。

汪慕恒：《东南亚华人企业集团研究》，厦门大学出版社1995年版。

王静文：《东亚区域生产网络研究》，博士学位论文，吉林大学，2007年。

王乐平：《赤松要及其经济理论》，《日本问题》1990年第3期。

王林生：《雁行模式与东亚金融危机》，《世界经济》1999年第1期。

王琴：《跨国公司商业模式——价值网络与治理逻辑》，上海财经大学出版社2010年版。

王询、于颖：《企业组织内的科层制与关系网络》，《大连海事大学学报（社会科学版）》2007年第10期。

王有刚、龚映梅：《论电子商务对国际贸易带来的影响》，《商业研究》2004年第18期。

魏燕慎：《"雁行模式"式微 多元分工格局初现》，《当代亚太》2002年第7期。

邬爱其：《企业网络化成长——国外企业成长研究新领域》，《外国经济与管理》2005年第10期。

吴德进：《产业集群论》，社会科学文献出版社2006年版。

萧效钦、李定国编：《世界华侨华人经济研究——世界华侨华人经济国际学术研讨会论文集》，汕头大学出版社1996年版。

［日］小岛清：《对外贸易论》，周宝廉译，南开大学出版社1987年版。

［日］小宫隆太郎：《现代中国经济：日中比较分析》，北京大学现代日本研究班译，商务印书馆1993年版。

［美］小詹姆斯·I.卡什等：《创建信息时代的组织：结构、控制与信息技

术》，刘晋、秦静译，东北财经大学出版社 2000 年版。

晓秋：《"道奇计划"和日本经济体制的转变》，《经济社会体制比较》1985 年第 2 期。

谢康、李赞：《货物贸易与服务贸易互补性的实证分析——兼论中美贸易不平衡的实质》，《国际贸易问题》2000 年第 9 期。

徐明华、包海波等：《知识产权强国之路——国际知识产权战略研究》，知识产权出版社 2003 年版。

许军：《巨大的反差——20 世纪末的美国经济与日本经济》，商务印书馆 2003 年版。

薛可、陈晞、王韧：《基于社会网络的品牌危机传播"意见领袖"研究》，《新闻界》2009 年第 4 期。

杨贵言：《东亚概念辨析》，《当代亚太》2002 年第 2 期。

姚洋：《全球经济失衡是全球劳动分工的一个副产品》，《中国改革》2009 年第 12 期。

易培强：《关于"东亚模式"的思考》，《湖南师范大学社会科学学报》1998 年第 4 期。

尹翔硕、王领：《中美贸易不平衡中的东亚因素》，《亚太经济》2004 年第 1 期。

［美］沙希德·尤素夫（Shahid，Yusuf）等编：《全球生产网络与东亚技术变革》，中国社会科学院亚太所译，中国财政经济出版社 2005 年版。

［美］约翰·奈斯比特：《亚洲大趋势》，尉文译，外文出版社、经济日报出版社、上海远东出版社 1996 年版。

约翰·伊特韦尔、默里·米尔盖特、彼得·纽曼编：《帕尔格雷夫经济学大辞典》（第三卷），经济科学出版社 1996 年版。

张红力、刘德伟：《东亚—北美经济失衡与再平衡分析》，《当代亚太》2010 年第 4 期。

张季风：《日本经济走向复苏》，《当代亚太》2004 年第 1 期。

张捷：《奇迹与危机——东亚工业化的结构转型与制度变迁》，广东教育出版社 1999 年版。

张敏谦：《美国对外经济战略》，世界知识出版社 2001 年版。

张燕生、刘旭、平新乔编：《中美贸易顺差结构分析与对策》，中国财政经济出版社 2006 年版。

张蕴岭、孙士海编:《亚太地区发展报告（2005）：发展趋势预测与热点问题分析》，中国社会科学文献出版社 2006 年版。

张蕴岭、赵江林编:《亚太区域合作的发展》，世界知识出版社 2003 年版。

张蕴岭:《东亚合作需要创新》，《国际经济评论》2010 年第 1 期。

张蕴岭:《构建中国与周边国家之间的新型关系》，《当代亚太》2007 年第 11 期。

张蕴岭:《坚定不移地走对外开放与和平发展的道路》，《世界经济与政治》2009 年第 11 期。

张蕴岭:《探求东亚的区域主义》，《当代亚太》2010 年第 12 期。

张蕴岭:《中国同东亚的经济一体化与合作》，《当代亚太》2006 年第 1 期。

张蕴岭:《中国与邻国的新关系》，《当代亚太》2007 年第 2 期。

张蕴岭编:《韩国市场经济模式——发展、政策与体制》，经济管理出版社 1997 年版。

张蕴岭编:《世界市场与中国对外贸易发展的外部环境》，中国社会科学出版社 2007 年版。

赵夫增:《经常账户失衡格局下的世界经济共生模式》，《世界经济研究》2006 年第 3 期。

赵江林:《外部约束与东亚经济结构转型》，《当代亚太》2010 年第 4 期。

赵江林编:《亚太经济概论》，中国社会科学出版社 2014 年版。

赵汝括:《诸蕃志》（下卷），中国台湾商务印书馆 1962 年版。

赵曙东:《日本首雁效应的衰落——对雁行模式的再反思》，《南京大学学报》1999 年第 3 期。

赵文丁:《国际生产网络的形成及意义》，《商业研究》2006 年第 9 期。

郑飞虎:《全球生产链下的跨国公司研究》，人民出版社 2009 年版。

中国社会科学院经济学部编:《全球经济失衡与中国经济发展论文集》，经济管理出版社 2006 年版。

中国社会科学院国际研究学部课题组:《近来若干重要国际问题的分析》，《红旗文稿》2010 年第 6 期。

竹立家等编译:《国外组织理论精选》，中共中央党校出版社 1997 年版。

祝丹涛:《金融体系效率的国别差异和全球经济失衡》，《金融研究》2008 年第 8 期。

庄国土:《华侨华人与中国的关系》，广东高等教育出版社 2001 年版。

索 引

B

北美区域生产网络　62，111，133，145，
　　　　187，264，265
比较优势　3，4，29，39－44，65－67，
　　　　73，95－97，104－106，114－
　　　　117，133，136，140，241，
　　　　248，255，257

C

产品内分工　10，11，17，26，41，59，
　　　　62，107，109，111，115，
　　　　121，122，129，187，226，
　　　　263，280
出口导向战略　30，85，86

D

当地供应商　31，33，44，45，59，179，
　　　　196
低成本战略　161，163
东亚奇迹　30，61，97，100，108，281
东亚区域生产网络　2，14，61－63，105－
　　　　109，111，121，126，
　　　　133，135，139，140，
143，145－147，176，
184，185，187－189，
192，193，196，199－
201，203，206，208，
210，212，214，216，
218，219，232，236－
238，241－243，251，
253，255，256，259－
266，282
对外直接投资　65，66，101，160，175，
　　　　176，265

F

分散生产理论　38，40，42，43
福特制企业组织　163

G

供应链　3，19，31－33，45，48，62，
　　　　167，277
购买者驱动　28，31，48－51
关系型　55－57，185
归核化战略　173－175
规模经济　21，40－42，48，51，115－
　　　　117，136，164，178，200，218
国际产业转移　90－93，96，97，138，

后　记

　　本书是在我博士学位论文的基础上修改完成的。尽管在有些老师看来，本书的面貌有点丑陋，但它却是我的"第三只小板凳"，比本科、硕士阶段的学术成果要好很多。我不知道本书的分析是否给力，但至少在解释本书的产出过程方面是成功的。实际上，本书也是"生产网络"的产物，我承担的仅仅是劳动密集型环节，一方面从诸多老师那里进口了大量核心零部件，从而产生巨额知识逆差；另一方面加工成最终产品对外出口，以期能获得一定的知识顺差。因此，如果本书有什么值得称道的地方，那一定是得益于各位老师的指导与帮助；如果本书有什么缺陷，那一定是缘于我自己的努力不够。

　　首先，感谢我的博士生导师张蕴岭教授和师母梁玉玉老师。张老师是中国社会科学院国际学部主任、著名国际经济和国际关系问题专家，在国内外享有很高的威望。能拜在张老师的门下，我感到非常荣幸，我的人生从此有了一个向上的拐点。张老师苛刻为文，宽容待人，不仅关心我的学习，更关心我的生活；不仅教我如何做研究，更教我如何做人，正所谓恩师如父。张老师学识渊博，虚怀若谷；甘为人梯，大师风范。我虽永远无法企及，但会用一生追随。入门以来，师母梁老师经常对我嘘寒问暖，甚至多次要给我生活费，让我安心学习而没有生活压力。如果说张老师更多的是关注我飞得高不高，那么师母时常会语重心长地问我一声飞得累不累。

　　感谢我的博士后合作导师樊明太教授。樊老师为我提供了宽松的学习环境，让我更好地兼顾研究、工作与生活。本书在修改的过程中，樊老师发来大量文献资料，并给予诸多指导，为本书的后续研究指明了方向。

　　感谢中国社会科学院亚太与全球战略研究院的李向阳教授、赵江林教授、周小兵教授，世界经济与政治研究所的张宇燕教授、宋泓教授，商务部国际贸易经济合作研究院的李光辉研究员，中央财经大学的邹东涛教授、欧阳日辉副教授,对外经贸大学的卢进勇教授,正是得益于他们的中肯建议,本书的写作及修改过程才少走很多弯路,为本书增色不少。

感谢民生银行研究院黄剑辉院长。黄院长充满忧国忧民的人文情怀,"方寸之间有天地,细微之处显功力",主动为国家经济社会改革发展建言献策,体现了中国知识分子的责任与担当。得益于黄院长的赏识,我在中国海洋石油总公司办公厅工作四年后,重新回到真心热爱的研究轨道,并能够近距离向黄院长请教学习。

感谢民生证券研究院管清友院长。从考博、入学到工作,管师兄给予我诸多指导和帮助,并在学术研究方面进行了多次合作,受益匪浅。管师兄善于学习、勤于写作,迅速成为国内知名青年专家,一直是我的学习榜样。

感谢我的同门师兄孙学工研究员、王玉主研究员、杨宏恩教授、张斌副研究员、刘钧胜副研究员、李伟副研究员,师姐刘翔峰副研究员、刘小雪副研究员、李淑娟副研究员及师弟王震宇副研究员、秦长城副教授、刘世欣博士。博士求学和工作期间,我得到了大家的关心、支持和帮助。每当我遇到什么困难,他们总是尽心尽力。

感谢全国博士后管理委员会和中国社会科学院对本书的认可和资助。感谢经济管理出版社的大力支持,特别是《中国社会科学博士后文库》负责人宋娜老师在编辑、出版方面做了大量工作,在此表示衷心感谢。

最后,感谢我的父母。我是家里的独子,父母在我身上倾注了全部的心血,生我养我,教儿育孙,无以回报,我一定会堂堂正正做人、勤勤恳恳学习、踏踏实实工作,让父母尽管过着平凡的生活,但能偶尔偷偷地"阿Q一下"拥有一个从不曾放弃梦想的儿子。感谢我的妻子李连芬博士。一路上,我与连芬学习相促、工作相助、生活相依,这份弥足珍贵的感情经得起风雨的考验。感谢我的女儿刘嘉怡,她为我的生活带来了无限乐趣。

受经验和水平等方面局限,不足和偏颇之处仍在所难免,敬请各位读者批评指正!

路漫漫其修远兮,吾将上下而求索。

刘德伟
2015 年 7 月